中国式教育现代化进路论丛

School of Educational Science, Anhui Normal University

教师队伍现代化的理实进路

阮成武◎著

本丛书系国家重大人才工程项目、安徽省高等学校高峰学科教育学、安徽省高等学校科学研究项目『安徽省教育治理现代化科研创新团队』研究成果

安徽师范大学出版社
ANHUI NORMAL UNIVERSITY PRESS

·芜湖·

图书在版编目(CIP)数据

教师队伍现代化的理实进路 / 阮成武著. -- 芜湖：
安徽师范大学出版社, 2024.10. -- (中国式教育现代化
进路论丛). -- ISBN 978-7-5676-7033-4

Ⅰ. G451.2

中国国家版本馆CIP数据核字第2024SR2517号

教师队伍现代化的理实进路

阮成武◎著

JIAOSHI DUIWU XIANDAIHUA DE LISHI JINLU

责任编辑：李　娟　　　　　　　责任校对：吴毛顺

装帧设计：王晴晴　姚　远　　　责任印制：桑国磊

出版发行：安徽师范大学出版社

　　　　　芜湖市北京中路2号安徽师范大学赭山校区　　　邮政编码：241000

网　　　址：http://www.ahnupress.com

发 行 部：0553-3883578　5910327　5910310(传真)

印　　刷：江苏凤凰数码印务有限公司

版　　次：2024年10月第1版

印　　次：2024年10月第1次印刷

规　　格：787 mm × 1092 mm　　　　1/16

印　　张：15.25　　插页：2

字　　数：264千字

书　　号：978-7-5676-7033-4

定　　价：108.00元

凡发现图书有质量问题,请与我社联系(联系电话:0553-5910315)

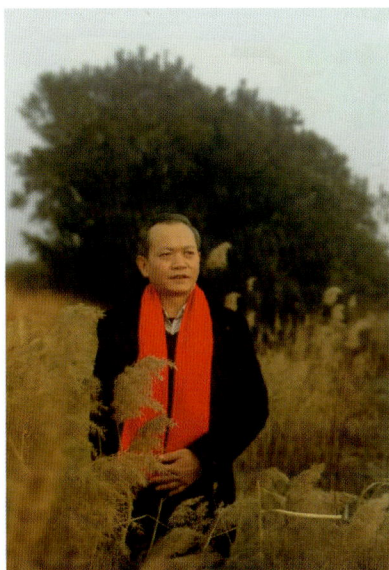

　　阮成武，安徽师范大学教育科学学院教授，博士生导师，教育部长江学者特聘教授，国家"万人计划"教学名师，享受国务院特殊津贴专家，荣获全国五一劳动奖章，安徽省学术和技术带头人，安徽师范大学首批学科领军人才。兼任中国教育学会初等教育学学术委员会副理事长，国家社科基金评审专家。主持完成国家社科基金多项，出版学术专著5部，资政报告被教育部、安徽省委宣传部、全国教育科学规划《教育政策要报》采纳10余项。获国家级教学成果奖一等奖、二等奖各1项，安徽省社会科学奖一等奖、全国教育科学研究优秀成果奖二等奖。

内容简介

　　道路与进路是相辅相成的。道路是方向性、原则性和根本性的，具有长远的历史性影响和深刻的全局性意义。道路决定之后，进路就成了道路实现及其成败的关键，是道路得到切实有效贯彻落实的过程保障。中国式教育现代化既要解决道路问题，也要解决进路问题。丛书以中国式教育现代化为论域，分别从战略定位、基础教育、高等教育和教师队伍四个关键性领域，进行理论探讨和问题研究，四卷既具有各自主题和逻辑，又相互支撑和关联。

　　丛书的出版不仅有利于促进中国教育学的学科体系、学术体系和话语体系建设，更有利于在学理层面加强中国式教育现代化理论建设，增强中国式教育现代化的理论自信、制度自信和价值自信。

　　本卷主要内容包括教师队伍现代化历史进路研究、理论进路研究、政策进路研究、伦理进路研究、专业进路研究等五章。以中国式教育现代化为目标，从历史和比较入手，形成教师队伍现代化特别是与之因应的教师形象理论认识，从政策进路、伦理进路和专业进路三重视角，对教师队伍现代化的实践推进相关论题进行探究，以理实互构为进路对教师队伍现代化这一时代课题进行了学理回应。

总 序①

  道路与进路是相辅相成的。如果说道路是战略问题，那么，进路则是战术和策略问题。道路是方向性、原则性和根本性的，具有长远的历史性影响和深刻的全局性意义。道路决定之后，进路就成了道路实现及其成败的关键，是道路得到切实有效的贯彻落实的过程保障。中国式教育现代化既要解决道路问题，也要解决进路问题。与"道路"相比较，"进路"作为一个悠远而弥新的古汉语词汇，一直以来人们较少关注和讨论。屈原《怀沙》有"进路北次兮，日昧昧其将暮"之句。梁启超也在《清代学术概论》中说："凡文化发展之国，其国民于一时期中，因环境之变迁，与夫心理之感召，不期而思想之进路，同趋于一方向，于是相与呼应汹涌，如潮然。"②对于"进路"一词，金开诚先生校注为"前进的道路"，胡念贻先生则释为"向前赶路"之义。

  概言之，进路作为前行的路径，概指事物发展演进的方向和途径，具有形而下的具体实在性。进路重在解决从出发地到目的地过程通畅、安全到达，形成通向目的地的循环链条和保障机制。而且，通向目的地的进路往往是多条线路和多个站点。从实践看，中国式教育现代化的顶层设计在下行落实过程中，可能会出现"政策规定有十分，落实到位不充分"，有损耗、衰减甚至梗阻的现象，难以打通政策落地见效的"最后一公里"。为此，需要解决"出发地"和"目的地"的关系问题，锚定通向目的地的方向和路径，突破堵点、卡点和断点，加强对"站点"和"时程"的过程管理和监控，使中国式教育现代化道路转化为教育理念、体系、制度、内容、方法、治理现代化的具体进路。这种由

---

  ① 总序部分内容原载于《教育发展研究》2023年第21期，题为《中国式教育现代化：道路与进路的辅成》。

  ② 梁启超.清代学术概论[M].上海：上海古籍出版社，2019：1.

道路向进路的转化，将大大拓宽教育现代化研究的问题域。

诚然，"现代化"在中国的最初出场，就作为一种"救国之道"，并作为一个学术词汇逐渐融入社会具体领域，其中就包括"教育现代化"①。与之相应，教育现代化作为一个学术概念的提出及教育发展的未来图景，从一开始就置身并发生于国家政治、经济、文化和社会情境之中，与其他社会系统相掣互动。在中华民族图强复兴的道路上，教育同国家的命运改变紧紧联系在一起，经历从教育救国、教育兴国再到教育强国的跃迁，并伴随着教育现代化道路和进路的跌宕改变，以此支撑国家现代化，推动中华民族由"站起来""富起来"到"强起来"的历史新飞跃。在此历程中，强国建设和民族复兴进程也驱动着教育现代化，不断提升教育现代化内涵和水平。中国式教育现代化研究既是由中国式现代化的宏观语境演绎形成的问题域，也是教育现代化在中国国情和制度下必须解决的理论、政策和实践课题。它既需要遵循现代化的一般规律和共同特征，也要充分体现教育现代化的中国元素和特质。如何以中国式教育现代化支撑强国建设和民族复兴，不仅需要研究教育现代化的共同趋势和一般规律，结合中国国情实际和制度本质，研究确立教育现代化的中国道路，而且需要探索形成中国式教育现代化更加明晰和可操作的理论、政策和实践进路。

具言之，中国教育现代化道路和进路探索已然历经百年有余。早期教育现代化探索在洋务运动、维新运动及辛亥革命之际就已开始。五四运动后，"教育现代化"概念初步形成和得到使用，且多以"西化""欧化"的教育思想、制度、课程体系和教学模式为范本，以"西化""欧化"为其进路。在此之下，早期的教育现代化试图通过培养人的现代精神来促进社会改良而不触及社会政治制度和经济基础的"救国"之路，终究成为一场幻梦，无法实现教育救国的理想。中华人民共和国（以下简称"新中国"）成立以来，经历从全面"苏化"到独立探索社会主义教育现代化的历史变迁。前者，一方面以批判民国时期各种"西化"的现代教育思想和理论为进路，另一方面则以全盘引入苏联教育模

---

① 1933年，《申报月刊》围绕中国的现代化问题刊发了数篇文章，其中延展出"生产现代化""实业现代化""工业现代化""农业现代化""文化现代化""教育现代化""生活现代化"等多个建设话语主题，分别从不同领域具体详细地讨论了进行综合改革以实现中国的现代化。详见：陈红娟，姚新宇.出场、演变与形塑：现代化的概念史考察[J].社会科学，2024(4)：77-86，108.

式作为教育现代化的进路。后者则更多是以教育革命、思想改造和政治斗争为进路，导致教育现代化进程一度中断。在经历与世界教育现代化潮流相隔断的特定历史阶段之后，改革开放翻开历史新的一页，社会主义现代化建设进入新时期。邓小平在提出"中国式的现代化"的同时，指出"教育要面向现代化，面向世界，面向未来"。1985年，教育与社会主义现代化建设的关系被提到"两个必须"战略高度。1993年，中共中央、国务院发布《中国教育改革和发展纲要》，将"实现教育的现代化"作为战略目标确立下来，教育在服务现代化建设的同时，必须实现自身现代化，把教育摆在优先发展的战略地位，努力提高全民族的思想道德水平和科学文化水平，作为社会主义现代化建设的"根本大计"。此后，国家提出实施科教兴国战略，教育现代化开始走向"兴国"的发展道路。相应地，以提高劳动者素质和培养人才为进路，主要为经济建设服务，大力发展生产力。然而，与之伴随的是横亘在人才培养和提高劳动者素质之间的招生考试制度，以考试分数实现教育分流和社会成层，由此带来以升学及以"跳龙门""改变人生命运"为目标的片面应试教育。同时，现代化带来的城乡、区域和阶层分化，也使教育现代化面临教育公平的现实挑战。随后，党和国家在以经济建设为中心的同时，进一步重视文化建设、社会建设，构建"五位一体"总体布局，推进社会全面进步和人的全面发展。2010年，中共中央、国务院颁布的《国家中长期教育改革和发展规划纲要（2010—2020年）》（本书以下简称《教育规划纲要》）提出：到2020年基本实现教育现代化，基本形成学习型社会，进入人力资源强国行列。相应地，全面实施素质教育、促进教育公平、保障和改善教育民生，办好人民满意的教育，成为教育现代化的新进路。

进入新时代以来，党和国家开启全面建设中国特色社会主义强国新征程，以中国式现代化推进中华民族伟大复兴，教育现代化随之走向"强国"的新历史阶段。《中国教育现代化2035》在坚持中国特色社会主义教育发展道路根本前提下，充分发挥我国制度优势，立足国情、面向世界，扎根中国、融通中外，以培养社会主义建设者和接班人作为根本目的，擘画中国式教育现代化的目标图景和战略进路。坚持教育优先发展，加快实现教育现代化，建设教育强国，培养担当民族复兴大任的时代新人；坚持以人民为中心发展教育，办好人民满意的教育。党的二十大报告提出以中国式现代化推进中华民族伟大复兴，回答了跨越"卡夫丁峡谷"的现代化问题，成为马克思主义基本原理与中国实践相结合的伟大创造。中国式现代化道路作为人类历史发展进程中社会文明新形态的重大转换，以教育、科技、人才作为基础性、战略性支撑，深入实施科教兴国战略、人才强国战略、创新驱动发展战略，开辟发展新领域新赛道，不断塑造发展新动能新优势。在此语境下，中国式教育现代化既是中国式现代化的重要构成部分，也是中国式现代化的战略先导。习近平总书记指出："现代化的本质是人的现代化"，"加快推进教育现代化，以教育之力厚植人民幸福之本，以教育之强夯实国家富强之基，为全面推进中华民族伟大复兴提供有力支撑。"①自不待言，没有教育现代化，就没有人的现代化；没有人的现代化，就没有国家和社会的现代化。

教育现代化作为国家现代化的重要部分，既有着超越不同国家和社会情境而殊途同归的趋同性一面，又表现出对国家发展和社会主体结构的依附性一面。换言之，教育现代化置身并发生在不同国家的政治、经济、文化和社会情境之中，又有着自身的内在结构和发展逻辑。如何在这种趋同性与依附性、外在制约性与内在规定性之间寻找一种张力平衡，形成中国教育现代化的理论、支撑和实践进路，扎实而全面实践中国式教育现代化发展道路，办出具有中国特色、世界水平的现代教育，是新中国成立以来特别是改革开放40多年来中国教育积极探索的重大理论和实践问题。诚然，开展中国式教育现代化进路的学术研究，进一步明确教育现代化的全局定位、制度逻辑、价值旨向、体系建构，这不仅有利于在学理上加强中国式教育现代化理论建设，积极回应人们对教育现代化的中国之问、时代之问、人民之问，增强中国式教育现代化的理论自信、制度自信和价值自信，也有利于促进中国教育学的学科体系、学术体系和话语体系建设。

正是基于以上认识，本丛书以中国式教育现代化为论域，力图对中国式教育现代化进路进行理论探讨和问题研究，从四个具有各自主题又相互支撑和关联的视角出发，即从战略定位、基础教育、高等教育和教师队伍等四个关键性领域进行学术探讨，开展中国式教育现代化进路的系列研究。

第一卷《中国式教育现代化定位进路》，包括历史研究、理论研究、政策研究和实践研究四个部分。历史研究通过新中国成立以来教育从部门性定位（服

---

① 习近平.用新时代中国特色社会主义思想铸魂育人　贯彻党的教育方针落实立德树人根本任务[EB/OL].(2019-03-19)[2024-02-05].http://jhsjk.people.cn/article/30982234.

务于政治或经济、或文化、或民生）到党的二十大确立的教育、科技、人才为全面建设社会主义现代化国家提供基础性、战略性支撑的全局性定位发展历程，论述中国式教育现代化的战略布局形成进路。理论研究在学理上探讨中国式教育现代化的路向、路径和路基问题，服务国家发展与服务民生的关系问题，以及如何落实以人民为中心发展教育，构建人生出彩的教育机会共享机制等问题。政策研究深入到中国式教育现代化的具体问题域，研究教育利益定位、政府职能定位等问题。三者逐步递进深入，从顶层设计通向中国式教育现代化的底层逻辑。实践研究则进一步进入教育领域内部，深入研究如何通过教育利益的分化与整合，将利益实现与价值导向相结合、教育发展动力激发与压力纾解相结合，形成国家富强和人人享有出彩人生的中国式教育现代化之路。

第二卷《基础教育现代化的筑础进路》，包括基础教育现代化目标研究、基础教育治理现代化研究、基础教育改革研究、义务教育专题研究、基础教育现代化理论研究五个部分。基础教育现代化目标研究从现代国民教育体系的宏观视角，探讨新时代基础教育的培养目标、制度框架和服务属性，将利益共享、民生为要落实和贯彻到基础教育具体实践。基础教育治理现代化研究主要探讨中国式基础教育现代化治理体系和治理结构等理论和政策问题，着重探讨现阶段基础教育如何依据人民群众从"有学上"到"上好学"的期望跃迁，促进义务教育优质均衡发展和城乡一体化，保障和增强义务教育的普惠性与公益性。基础教育改革研究系统回顾改革开放以来基础教育顶层设计的演进历程，聚焦新时代基础教育改革顶层设计的实施路径，探讨如何从基本制度实现基础教育改革的根本性突破。义务教育专题研究通过理论研究、历史研究和实证研究，展现义务教育的发展历程和现状，着力于推动义务教育优质均衡发展和城乡一体化。基础教育现代化理论研究进行相关问题的学理性探讨，旨在回应基础教育现代化提供一些理论启示。

第三卷是《高等教育现代化的挺膺进路》。高等教育作为一个国家发展水平和发展潜力的重要标志，是中国式教育现代化的龙头引领。中国式教育现代化是复杂而庞大的系统工程，需要高等教育的挺膺担当。中国式高等教育现代化发展道路是历史的选择，也是实践主体的价值选择，是道路实践及其理论自觉的互动生成物。本卷主要论及中国式高等教育现代化道路、高等教育现代化与大学生发展、高校教师队伍建设、高等教育治理现代化、教师教育变革等理论和实践问题。高等教育在中国式教育现代化中的挺膺担当，需要对中国特色高等教育发展规律、规则、理想和信念进行理论概括，彰显新时代高等教育发展道路自觉。在此基础上，对高等教育与大学生发展、高校教师队伍建设、高等教育治理现代化进行了专题研究。最后，聚焦高等教育的一个具体领域——教师教育，探讨中国特色教师教育体系建设如何服务农村教育、如何实现人才培养模式协同创新，以及专业结构调整等实践问题。

第四卷是《教师队伍现代化的理实进路》。著名现代化研究学者英格尔斯提出，现代化须先化人后化物。俄罗斯教育科学院院士弗·鲍利辛柯夫指出："教师的现代化始终是教育现代化的关键。因此，消除普通学校教师的职业培训中所存在的一系列严重问题当属重中之重。"①教师专业化既是教育现代化的重要特征之一，也是实现教育现代化重要途径之一。我国教育现代化正由物质层面、制度层面深入到精神文化层面，并将期待的眼光投向教育现代化的重要主体——教师。本卷以中国式教育现代化为目标，从历史和比较入手，形成教师队伍现代化特别是与之因应的教师形象的理论认识；从政策进路、伦理进路和专业进路三重视角，对教师队伍现代化的实践推进相关论题进行探究，旨在通过理实互构的进路对教师队伍现代化这一时代课题进行学理回应。

丛书是作者这些年来开展教育现代化相关研究所取得一些初步成果的整理与集成，多数是此前公开发表过的，也有一部分系本书首度发表，其中有些内容是与团队成员或研究生学生合作完成的成果。它们在各自篇章中都有自己的逻辑，整理过程中根据主题的相关性进行分卷，并在各卷中根据内容关联性聚焦形成若干个问题领域，构建一定的体系逻辑和整体样貌。相关研究的整理与集成，旨在促进中国式教育现代化的知识供给、话语建设和学术传播，增进中国式教育现代化的社会认知和社会支持。作者深知，中国式教育现代化是时代凸显的教育理论与实践的宏大课题，本丛书所呈现的研究思路和初步成果还存在局限，敬请方家批评指正。

阮成武

2024 年 5 月 5 日于江城芜湖

---

① 鲍利辛柯夫.时代挑战与教育科学的迫切任务[J].张男星,译.教育研究,2004(9):43-47.

目　录

第一章　教师队伍现代化历史进路研究

教师成为"大先生"的时代镜像[1]

虽然东西方普遍都有"先生"称谓，但在中国传统文化语境下，"先生"有觉悟世态、领先于人的"先醒"之义，隐含着对时事运脉的洞察与敏见，对德业成就的敬重与钦佩。在"先生"之前冠以"大"者，用谢维和先生的话说：大先生，先应该是社会的尊者，换言之，社会的尊者指的是一种德和智皆可为人师表者，是老百姓尊重、社会认可、大家羡慕与钦佩的人；其次，"大先生"是心怀国之大者，应该有对国家民族的大格局、大情怀。

2021年7月在黄山脚下，我有幸参加安徽省劳模暑期疗养活动，参观了陶行知纪念馆。再次参观陶馆，适逢陶行知先生130周年诞辰，我乘兴写下《瞻仰陶行知纪念馆》的诗作，以此表达我对这位彪炳千秋的大先生的崇敬与膜拜之心：夫子曾名陶知行，行以求知知更行。心香如炬照万世，归去不带草半根。陶先生与民国时期的一批仁人志士，在那个国家和民族遭受欺凌、一派衰败凋零的黑暗年代先行觉悟，奋起通过教育、文学、艺术等多种方式共赴国难，唤醒民众，改造社会。可以说，是时代呼唤"大先生"的涌现与登场，救人民于水火之中，担当救国图强的历史重任。今天，中国特色社会主义进入新时代，中国共产党团结带领中国人民又踏上了实现第二个百年奋斗目标新的赶考路。中华民族伟大复兴，必须抓好后继有人这个根本大计，着力培养担当民族复兴

---

[1] 本节原载于《教育文汇》2022年第1期。

大任的时代新人。历史把这一重任交给了新时代的"大先生"！教师是人类灵魂的工程师，是人类文明的传承者，承载着传播知识、传播思想、传播真理，塑造灵魂、塑造生命、塑造新人的时代重任，承担如此神圣荣光使命的教师，应无愧于"大先生"的称号。

诚然，身为教师的我们，总是站在形状各异且不时变换的"镜子"面前，这面"镜子"无疑就是由国家、社会、学校、学生对教师身份和价值的期许、评价和认可而形成的一种自我想象。"社会就是人们认识自己的一面镜子。每个人都是社会的人，都只能而且必须在所处的社会中去认识和了解自己，并且通过社会这面镜子真正发现自己的本性，或者说形成自我认同。"[①]对着这面"镜子"，我们看到的是一个对象化自我，一种可以与之对照的镜像。事实上，我们也可以通过与"镜子"的互动，不断变换"镜子"的角度和位置以及自己的动作姿势，从"镜中我"发现和认识自己，调整和重塑教师个人及职业形象。

近些年来，习近平总书记在提出教师要成为"四有好老师"，做好"四个引路人""四个相统一"的基础上，多次指出教师要成为"大先生"。2016年在全国高校思想政治工作会议讲话中指出："教师不能只做传授书本知识的教书匠，而要成为塑造学生品格、品行、品味的'大先生'。"[②]2021年，习近平总书记在清华大学师生座谈会上提出："教师要成为大先生，做学生为学、为事、为人的示范，促进学生成长为全面发展的人。"[③]在给全国高校黄大年式教师团队代表的回信（以下简称"回信"）中进一步指出："好老师要做到学为人师、行为世范。希望你们继续学习弘扬黄大年同志等优秀教师的高尚精神，同全国高校广大教师一道，立德修身，潜心治学，开拓创新，真正把为学、为事、为人统一起来，当好学生成长的引路人，为培养德智体美劳全面发展的社会主义建设者和接班人、全面建设社会主义现代化国家不断作出新贡献。"[④]这些重要论述一

---

① 谢维和.镜子的寓意——网络社会与教育变革[M].北京:教育科学出版社,2020:2.

② 习近平首次点评"95后"大学生[EB/OL].(2017-01-03)[2022-03-04].http://cpc.people.com.cn/n1/2017/0103/c64094-28993285.html.

③ 习近平在清华大学考察时强调　坚持中国特色世界一流大学建设目标方向　为服务国家富强民族复兴人民幸福贡献力量[EB/OL].(2021-04-19)[2022-03-04].http://jhsjk.people.cn/article/32082039.

④ 习近平回信勉励全国高校黄大年式教师团队代表[EB/OL].(2021-09-09)[2022-03-04].http://www.gov.cn/xinwen/2021-09/09/content_5636407.htm.

方面彰显了教师成为"大先生"所担当新的历史使命的崇高感；另一方面，也反映出新时代教师需要对照时代发展和社会进步这面"镜子"，从"镜中我"发现和认识身为教师的我们，与"大先生"时代镜像对照，明确改进和提高的任务和方向。

一、"为何"：教师成为"大先生"的目标镜像

教师成为"大先生"的目标镜像，是由新时代教师的历史使命决定的。中国特色社会主义进入了新时代，正从实现第一个百年梦想向第二个百年梦想迈进。这就是到2035年基本实现现代化，到21世纪中叶要建成中国特色社会主义强国，实现中华民族伟大复兴的中国梦。这是一个百年未有之大变局的大时代，需要担当民族复兴大任的时代新人来实现。2021年入学的一年级小学生，到2035年多数正在上大学；到2050年是35岁左右，正值建功立业的大好年华。他们正是要在这个过程中完成中小学基础教育和大学教育，成为实现中华民族伟大复兴的中国梦的生力军和主力军。新时代教师就是担负着培养担当民族复兴大任的时代新人的大先生。

这样的"大先生"应该是什么样子？习近平总书记"回信"提出："好老师要做到学为人师、行为世范。"这是将北京师范大学的八字校训推而广之，赋予其对于新时代教师成为"大先生"的普遍意义，明确"大先生"在新时代所应承担的教育职责和使命。这里的"学为人师"是教师在"知"的层面上"潜心治学、开拓创新"，要有扎实的专业知识、渊博的全科知识，兢兢业业地传授知识，做学生学习知识和创新思维的引路人，如此方可堪为人师；"行为世范"则是在"立德修身"的行动实践上，加强自身行为品格、思想道德的修养，用自身的行为和处事做学生的榜样和示范，做到春风化雨、以德育人，而且还应有正确的价值观，有理想、有情怀，用自己的人格魅力去感染学生、影响学生，做学生锤炼品格、奉献祖国的引路人，促进学生德智体美劳全面发展，如此方能堪为世范。

总体上，习近平总书记指出的作为"大先生"的新时代教师"学为人师、行为世范"，核心是德才兼备、知行合一，即学识、能力上应当堪为担当民族复

兴大任的时代新人之师，在品格、品行、品味上成为德智体美劳全面发展的社会主义建设者和接班人的示范。

二、"何为"：教师成为"大先生"的实践镜像

教师要成为大先生，真正把为学、为事、为人统一起来，当好学生成长的引路人，这是对"学为人师、行为世范"的总体要求具体化、实践化。教师做的是传播知识、传播思想、传播真理的工作，是塑造灵魂、塑造生命、塑造人的工作。教师不能只做传授书本知识的教书匠，而要成为塑造学生品格、品行、品味的大先生。教师要成为大先生，做学生为学、为事、为人的示范，促进学生成长为全面发展的人。由此将教师作为"大先生"从塑造学生品格、品行、品味提升和拓展到做学生为学、为事、为人的示范，从领航学生思想品德到促进学生成为全面发展的人。习近平总书记在"回信"中进一步突出好教师要"立德修身，潜心治学，开拓创新，真正把为学、为事、为人统一起来，当好学生成长的引路人"，由此可以看出，总书记对大先生在学为人师、行为世范的具体要求，指向于为学、为事、为人三个方面的示范和引领上：

第一是"为学"。习近平总书记2014年9月9日在北京师范大学师生座谈会上提出的"四有好老师"，就包括要有扎实学识。他指出，扎实的知识功底、过硬的教学能力、勤勉的教学态度、科学的教学方法是老师的基本素质，其中知识是根本基础。知识储备不足、视野不够，教学中必然捉襟见肘，更谈不上游刃有余。在信息时代做好老师，自己所知道的必须大大超过要教给学生的范围，不仅要有胜任教学的专业知识，还要有广博的通用知识和宽阔的胸怀视野。此外，他指出，好老师还应该是智慧型的老师，具备学习、处世、生活、育人的智慧，既授人以鱼，又授人以渔，能够在各个方面给学生以帮助和指导①。为此，教师必须始终处于学习状态，站在知识发展前沿，刻苦钻研、严谨笃学，不断充实、拓展、提高自己。

第二是"为事"。习近平总书记提出教师要做到"四个相统一"，其中包括

---

① 习近平.做党和人民满意的老师:同北京师范大学师生代表座谈时的讲话[M].北京:人民出版社,2014:8-9.

潜心问道和关注社会相统一、教书与育人相统一。他指出："要研究真问题，着眼世界学术前沿和国家重大需求，致力于解决实际问题，善于学习新知识、新技术、新理论。"①具体说，大学教师要想国家之所想、急国家之所急、应国家之所需，面向世界科技前沿、面向经济主战场、面向国家重大需求，加快科技创新，掌握竞争先机，努力提升服务社会的能力和水平。对于中小学教师来说，是要在搞好教学工作的同时，加强班主任、少先队和课外活动指导，积极参与课后服务和学校日常管理，开展家校社协同育人，积极参与教学研究和社会实践，努力将爱与奉献播撒在教书育人、管理育人、活动育人、家校共育的教育实践之中。

第三是"为人"。孔子曰"夫仁者，己欲立而立人，己欲达而达人"，道出教师职业的真谛。教师只有"己立"方能"立人"，只有"己达"方能"达人"。陶行知说："先生不应该专教书，他的责任是教人做人。学生不应当专读书，他的责任是学习人生之道。"②习近平总书记说："一个老师，如果只知道'授业'、'解惑'而不'传道'，不能说这个老师是完全称职的，充其量只能是'经师'、'句读之师'，而非'人师'了。"③作为新时代"大先生"的教师，在教书育人过程中首先要做人、做中国人、做一个践行社会主义核心价值观的模范公民，并坚持言传和身教相统一，在为学、为事中展现积极向上的品格、品行和品味，以此成为塑造学生品格、品行、品味最有力的教育力量。习近平总书记告诫我们："如果身在学校却心在商场或心在官场，在金钱、物欲、名利同人格的较量中把握不住自己，那是当不好老师的。"④

更重要的是，"大先生"要将三者统一和结合起来，成为学生为学、为事、为人的示范，做学生全面发展的引路人。显然，这三个方面存在各自的价值尺度和行为逻辑，而且在实践中有可能出现畸轻畸重，顾此失彼，相互割裂，甚

---

① 习近平在清华大学考察时强调　坚持中国特色世界一流大学建设目标方向　为服务国家富强民族复兴人民幸福贡献力量[EB/OL].(2021-04-19)[2022-03-04].http://www.gov.cn/xinwen/2021-04/19content_5600661.htm.

② 陶行知.陶行知全集:第五卷[M].长沙:湖南教育出版社,1984:174.

③ 习近平.做党和人民满意的好老师——同北京师范大学师生代表座谈时的讲话[EB/OL].(2014-09-10)[2024-03-04].http://jhsjk.people.cn/article/25629946.

④ 习近平.做党和人民满意的好老师——同北京师范大学师生代表座谈时的讲话[EB/OL].(2014-09-10)[2024-03-04].http://jhsjk.people.cn/article/25629946.

至相互矛盾，出现所谓"两面人"。这样的教师不仅成不了好的教师，给学生带来不良的示范，就是单个方面的优异和杰出也难以称得上新时代的"大先生"。此外，现实中一些教师的为学只是做象牙塔、一门经的学问，不问世事，甚至以论文和职称为终极目标，或是盲目跟风、做空头文章，或只搞教学、迷恋于磨课赛课、秀教学技能，当教学能手、学者或是传授书本知识的教书匠，也不能称作新时代的"大先生"。

近些年来，在"教学名师""长江学者""教书育人楷模"等国家重大人才工程项目评审上，评审标准及权重不仅重视学术贡献和创新、教学水平和成果，而且重视立德树人成效。加强对教师思想政治、学术道德和个人品格的严格审查，就是一个正确而有力的导向。

三、"为谁"：教师成为"大先生"的价值镜像

新时代教师在为学、为师、为人及其给学生的示范，目的是要培养德智体美劳全面发展的社会主义建设者和接班人，为全面建设社会主义现代化国家不断做出新贡献。这就意味着新时代教师作为"大先生"，要心怀国之大者，心中有国家、有民族、有人民，要明确意识到肩负的国家使命和社会责任。在这一点上，陶行知先生堪称"大先生"的杰出楷模。笔者在歙县陶行知纪念馆看到，陶行知15岁时就在宿舍墙壁上题词铭志："我是一个中国人，要为祖国作出一些贡献。"1917年，完成在美国哥伦比亚大学的学业，陶行知拒绝校方留学深造的邀请，在回国的轮船上和同学们说："我的志愿是要使全国人民有受教育的机会。"无论是高等教育还是中小学基础教育，教育的本质要义是培养人，教书育人是教师的天职。但培养人不是抽象的人，不是没有国籍或不问国家民族立场情感的所谓"世界公民"，一个人再多的知识、再出众的才华，都是为具体的国家和组织服务的。现实生活中存在的那种"长着一张中国脸，却不是中国心，没有中国情，缺少中国味"的现象，值得教育界和广大教师警醒。

在此，提出一个供学术界和教育界反思和检视的问题，从21世纪初以来大量引进和涌入的教师专业化理论，虽然对促进我国教师队伍建设具有促进作用，但一些学者主张教师专业化所谓的"专业情意""专业伦理"是一种价值中立和

价值无涉，似乎要将教师的思想情感价值观从具体的国家、政党和教育情境中剥离出来，成为一个专业人，这实质上就使教师专业化失去了应有的国家立场、民族情怀。因此，"大先生"必须明确"为了谁"的价值指向，将为学、为事、为人与党和国家"为谁办教育""为谁培养人"这些教育的根本问题紧密联系起来，做好立德树人和培根铸魂的工作，始终同党和人民站在一起，自觉做中国特色社会主义的坚定信仰者和忠实实践者，为党育人，为国育才。

总体上说，新时代教师的"大先生"镜像，是我们所处的这个大时代对教师的客观要求和职业期待，对于绝大多数教师来说既是可以实现的目标，又需要一个爬坡进阶的努力过程，在建设高质量教育体系，实现教育现代化，培养担当民族复兴大任的时代新人的教育实践中历练生成。

论传统教师形象的现代重塑①

　　教师形象作为教师角色的社会期待和自身角色行为的外化与表征，是在一定历史条件和文化背景下，人们对于教师职业社会职能、职业特点和角色行为所形成的一种较为稳固而概括的总体评价与整体印象，它既反映教师职业的固有特征和本性，也具有一定的民族性、时代性，是可以"构建"和改变的。中国传统教师形象，正是历代教师在与其代表、传承和践行的以儒家思想为内核的传统文化的互动过程中逐步模塑（外在机制）和建构（内在机制）的产物。面对社会转型给传统的师表、师道和教师职业（师职）带来的冲击和挑战，一方面，现代教师应主动进行自身角色转换和价值重建，促进传统教师精神与现代教师文化的融合与同构；另一方面，国家、社会、学校以及学生也应积极调整对教师的角色期待，重新确立教师的角色关系。唯有通过这种积极互动和双向建构，培育与教育现代化相因应的教师角色和教师文化，确立现代化范畴的师表、师道和师职形象，进而实现教师形象的现代重塑和提升。

一、师表形象：由学为圣贤的道德楷模，成为师范人格的模范公民

　　师表形象是教师职业示范性的表征、教师形象的主体层面。在中国传统教师身上，这一层面更是被提升到了极致，成为传统教师形象最耀眼的一道光环。在儒家文化背景下，传统教师享有超出一般教育学意义的至高政治伦理地位，被奉为礼的化身、道的代表、德的典范。深受儒家思想熏陶和浸润的传统教师以一种深沉、神圣的社会责任感和使命感，自觉地充任起传统思想道德文化的传承者、示范者和践行者。孔子说："其身正，不令而行；其身不正，虽令不从。""不能正其身，如正人何？"（《论语·子路》）董仲舒主张："善为师者，既美其道，有慎其行。"（《春秋繁露·玉杯》）这种将教书与育人、正人与正

---

　　① 本节原载于《教育科学研究》2003年第1期。

己并重，以自身道德主体的完善与挺立来垂范、昭示他人的传统师表形象，赢得了崇高的职业尊严和良好的社会声誉，显示出巨大的人格魅力和范型作用。但这种过于伦理化、理想化、一元化的师表形象也有着自身的缺陷。它弱化了教师作为道德主体以外的其他角色，使"作为一个人的教师"与"作为一个教师的人"的角色严重冲突，尤其是进入科学技术和物质文明高度发达的现代社会，那种学为圣贤的传统师表形象便显得苍白乏力、过于空疏，即重人格自我完善和利他主义的社会理想，而贬低了教师劳动的经济属性和物质利益；重社会责任、道德自诩和理想人格，而贬低了教师的自我价值、个性解放和生命自由。同时，这种高人一等的道德权威和一元化的价值取向也无法应对现代社会全新的道德场域和多元化的价值关系，造成与学生、公众道德交往和互动中的差势和障碍，甚至被认为是清高、斯文和古板而失去往日的光彩和感召力。传统师表形象的现代重塑，应当顺应社会发展的趋势，由崇尚圣贤人格的道德楷模成为具有师范人格的模范公民。

（一）现代师表应当实现由"师"向"人"的复归

社会主义市场经济确立了社会成员的利益主体和责权主体地位，每个人都必须有较高的主体意识、主体能力，去应对各种机遇与挑战、竞争与合作、成功与失败，进而在法律和道德规定的范围内充分实现自我价值和社会价值。这就要求教师改变传统的依附人格、圣化人格，养成自主、独立、进取、诚信、负责、合作、友爱等品质，成为具有主体型人格的现代人。为此，现代师表应当贴近生活，深入学生和公众，以平常人、平常心进行自由平等的道德交往和心灵沟通，做到人格与师格、师道与师表的统一，避免言行脱节、表里不一、为师与做人背离的双重人格。具体而言，教师应当在社会主义公民道德范畴内处理好义与利、奉献与报偿、个人与集体与国家等方面的关系，确立"不可不做到"的基本价值标准这道伦理底线，自觉抵制外界不良诱因和内在低级需求的诱惑侵扰，主动排解内心的价值冲突和矛盾，保持心灵天空的一片平和与宁静。这种精神与物质、理想与现实、义与利的和谐统一，使师表形象由崇高走向优美。相对而言，教师在道德生活上平和优美的榜样作用对学习对象而言既有审美价值，又可以增强其追求道德上的优美人生的冲动，具有更普遍的道德教育价值。

（二）现代师表应当实现由"人"向"师"的提升

师表的内涵和标准应随时代的变革而作相应变动，但"老师应被社会公认为师表，并应有必要的权威和相应的工作手段"[①]，"教师的巨大力量在于作出榜样"[②]。这一点将是永恒的。在社会主义市场经济初步建立的今天，教师不能再去充当圣贤式的道德权威，企图以一元文化对抗多元文化。现代教师应在充分继承优秀教育传统和美德的基础上积极面对新形势、迎接新挑战，在市场经济条件下、多元开放的价值世界中，积极超越现实、追求理想，在高水平、高格位上确立自己的人格理想和道德理想，自觉将人类最优秀的伦理智慧和思想精华纳入自己的价值追求和人格特质中，并成为自己生命本真的自由活动而非勉强、僵化的行为。现代教师以此而守望师道的尊严、保持德性的挺立，以一种模范公民的姿态成为学生自主选择而非强制性的、平等互动而非权威式的人格楷模。

二、师道形象：由慈爱威重的师长权威，成为民主互动的良师益友

在古代社会，文化的纵向（代际）传递和横向传播很不发达，主要靠教育、靠教师，教师成了古代社会文化和知识的化身。受儒家家族化、权威化价值取向的影响，传统教师与学生之间成为仅次于家庭父子式的伦常关系，师与父相连相通。教师爱生如子，学生事师如事父，师生情深恩重，教师之于学生有一种家长、兄长般的慈爱情怀。自孔子以后，孟子从性善论出发，以保持人的良知良能为宗旨，进一步发扬了孔子"循循然善诱人"传统，与人为善、改善迁过、宽容仁爱、亦师亦友、其乐融融。荀子则要求教师作为礼义的化身、绝对的权威，所谓"言而不称师谓之畔，教而不称师谓之倍。倍畔之人，明君不内，

---

① 联合国教科文组织.教育——财富蕴藏其中[M].联合国教科文组织总部中文科,译.北京:教育科学出版社,1996:147.

② 联合国教科文组织.教育——财富蕴藏其中[M].联合国教科文组织总部中文科,译.北京:教育科学出版社,1996:138.

朝士大夫遇诸涂不与言"（《荀子·大略》）。由此，形成了以孟子为代表的慈爱和善和以荀子为代表的威重端严两类师长形象。在仁慈与威重之间，在以封建宗法和家族为轴心的传统社会背景下，荀子的"师道尊严"更切合了社会需求，长期占据着上风。这种慈爱威重的师道形象对充分发挥教师教书育人作用，激励教师自尊、自强以维护教育工作的神圣感和教师职业的尊严感不无积极作用。但它对教育、对学生以及对教师自身带来的负面影响也是不可轻视的。教师居于父兄、师长的优势支配地位，往往习惯于传授、施令、告诫、训斥，甚至对学生进行人格的损侮、权利的剥夺甚至体罚伤害。教师难以与学生形成一种平等自由的交流、互动、理解和宽容。学生缺乏一种人格上的平等和受尊重感，只能是唯师是从、师云亦云、信守师道、顺从信奉，难以养成主体性人格和自主探索、勇于创新的精神和能力。现代终身教育体系的建立、学习化社会的来临，尤其是信息技术高度发达、知识精英主义日渐式微，教师的角色和地位必然面临新的挑战和转换。我们应当适应社会发展、科技进步和教育改革，重新构建新型师生关系，建立一种民主互动、良师益友式的师道形象。

（一）现代教师应是一位爱心宽容的指导者、关怀者

如果除去父兄般、家长式的权威和封建身份等级的局限，传统教师对于学生的那般慈爱、宽恕、关怀着实反映了教师"仁慈"这一跨越时代和文化背景的基本伦理要求。因为仁慈是教育活动的本性和本质性要求之一，没有仁慈的教育将是一种缺乏关怀，因此是机械、冷漠和无效的教育。现代教师站在人类未来的摇篮边，应出于对生命的呵护，对人类的终极关怀和对教育事业神圣性的理解，由衷地生发一种深厚博大的教育之爱。作为成人社会和主流文化的代表，教师以一种博大宽容的胸怀、神圣深沉的责任、乐观自由的心态、仁慈真诚的爱心，与学生进行民主平等的对话和交流，成为学生信任的人生导师和心灵朋友。

（二）现代教师应是一位民主平等的参与者、促进者

现代教育民主化进程改变了传统教育中的师生关系，教师传播知识的价值合理性不断受到挑战、批判、修正和更新。"教师不可能再象（像）过去那样，

被看作是某种知识的唯一拥有者，他只需传授这一知识即可。"①况且在终身教育条件下，教师与学生往往同作为"学习共同体"成员，教育成了教师、学生共同参与和互喻的活动。教师的职责现在已经越来越少地传递知识，而越来越多地激励思考；除了他的正式职能以外，他将越来越成为一位顾问，一位交换意见的参加者，一位帮助发现矛盾论点而不是拿出现成真理的人。他必须集中更多的时间和精力去从事那些有效果的和有创造性的活动：互相影响、讨论、激励、了解、鼓舞②。但这一切并不是否定和削弱现代教育制度所赋予教师在教育过程中的权力和地位。教师与学生同作为教育活动的主体，存在着主导与被导的关系。作为教育活动民主平等的参与者，教师又是作为起主导作用的设计者、执导者和评价者，教师应当懂得相互尊重对方、对对方负责，充分理解和尊重学生的态度、感情、意见、立场和个性，为学生学习创造合适的情境，指导学生正确选择适切的学习内容和方式，鼓励学生探究和创新，由知识传授者转变成为学习的指导者、促进者。

三、师职形象：由价值背离的圣职形象，成为价值均衡的专业形象

传统上，为了达到维护道统的目的，儒家及封建统治者总是将教师抬到极高的地位。荀子提出："国将兴，必贵师而重傅……国将衰，必贱师而轻傅……"（《荀子·大略》）《礼记·学记》进一步指出，凡学之道，严师为难。师严然后道尊，道尊然后民知敬学。于是，传统教师成为道的代表和象征。同时，传统教师也十分认同这种以"道"为核心的职业价值观。孔子说："君子喻于义，小人喻于利。"（《论语·里仁》）"君子忧道不忧贫"，"君子谋道不谋食"（《论语·卫灵公》），他十分赞赏颜回的君子品格："一箪食，一瓢饮，在陋巷，人不堪其忧，回也不改其乐。贤哉，回也！"（《论语·雍也》）这种以义抑利的圣职形象塑造了传统教师敬业乐群、安贫乐道、清廉守节、无私奉献

---

① 联合国教科文组织.教育——财富蕴藏其中[M].联合国教科文组织总部中文科,译.北京:教育科学出版社,1996:172.
② 联合国教科文组织国际教育发展委员会.学会生存——教育世界的今天和明天[M].华东师范大学比较教育研究所,译.北京:教育科学出版社,1996:107–108.

的高尚品格，使传统教师的生命价值闪烁出崇高之美、德性之光。然而，儒家尊师目的在于维护封建道统的地位，这种带有浓厚政治功利色彩的尊师观显然将教师作为传道卫道的工具、象征和载体①。教师的实际社会地位却很低，更缺乏一种制度保障和物质基础。从卫道的宗旨出发，教师职业被定位于"传道、授业、解惑"这一固定职能上，由此强化和放大了教师的文化继承和维护能力，而弱化和扼抑了教师的文化创造和创新功能。教师成了脱离学术研究和文化创新而被禁锢在知识传递者位置上缺乏学术地位的教书匠，其职业实践一直停留在个人化的匠艺水平上。这使教师崇高的价值理想与卑微的价值实现严重冲突，崇高与清贫为伍、神圣与寂寞相随。现代生产发展和公共教育制度的建立，尤其是师范教育制的产生和教育科学的长足发展，使教师职业受到专门训练并有了坚实的理论基础，教师职业由此从匠艺式的职业而逐步发展成为一门专门性职业。1996年第45届世界教育大会在总结三十年成功经验基础上提出："在提高教师地位的整体政策中，专业化（professionalization）是最有前途的中长期策略。"②我国教师专业化起步较晚且程度较低，这不能说与传统师职形象的束缚无关。随着科教兴国战略的实施，《中华人民共和国教师法》和《教师资格条例》的颁行，我国教师职业的专业化路向已经确立，并显示出强劲的发展势头。唯有打破传统教师的圣职形象，建立一种崭新的教师专业形象，才能使教师队伍建设与职业发展走向良性轨道。

（一）现代教师应是具有专业特质的教育主体

所谓教师专业，我国台湾地区学者的概括较为简洁明确，即运用专门知识，提供专业服务，具有专业自主，接受专业教育，信守专业道德。诚然，现代教育作为国家的公共性事业，是向全社会提供的一种公共服务。教师专业正是为社会提供具有独特性的专业服务。因此，教师应当以造福服务对象为职志，形成以专业理念、专业知识、专业技能、专业情意和专业伦理规范为主要内涵的专业特质，为受教育者提供高质量的教育服务。这一方面使教师脱离那种充满

---

① 阮成武.论传统教师地位的文化负累与消解[J].皖西学院学报,2001(1):60-64.

② 全球教育发展的历史轨迹——国际教育大会60年建议书[M].赵中建,译.北京:教育科学出版社,1999:534.

道德色彩的职业性质，也摆脱一种旨在营利的谋生状态，建立一种具有制度性和操作性的专业伦理规范，确保教师高度的道德自律和自我负责精神，以此来维持专业的道德形象。同时，应改变那种以"学高为师"为标准的泛化了的职业标准和对教育科学理论的轻忽态度，使教师在接受以高等教育为标志的长期专业训练基础上，形成较高水准的学科专业素质和教师专业素养。为此，应不断提升教师的培养规格，建立职前与职后一体的终身化、开放化的教师教育体系和严格规范的教师资格许可制度，加强教师教育课程建设和评估认定，以提高教师专业化水平，进一步增强教师职业的专业性和不可替代性。尤其是教师应将文化传递功能与创造功能结合并重，终身学习，拓展发展空间，提高自身的学术水平和专业成就，实现持续终身的专业发展，不断提升个人价值和生命质量。

（二）现代教师应是具有专业地位的权责主体

传统教师是一种抽象单一的道德形象，一直未能形成经济地位和利益主体地位，"教师的专业地位尚具有明显的伦理性质"[1]。然而，"任何一个专业成熟度很高的职业都是以有相当高的经济回报作支持。只有这样，才能吸引大量的优秀人才从事这个行业；也只有这样，才能促使从业人员不断地致力于提高专业的水准，建立严格的职业伦理规范，从而提高这一职业的权威性和社会地位"[2]。教师专业形象的建构必须确立教师相应的专业地位，并集中体现在教师的收入水平、专业权力和社会声望等方面。就我国目前而言，最急迫的是下大决心改善教师的经济待遇，使教师职业的崇高性、专业性与丰厚的物质报偿实现兼容和同构。这是我国当前提高教师专业地位的首要之举，也是各国教师专业化取得成功的关键之举。为此，应进行宏观与微观的教师管理体制改革，改变学校组织单一的科层取向，建立并充分发挥教师专业团体在教师自主管理中的重要作用，为教师创造良好的教学专业环境，以使教师在高度自主、充满信任和尊重的专业生活中，获得一种专业感和生命意义的提升。

教师专业特质与专业地位是相辅相成、互为因果的两个方面。"教师有理由

---

① 傅道春.教师的成长与发展[M].北京:教育科学出版社,2001:99.
② 教育部师范教育司.教师专业化的理论与实践[M].2版.北京:人民教育出版社,2003:15.

要求合适的工作条件和地位，因为它们表明他们的努力得到了承认。……反过来，学生和整个社会有权期待教师以献身精神和敏锐的责任感来完成他们的职责。"①只有在教师的权力和责任之间建立一种平衡，现代教师专业形象才能挺立和生辉。

① 联合国教科文组织.教育——财富蕴藏其中[M].联合国教科文组织总部中文科,译.北京:教育科学出版社,1996:146.

论传统教师地位的文化负累与消解①

中华民族源远流长的历史文化孕育积淀了尊师重教的优良传统，但长期以来传统教师的职业地位却一直处于尊卑相悖、德福背离、重心失落和关系错位的二律背反境地。一方面教师作为正礼兴邦之要，得以与天地君亲并为读书人家尊奉，另一方面又落得一介寒儒、名列行九的社会定位。造成传统教师这种充满矛盾和失调的双重地位，既有其深刻、复杂的政治、经济原因，更有其深层、内在的文化致因。它是以儒家教育价值取向为内核的传统尊师观的外化与投射，是中国传统文化沉重负累的结果。概言之，尊师观是社会对于教师职业价值的不同取向进而形成的一种稳定、普遍的认识，涉及为什么尊师、尊重教师何种价值以及怎样尊师这样一些根本性问题。它影响和引导着社会公众、学生及教师自身对于教师职业的基本态度和价值标准。尊师观的形成一方面受到特定社会政治、经济制度的影响而表现出鲜明的阶级性、民族性和时代性，同时又深受社会文化传统的裹挟与涵摄而表现出很强的凝固性、深刻性和保守性。传统尊师观作为传统教育最具民族特点和惯性力量的组成要件，是以儒家思想为主流的传统文化价值体系对于教师职业价值取向的产物。它无论是在主流价值导向抑或社会心理习俗层面，都以一种巨大的现实力量左右着传统教师在特定社会参考系内的职业定位。虽然，传统文化曾经历近现代多次社会变迁和思想变革的冲击与洗礼，但其固有的巨大历史惯性和惰性使传统尊师观得以存续，并严重桎梏着现代教师地位的实质性提高和教育革新的根本性实现。如何对传统尊师观进行科学的反思与审度，继承和弘扬其优良、有益的成分，并进行合理的、必要的扬弃和超越，尤其是要清除和消解传统文化的"遗传基因"对于教师地位的牵累，进而生成一种与现代大生产、大科学、大教育、大文化相适应的新型尊师观，实现教师角色的现代跨越，这将是教师职业走出历史怪圈、步入良性轨道的思想根基和文化依托。

① 本节原载于《皖西学院学报》2001年第1期。

一、尊师乎？重道乎？道统化价值取向使传统教师地位尊卑相悖

在中国历史上，教师的职业地位一向是与儒家道统的地位互为因果、互为表里、一起浮沉的。作为传统文化的主体和核心，儒家教育始终把道德教育作为根本，"成人""做人"是其道德教育的归旨。这当中，"道"系指人们行为的基本准则，在封建社会即封建伦理纲常；"德"是指主体对"道"的获得与掌握。以传道授业为己任的师者，是"道"的直接代表者、传承者、体现者，便与"道"一同被奉为至高至尊的地位。孟子与齐宣王对话时就曾引《尚书》中"天降于民，作之君，作之师"，把师与君相提并论。荀子在论述伦理道德教育时特别提出要以"礼义"为中心。"礼"作为"道德之极""人伦尽矣"是最高的道德规范，旨在"正礼"的教师因此被提到紧系国运兴衰的崇高地位。在他看来："礼有三本：天地者，生之本也；先祖者，类之本也；君师者，治之本也。"（《荀子·礼论》）因此，"国将兴，必贵师而重傅；贵师而重傅，则法度存。国将衰，必贱师而轻傅；贱师而轻傅，则人有快，人有快则法度坏。"（《荀子·大略》）这是因为："礼者，所以正身也；师者，所以正礼也。无礼，何以正身？无师，吾安知礼之为是也？"（《荀子·修身》）由此他把教师纳入天、地、君、亲的序列而倍加尊崇。《学记》在总结孟子、荀子以来尊师思想的基础上明确提出"凡学之道，严师为难。师严然后道尊，道尊然后民知敬学"，从而将教师抬高至封建道德伦理的代表、范型和象征。由此可见，儒家尊师是有明显的政治目的和动因的，旨在维护封建道统，推行德治教化，维护道统地位的真正代表者——封建统治阶级的利益，实现所谓齐家治国平天下的政治理想。这种带有浓厚政治功利色彩的尊师观显然将教师作为传道卫道的工具、象征和载体，使教师的地位境遇一方面取决于"道"的社会地位，另一方面取决于教师自身传道授业的能力与水平。魏晋以前尤其是在汉代，儒家思想占据绝对统治乃至独尊地位，师与道是至高无上的，甚至连君主也要俯首："君之所不臣于其臣者二：当其为尸，则非臣也；当其为师，则弗臣也。大学之礼，虽诏于天子无北面，所以尊师也。"（《礼记·学记》）魏晋以后，儒家的礼教和道统地位再也不如汉代那样至尊至贵了，与儒家道统地位互为表里的教师地位

从此一落千丈。正如柳宗元认为，由魏晋以下，人益不事师。今之世，不闻有师；有，辄哗笑之，以为狂人。独韩愈奋不顾流俗，犯笑侮，收召后学，作《师说》，因抗颜而为师①。然而，教师再也无法恢复到汉代那般尊贵了。到了元代，教师职业更是落到行九的惨境——所谓一官、二吏……九儒、十丐是也。另一方面，可算是影响教师地位的一种主观因素，即教师传道授业的能力和水平。儒家在尊师隆师的同时提出"择师不可不慎"，"凡学之道，严师为难"，"道之所存，师之所存"。如果师者无道，也就不能为师，更谈不上什么尊严了。在儒家看来，只有那些既有渊博学识又有高远志向和良好道德的天子之师、名师鸿儒才能担此大任，获此殊荣；而那些只懂"记问之学""授之书而习其句读"的童子之师，是不配传道授业，不值得被尊重和推崇的。因此，同为教师，君师、官师与蒙师、塾师其地位有天壤之别。《吕氏春秋》即称："古之圣王，未有不尊师者也。"对于天子之师，不少君主皆能"屈万乘之重"，"厚师臣之遇，执弟子之礼，或不名以示恩，或乞言以敦教"。同时，历代名师大儒因其饱学博识，才气纵横，四方之士慕名而来拜师求教、谨敬有加。

总之，这种依傍于"道"的尊师观是以"道"的地位来确定教师职业地位之尊卑贵贱，而不是对教师职业本身及其劳动价值的承认与尊重。尊师旨在重道，道存方能师存，道尊方能师尊，这它使传统教师地位缺少制度保障，随着道统的地位和教师传道授业的能力浮沉变化而时尊时卑、或高或低，教师始终依附于统治阶级而未能取得独立的政治和经济地位。清除传统教师对于教师地位的负累，就要摆脱教师地位对于"道"说到底是对于统治阶级的依附性、依赖性，恢复和确立教师职业独立的文化职能和政治地位。这一点在传统社会里无法实现。而在社会主义现阶段，广大教师早已由过去那种脱离生产劳动和劳动人民、充当统治阶级传道卫道的工具，而成为现代社会两个文明建设的骨干成员。现代教师在继续发挥其道德教育和文化传递等功能的基础上，其职业功能得到了空前的扩展。这就是通过自己的教育劳动，传播和创新科学技术知识，实现劳动力的再生产，推动精神文明建设，从而给社会主义现代化建设提供巨大的智力支持和精神动力。教师由此纳入现代职业体系之中，成为对整个社会发展具有不可替代和不可或缺作用的具有专业性的职业类别。教师通过自己的

① 冯式.唐宋八大家古文选注[M].香港：万里书店有限公司,1979:32.

辛勤劳动创造社会财富（包括物质财富和精神财富），并以工资形式取得相应报酬的人，都是我国工人阶级的一部分①。这样，教师职业才能在独立定位的基础上充分实现自己的社会价值和本体价值，并随着社会价值取向的转换和国家一系列政治、经济和法律形式的尊师措施持续实施，而实现地位的根本提升。

二、殉道乎？祈福乎？伦理化价值取向使传统教师地位德福背离

如前述，中国古代教育是以伦理道德为核心的，教师是礼的化身、道的代表、德的典范。为捍卫和确保封建道德伦理的绝对权威地位，政治家、教育家们总是赋予教师至高至尊的社会地位。荀子认为，故人无师无法而知，则必为盗；勇，则必为贼；云能，则必为乱；察，则必为怪；辩，则必为诞。……故有师法者，人之大宝也；无师法者，人之大殃也。（《荀子·儒效》）《学记》提出，能为师然后能为长，能为长然后能为君。故师也者，所以学为君也。然而，这种超出一般教育意义上的至尊的政治伦理地位对于那些由官吏充当的教师自不待言，而一旦泛化为对整个教师职业的普遍要求，势必造成大部分教师的志功与物欲、道德追求与物质需要、社会责任与个性发展诸多层面的矛盾和冲突。

首先，在社会的角色期待上，教师如同《礼记·中庸》所谓"修道之谓教"。杨雄在《法言·学行》中指出："多学不如务求师。师者，人之模范也。"这种伦理本位的角色期待通过社会风尚、外部舆论和心理习俗等外部机制对教师产生行为上的约束规范，使教师"言有教、动有法、昼有为、宵有得、息有养、瞬有存"（张载《正蒙·有德篇》）。它一方面强化了教师的师德、师表意识，铸塑起传统教师美好的师表形象；另一方面又过分加强了社会对教师的角色期待，引起对教师评价标准的偏差，即社会总是以礼的标准、德的典则来衡量教师，要求教师"正其谊不谋其利，明其道不计其功"，"君子喻于义，小人喻于利"，进而成为仁人、君子。唯其如此，才能"不令而行"，堪为人师。由此，教师职业精神上的崇高势必带来物质上的清贫，似乎教师职业的经济报偿本该不能优厚，清贫、清苦是教师职业的固有标志。这无异于在给教师罩上神

---

① 厉以贤.现代教育原理[M].北京:北京师范大学出版社,1988:355.

圣、崇高光环的同时又披上了一件清贫、清苦的衣衫，造成教师拘谨、保守、严肃、恭顺的职业性格，内心深藏着重重的角色冲突。

其次，在对自身的角色认同上，传统教师十分注重对其固守和继承的"道"的内化和"礼"的践行。孔子说过："君子忧道不忧贫。"他十分赞赏颜回的君子人格："一箪食，一瓢饮，在陋巷，人不堪其忧，回也不改其乐。贤哉，回也！"《论语·雍也》）这种道德追求高于物欲追求的崇高价值理想，体现了中国文化积极有为、奋发向上、求真向善的民族精神，使传统教师形成了敬业乐群、安贫乐道、清廉守节、无私奉献的君子人格，值得我们永远颂扬和继承。但这种"师之教也，不争轻重尊卑贫富，而争于道"的崇高价值追求，与社会普遍践行的"以货财为宝，以养生为己至道"的世俗价值观形成严重背离和对立，使教师作为普通的社会成员由此陷入理想主义和禁欲主义的误区。

最后，从角色的自我实践看，中国教师将"身"纳入教育过程，突出以身立教、正人正己的垂范、表率作用。孔子说："其身正，不令而行；其身不正，虽令不从。""不能正其身，如正人何？"（《论语·子路》）荀子也提出为人师者要"以善先人"，"以身为正仪"（《荀子·修身》）。这种注重言行一致、力倡身教的教育传统使传统教师发挥着充分的榜样作用，焕发出巨大的人格魅力。但过多的自省、自责、自讼、自律也使教师产生一种不公正感和压抑感，行为刻板、自我封闭、情趣单一，掩饰了自身的个性活力，失却教育感染力和职业吸引力。

这种角色期待、角色认同、角色实践的高度契合与统一，模塑了传统教师重道德修养，追求社会价值的殉道者角色。相反，传统尊师观在无限张扬教师伦理至上的社会价值的同时，又对教师主体地位亦即个体幸福和个性发展进行了太多的束压，因而带有很大的历史和文化的局限性。恩格斯曾经指出，每个人都追求幸福，这是一种"无须加以论证的""颠扑不破"的原则。人类社会不断进步的重要标志之一，应当是越来越多的人获得越来越多的幸福。现实中，教师的职业选择以及职业道德的修养都是与人类的幸福和自我完善亦即个人的幸福密切相关的。如果教师道德只是要求教师像祥林嫂那样去片面遵守冰冷的道德规范,我认为这样的道德本身就是不可取的[①]。提高现代教师的地位,应当努力消解教师作为伦理人、社会人与作为经济人、主体人之间的矛盾冲突,确立以实现德福一致的人生价值,获得崇高而实在的教育幸福作为教师职业道德建构的出发点和归宿点。为此,应当在继承并弘扬传统教师追求道德理想、以身立教、垂范群伦,重视社会价值和奉献精神的优秀美德同时,勇于冲破传统教师职业价值体系中对道德境界的无限追求而对物质生活的过分贬低,对社会责任的无限追求而对个体利益的过多束缚,进而限制甚至抹杀教师主体价值的德福相悖的樊篱,使教师在现代社会价值体系中正确定位。在现阶段,应当凸显教师作为职业人、法律人的社会角色。即教师作为现代社会公共事业中普遍而又肩负特殊使命的一员,应当模范践行社会公德和法律义务,成为模范公民,以获得教书育人、为人师表所必需的主体资格。在其职业活动中,教师应当恪守职业道德,以职业良心为支柱,以职业人格为内核,以服务学生、服务社会为宗旨,以法律规章为准绳,以此来协调教师与学生、教师同行之间、教师与社会公众、教师与学生家长以及教师劳动投入与劳动效益、义务与权利、道德理想与利益获求等诸层面关系。教师劳动的社会价值与个体幸福、德行修养与幸福追求、雅福(精神性报偿)与俗福(物质性快乐)由此得以契合和统一,教师职业崇高社会地位与个体的职业满意度才能得到同步提高。

三、出仕乎? 为师乎? 功名化价值取向使传统教师地位重心失落

中国传统社会是一个由君、臣、吏、绅、士、民构成的相对凝固的大一统的层级结构。其中,士阶层介乎统治阶层与民众阶层之间。通过读书求学,士得以晋升而加入统治阶层、官僚集团,由此形成了"读书做官""官为本位"的价值导向和社会升迁机制。从孔子开始,就确立了为统治阶级培养治国兴邦人才的教育宗旨,即所谓"学而优则仕"。孔子曾说:"学也,禄在其中矣。"孔子自己虽以为师而自傲,但主观愿望和抱负还是设法从政,退而为师非他本愿,且为师仍是他宣传、推行其政治抱负的另一种积极的参政途径。由此形成一种

---

① 檀传宝.教师伦理学专题——教育伦理范畴研究[M].北京:北京师范大学出版社,2000:27.

政学相通的儒家教育传统，心怀政治抱负的"士"，把关心政治、从政为官作为人生至高的价值理想，官场得意则进而为官，官场失意则退而为师。在这种情形下，教师因其政治待遇优厚而使整个职业地位显赫。况且，许多教师本身就是一身两任，既从政又为师，享受着比一般官吏更优厚的待遇。隋唐以后，科举制度的实行在制度上促使教师政治地位与其职业地位的分离。科举取士，读书求学旨在中举做官、修成正果，即所谓"男儿欲遂平生志，文经勤向窗前读"，一旦仕途得志，即能飞黄腾达、荣宗耀祖。至于科场落第，仕途不通者，设馆授徒教书实属不得已而为之的无奈选择。这使传统教师多被排挤在社会的主流阶层之外，政治地位旁落、社会地位之寒不言而喻（当然那些仕途畅通拿着俸禄的官学教师自是另一般风光）。这种功名化的价值取向和取士制度，导致自隋唐以后一种"学而优则仕，仕不第则师"的人才分流机制的形成，教师的政治、经济和学术地位皆在官员和及第文人之下。与此同时，科举选拔人才的内容、方式和标准又极大地影响着学校的育人模式和教师的角色行为模式。教师所谓"传道、授业、解惑"的职能使命由此确立。为师者只是囿限于与科举考试相关的儒学经典的记诵讲授，单一地发挥着文化的继承传递功能，从而抑制和扼杀了教师的创造性和文化创新功能，注定一种"教书匠"的生命归宿。教师们虽然获得"红烛""春蚕""园丁"等诸多精神褒奖和慰藉，但总也摆脱不了为别人追求富贵功名而做铺路石、作嫁衣裳的自我牺牲的生存状态。这些或许能帮助我们找到过去和现时一些教师稍有机会就想跳槽从政，以及人们对于教师职业高评价与低选择之间强烈反差的文化内源吧。

随着现代社会的发展，价值取向逐渐由"官本位"向"学本位""能本位"进化和转向，尊重知识、崇尚科学、重视人才已成为社会的潮流。教育事业正在成为个体发展和社会进步的动力、财富的源泉，并被置于社会的核心地位。作为教育成败之关键的教师也自然成了推动社会发展进步的中坚力量。相应地，现代教师必须从传统的"学而优则仕"的窠臼中挣脱出来，努力提升专业地位和专业水平，以主动适应时代发展和社会变革提出的崭新要求。首先，应确立"学而优则师"的观念，努力提高教师的专业化地位。传统的"学而优则仕"以官为本位，降低了教师的专业地位，造成教师素质之不良。随着教师专业化的世界潮流的迫近，提高教师工作的专业化水平正在成为各国改善教师地位和工作条件的普遍策略。为此，我们也应制订和采用多种有效策略，如提升教师教育专业在学制体系中的层次地位，优化师范教育生源素质，提高教师队伍的学历层次，实行教师岗位的专业准入制度，优厚教师的物质待遇，扩大教师的专业权力，以此来增强教师职业吸引力，吸引更多有志于从事教育事业的优秀人才矢志教师职业，使"学而优则师"成为现实。其次，树立"教师即研究者"观念，努力提高教师的专业化水平，传统的传道授业式的教书匠型教师被禁锢在狭小、封闭的事业空间内，发挥着文化继承传递功能，自身的创造潜质和个性光芒得不到充分释放和发挥，精神寂寞、压抑。为此，应当设法扩大教师成才成就的事业空间，将教师的文化传递功能与文化创新功能并重，教育教学与研究创新结合起来，努力成为集"教者""研究者""学者"于一身的"教育专业工作者"[①]，成为一名开发人力资源的科学家、专家，以此实现由教书匠向教育家的跨越。

四、师长乎？师友乎？权威化价值取向使传统教师地位关系错位

概观古今，中国的学生普遍崇尚教师权威，师生之间构成一种等级森严的教养关系，学生必须无条件地服从教师。这种以"信师好古""师云亦云"为特征的尊师观是中国传统的家族化、权威化价值取向的产物。

第一，受家庭化价值取向的影响至深。从周代开始，"孝"就成了调节家庭与家庭内部关系的基本道德准则。由于"天生时而地生财，人其父生而师教之"（《礼记·礼运》），师与父相连相通，因而以血缘、等级关系为基础的后辈对前辈、下级对上级绝对崇尚、服从的孝、忠（泛化了的"孝"）观念也自然在师生关系上得以反映。师生关系通常成了仅次于直系亲属关系中最重要、最密切的社会人伦关系。师生如父子，一日为师、终身为父，成了古代师生关系的基本准则和生动写照。这种父子式的师生关系使中国历代学生对自己的老师感恩戴德、终生难忘，以至于老师死了，弟子要服三年心丧。然而，这种以孝、忠为原则的带有浓重血缘、等级色彩的尊师观有着很大的局限性和狭隘性，它给中国教师地位带来诸多不利的影响：一是受血缘亲疏影响，人们尊敬的往往

---

① 陈桂生.学校教育原理[M].长沙:湖南教育出版社,2000:394.

是亲授过自己的老师，而不够尊敬其他教师以及整个教师职业，这使得中国教师只是在自己学生面前地位高而在他人以及整个社会中的地位较低。二是受等差贵贱的影响，一般人对教师的尊重程度与教师所处的学校等级和学问水平相关，即人们尊重的多是那些执教于高等学校和高年级的教师，而对身居基层或较低年级的教师尊重不够。三是受封建家长制的影响，师生之间表现为一种上行下效、类属主从关系，教师成了绝对权威，学生只能唯师是从，稍越雷池半步即被斥为离经叛道，惩处、体罚学生也自然是天经地义、理所应当的。现实教育中一些教师对学生的家长式管制、专制型管理乃至对学生人格权利的侵害、剥夺就是由此造成的贻害。

第二，受权威化价值取向的影响至深。虽然孔子也提出过"当仁不让于师"，但在封建大一统的政体确立以后，荀子师道尊严的思想显然占据上风。教师作为绝对权威，学生信奉无疑、恪守师法家法，唯有"信师好古""师云亦云"，才能"情安礼，知若师，则是圣人也。"（《荀子·修身》）于是，学生的思想观点、行为必须以师为价值标准、道德楷模和人格典范。师生之间构成一种封闭的师授学承关系，学生绝对不可怀疑、非议和超越教师。即所谓"言而不称师谓之畔，教而不称师谓之倍。倍畔之人，明君不内，朝士大夫遇诸涂不与言"（《荀子·大略》）。显然，这种绝对权威、师道尊严的尊师观，除对发挥教师主导作用、确保传统文化的传承有一定积极作用外，更多的是对教育过程的消极影响：教师习惯于发号施令、告诫训斥、严格监督直至体罚，习惯于学生的老实、听话、信教、温顺，习惯于按照自己的意志满堂灌、填鸭式教学，习惯于求同划一、师云亦云，严重抑制了学生主动精神和创造精神的发展。正如鲁迅先生所批评的：古之师道，实在也太尊，我对此颇有反感。我以为师如荒谬，不妨叛之。随着传统教育向现代教育的转型，拨正这种严重错位的师生关系，转变教师角色，使教师和学生在民主化和主体化的现代化教育体系中重新定位，已成为教育改革和创新的重要标志和突破口。在现代教育体系中，教师和学生间确立一种民主平等的关系，始终是教学过程的关键所在。一方面，对于学生尤其是对尚未掌握思考和学习方法的学生而言，教师的作用是无法取代的。教师作为成人社会的代表，其职业本身所带来的教师法定的影响力、支配力，有着一种外源性的教育权力。另一方面，教师自身的学识能力、道德人格和教育才能又使教师享有一种内源性的教育权威，教师的权力和权威使教师在教育过程中始终是主要的责任者、始终起着主导作用。但同时应当看到，在现代教育中，"教师的工作并非只是传授信息，甚至也不是传授知识，而是以陈述问题方式介绍这些知识……师生关系旨在本着尊重学生自主性的精神，使他们的人格得到充分发展"①。"教师和学生要建立一种新的关系，从'独奏者'的角色过渡到'伴奏者'的角色，从此不再主要是传授知识，而是帮助学生去发现、组织和管理知识，引导他们而非塑造他们。"②"学校教学工作的中心必须从教转到学上来，学生应从被动地获得知识和一般技能转到积极地运用知识去解决问题。"③由此，教师的主导作用与学生的主体作用在一种新的教学结构和关系中耦联与统一起来，即在法律上、人格上以及在真理面前和对未知领域的探求上师生是在民主平等的基础上互动的。更有趣的是，"在终身教育中，每个人时而是教师，时而是学生"④，但这些丝毫不意味可以削弱和降低教师的地位和作用；相反，对于学生主体性的激发培养，对于学生榜样作用的发挥，无不取决于教师的专业精神和专业水平。

---

① 联合国教科文组织.教育——财富蕴藏其中[M].联合国教科文组织总部中文科,译.北京:教育科学出版社,1996:138.

② 联合国教科文组织.教育——财富蕴藏其中[M].联合国教科文组织总部中文科,译.北京:教育科学出版社,1996:136-137.

③ 国家教育发展与政策研究中心.发达国家教育改革的动向和趋势(第二集)——美国、苏联、日本、法国、英国1986—1988年期间教育改革文件和报告选编[M].北京:人民教育出版社,1988:283.

④ 联合国教科文组织.教育——财富蕴藏其中[M].联合国教科文组织总部中文科,译.北京:教育科学出版社,1996:144.

小学教师教育专业化的发展走向①

20世纪末以来，我国正努力通过师范教育布局结构调整和资源重组，来搭建小学教师高等教育体系平台，推进小学教师教育的专业化。我国现有小学教师约586万人，占教师总人数一半以上。只有实现小学教师教育专业化，教师专业化才有坚实的基础和完全的内涵。跟踪和展望国际小学教师教育专业化的历史进程和发展动向，对于推进我国师范教育发展具有重要的借鉴意义。

一、小学教师教育规格的统一化与专业建设的特质化

通常，人们是将中小学教师教育作为同一概念来研究的，但事实上无论就其发端还是演变发展两者都有很大的不同。在早期，中小学教师是通过双轨制或分层次来培养的。小学教师培养远离高等教育，重在教学技艺和教职伦理的训练，满足于"教什么、学什么"，培养义务教育课程标准的传递者。中学作为大学预备教育，教师培养由大学担任，重在专业知识和学术水平的提高，教育理论和职业技能则不被看重。这种带有明显双轨制色彩的培养体制形成了两种不同的师范教育理念："小学教师不需要多高学术水平，中学教师不需要教育理论学习。"反过来，这种理念又强化了中小学教师专业水平和地位上的界限和等级。第一次世界大战前后，出于义务教育年限的延长、教育民主化的推动和教育科学的发展，师范学校逐步升格为师专或师范学院，原先双轨体制开始打破，中小学教师培养逐步并轨。第二次世界大战后，发达国家相继将小学教师教育升至四年制本科。进入20世纪60年代，为了提高教师学术水平和专业化程度，一些发达国家进一步将师范学院升格为综合性大学或综合性大学教育学院、教育系，或者在综合性大学成立教育学院、教育系，小学教师由此纳入综合性大学统一培养，学术水平和专业地位得到整体性提高。20世纪80年代以来面对国

---

① 本节原载于《师范教育》2002年第10期。

际竞争和高科技发展，新一轮教育改革对教师教育提出新的挑战和要求。美国卡内基基金会、霍姆斯小组发表了一系列推动教师教育改革的重要报告，提出进一步提高教师学历标准，建立硕士学位教师教育（四年文理学术培养加一年教育专业训练的教育研究生院）。英国发表的《把学校办得更好》和《1988年教育改革法》提出设置"研究生教育证书"（PGCE课程）。法国小学教师培养一直稳定在师范学院阶段，1989年通过《教育方向指导法》，设置大学级教师教育学院（IUFM），一举将各类教师教育提升到统一规格的大学后教育，中小学教师教育从根本上废除双轨制，真正实现了在教育机构、招生对象、培养年限、学历文凭各方面的统一。由此可见，小学教师教育走过了一条与中学教师从双轨、分层培养发展到由大学教育统一培养、同一规格的升级并轨历程。正是通过这种不断地升级和并轨，小学教师才得以从匠艺式的职业，发展成为与中学及各类教师同等学术水平、声望、地位和待遇的专门职业。

　　然而，这种培养机构和专业规格的统一并不意味中小学教师专业方向和特质的趋同。相反，各国在实现中小学教师教育机构和培养规格统一化的基础上，愈益重视各自专业的专门化和特质性，使中小学教师教育由双轨制度下专业水准不同的两级教育，发展成为统一机构中专业特性各异的两类教育。正如皮亚杰指出的，从吸收知识的难度与这种知识上的客观上的重要性这个双重观点看，事实许可我们主张：儿童愈小，对他们进行教学就愈难，而对于幼儿的教学未来的后果就愈有影响。联合国教科文组织在《学会生存——教育世界的今天和明天》中提出，教学职能，无论是小学或中学一级执行的，从意图和目的看，都是相同的。由此看来，在现代社会条件下，中小学教师不应有层次等级差别，只应有专业特质差异：中学教师重在对文化知识本身的转化与提升，要求掌握分科的、系统的专业性知识（含教育科学理论知识）；而小学教师则重在对儿童成熟和发展的适应与促进，故要求掌握综合性、基础性的知识，同时具备将系统定型的基础知识浅释、转化并借此开发小学生多方面潜质的能力。正因为如此，各国教师教育多按教育阶段之别设置初等教育专业或开设初等教育师资课程以培养小学教师，在培养目标、课程设置、培养模式及教师资格认可诸方面注重凸显小学教师的专业特质。如美国的初等教育专业和中等教育专业，在学习大量共同科目的同时，任教科目的要求大不一样：小学教师被作为"通才"

而非"专才"来培养，被要求学习小学的各门学科，并与各科目的教学法交织在一起。德国、法国、英国、日本等国也对小学教师提出多学科教学能力的要求。在学科专业与教育专业的课程比例上，美国、日本等国中等教育教师课程比例为4∶2，初等教育教师课程比例则为2∶4，以此体现中小学教师教育各自的专业特质。

二、小学教师教育体制的开放化与专业水准的优质化

应当说，师范学校的建立，尤其是系统定向的师范教育制度大大优于中世纪师带徒的养成方式，但这种"教什么、学什么"以培养特定课程标准传递者的教育制度，导致小学教师知识面狭窄、水平偏低，只能成为掌握一定教学技艺的"教书匠"。以美国为例，师范学院时期偏重师范性，重在师范生生活适应能力的培养和教学艺术的提高，教育专业课程高达40%~60%。第二次世界大战以后，这种定向型师范教育受到激烈批评，认为过多强调教学艺术，培养出的教师业务粗疏、根底浅薄，无法奠定新一代的科学基础，只能造就"第二流的头脑"。在著名教育家科南特等人建议下，美国开始将师范学院归并于综合性大学，采用4+1模式培养，毕业后授予教学文学士（MAT）学位，旨在提高学术水平，培养学者型教师。德国的高等师范学校作为独立的教育机构也正在消失，纷纷并入大学或综合高等学院。英国于20世纪70年代后期将单科性地方师范学院并入多科性高等教育学院。当然完全开放型并非唯一的选择，如法国设立大学级教师教育学院，通过"3+2"联合即招收接受过三年普通高等教育的学生进行两年教育专业培训和教育实习，考试合格后任教师。日本曾较早地学习美国的开放式，后感到完全的开放式对教师养成有诸多弊端和不足，并于1978年后创立三所新型教育大学，促进开放型与定向型体制的结合。

这种由定向师范教育向多元化开放的转型，其实质是将教师培养由师范院校专营和垄断拓展为整个高等教育（包括一流综合性大学）承担，从而使教师教育资源得到扩展和增强，学术性得到整体性提高。但这种拓展与开放并非削弱教师教育的专业性，取消师范教育，相反，它突破了学术性与师范性在封闭定向的师范教育体系内的冲突和"双亏"局面，通过普通教育、学科教育与教

育专业训练，在大学背景下高水准地整合与同构来拓宽小学教师专业内涵，提升专业水准，在更高层次上实现小学教师教育的专业化，这使小学教师从长期以来作为预定课程传递者和技术操作者，发展成为具有较高学术水平和专业地位，具有反思和研究能力的教学专家。

为此，各国相应建立起教师教育专业化的制度保障体系。如美国1954年成立的全国师范教育认可委员会（NCATE）作为联邦教育部唯一承认的全国性教师教育认可机构，旨在对教师教育机构的品质进行专业判断，确保教师教育的专业水准。1998年，英国教育与就业部颁发的教师教育课程专业性认可标准——《职前教师教育课程要求》，分别从学科知识与理解、教学法知识与理解、有效的教学和评价方法三方面对中小学教师应达到的水平作了具体详尽的要求，形成教师教育课程标准的框架体系。此外，教师资格证书制度作为许多国家针对教师行业的一项职业准入制度，对"认定教师的专业水平和职业道德水平；规范教师任用标准；确保在多元开放体制下，教师教育的专业化水平"起到了有力的促进作用。尽管世界各国教师资格证书的名称、种类、具体要求和实施办法不尽相同，但通过专门考试考核师范生及其他志愿者的一般知识、学科知识、教育专业知识与能力，以决定是否授予教师资格的要求是相同的。小学教师作为一个重要的资格种类，在学历及知识能力的考核上有着特定的要求。

三、小学教师教育模式的一体化与专业发展的自主化

师范学校的产生大大促进了小学教师由普通职业向专门职业的发展，但传统的师范教育制度试图通过制度化教育、规定年限的职前训练，以造就国家既定课程标准的传递者，加之缺乏科学而又生动的教育科学作支撑，使得小学教师教育专业化水平又是有限的。20世纪60年代起，科技革命和生产发展对教育进而对教师提出新的更严峻的挑战，教师的角色和作用发生了深刻而巨大变化。在这一背景之下，联合国教科文组织和国际劳工组织首次提出，应当将教师视为一种必须经过严格而持续不断的研究才能获得并维持专业知识及专门技能的公共业务，一种对所辖学生的教育和福利具有个人的及共同的责任感的专门

职业。

此后，教师专业化被作为提高教师地位的整体性政策中最有前途的中长期策略，同时也成为提高教师专业水平、促进教师专业发展的重要途径，推动着教师教育乃至教师养成方式的整体变革。各国在教师教育机构统一化和体制多元化的同时，进一步实现教师教育模式的一体化，以建立一个集中各方面力量和智慧、充满合作和开放的教师教育系统。这里主要是教育阶段的一体化。联合国教科文组织在1975年第35届国际教育大会上指出，需要一种综合性政策来确保把教师教育重新组成一个持续的协调过程，从职前准备开始并继续于教师的整个职业生涯。其职业开始准备的职前教育及培训，应该被看作教师持续的教育过程中第一个基本阶段。教师教育由此突破以职前教育为重心的终结性师范教育，而扩展为伴随教师职业生涯的专业发展过程。各国纷纷制定法规和政策以建立教师终身教育体系。英国《詹姆斯报告》较早地提出"师训三段法"，把教师的个人教育阶段、教育专业阶段和在职进修阶段整合起来。英国政府规定了新教师最少用1/5的时间进修，正式教师每五年可带薪脱产进修一个学期，并建立全国性的教师进修网络和以学校为中心的校本培训基地。美国发表的《明天的教师》《霍姆斯报告》和《国家为培养21世纪的教师作准备》《卡内基报告》提出建立教师职务阶梯，提高专业报酬，设立教师专业发展学校，鼓励教师开展研究和实践反思，促进从新手教师向专家教师的转变。

与此同时，随着教师教育体系的延伸，教师教育的空间也必然要进行相应的拓展，那种以大学为本位的教师教育模式正在发生改变。美国于20世纪80年代中期开始建立起遍布全国的教师专业发展学校（PDS），由大学教师与小学教师组成的合作小组共同开展对师范生的培养，同时也供有经验的教师继续发展。英国强调建立大学与中小学的伙伴合作关系，开展以中小学为基地的校本教师培训，使任职学校成为小学教师专业成长的基地和场所。这一改革始终突出小学教师自身的主体地位和作用，使小学教师通过终身学习、自我教育以及在教学实践中不断地反思和研究、更新，实现持续终身的专业发展，向着专家型、研究型教师转化和提升。

我国师范教育起步较晚，中小学教师由高师与中师分级培养的格局长期维系。自1998年教育部《面向21世纪教育振兴行动计划》正式提出小学教师学历大专化的目标以来，在第三次全国教育工作会议精神的强力推动下，我国小学教师培养向高等教育迈进的进程迅速。如何用"教师教育"来统整和总揽，从而建立一个既具小学教师专业性质又有高等教育学术水准的小学教师高等教育体系，这应当成为我国教师专业化研究的一个重要课题。我们应当充分继承百年中师的优良办学传统，吸取其在服务小学、培养小学教师方面的成功经验，将其合理地带入专、本科小学教师的培养体系中去，成为推动小学教师教育专业化的重要优势和资源。与此同时，应对传统的中师教育模式进行根本改造，真正实现高等教育化。尤其是不能满足于基本知识的掌握和基本功的训练，而应着眼于小学教师的专业化，加强具有高等教育水准的通识学养，促进学科专业与教育专业水平的整体提高和汇通，形成中师毕业生比不上、一般本专科毕业生比不了的具有自身规定性和专业优势的新型小学教师专业结构。

第二章　教师队伍现代化理论进路研究

新时期教师队伍建设的理念创新[①]
——学习胡锦涛同志在全国优秀教师代表座谈会重要讲话

新时期以来，随着工作重心的转移，党和国家从科教兴国和人才强国的战略高度，高度重视加强教师队伍建设。2007年8月31日，胡锦涛同志在全国优秀教师代表座谈会上的重要讲话（以下简称《讲话》），围绕"大力倡导尊师重教"提出的"三个必须"和"四点希望"，确立了新时期教师队伍建设的指导思想和行动纲领。《讲话》继承我国尊师重教传统又不拘泥于传统套路，体现现代教育规律和教师专业化趋势又紧密联系中国实际，实现中国特色社会主义教师观的理论创新。准确理解和深刻领会中国特色社会主义教师观的精神内核，对新时期教师队伍建设政策制定和制度创新，促进广大教师自尊自励，办好人民满意的教育，落实科教兴国和人才强国战略，都具有深远的理论意义和广泛的实践意义。

一、教师价值的重新定位

党的十七大报告指出："第一要义是发展，核心是以人为本，基本要求是全面协调可持续，根本方法是统筹兼顾。"胡锦涛同志《讲话》提出的"大力倡导尊师重教"，从"以人为本"思想出发，体现了"始终把实现好、维护好、发展

---

① 本节原载于《教师职业的理性与诗意》，安徽师范大学出版社，2015年版。

好最广大人民的根本利益作为党和国家一切工作的出发点和落脚点"①，从全新的视角阐释了教师职业价值和尊师重教的意义。

（一）尊重教师是重视教育的必然要求

这是基于对教师在提高教育质量和教育事业发展中起关键作用的规律性认识。提高教师的质量和积极性应是所有国家的一项优先任务②。第45届国际教育大会进一步确认，教师是发生在所有各级各类学校和课堂中并通过所有教育渠道进行教育变革的关键活动者。我国改革开放之初，邓小平同志就指出："一个学校能不能为社会主义建设培养合格的人才，培养德智体全面发展、有社会主义觉悟的有文化的劳动者，关键在教师。"③胡锦涛同志说："教师是人类文明的传承者。"推动教育事业又好又快发展，培养高素质人才，教师是关键。没有高水平的教师队伍，就没有高质量的教育。为此，要进一步在全社会弘扬尊师重教的良好风尚，以调动和发挥广大教师的积极性、主动性、创造性。只有这样，才能真正完成全面贯彻党的教育方针、全面实施素质教育、完成立德树人的根本任务、促进教育公平、推进教育体制改革和创新等六项任务，推动教育事业又快又好发展，办好让人民满意的教育。

（二）尊重教师是社会文明进步的重要标志

这是基于对教育在建设人力资源强国、建设创新型国家、加快推进社会主义现代化中的战略地位和作用的深刻认识。《讲话》指出，当今世界，经济全球化深入发展，科技进步日新月异，国际竞争日趋激烈，知识越来越成为提高综合国力和国际竞争力的决定性因素，人才资源越来越成为推动经济社会发展的战略性资源，教育的基础性、先导性、全局性地位和作用更加突出。中国的未来发展，中华民族的伟大复兴，归根结底靠人才，人才培养的基础在教育。教育是提高人民思想道德素质和科学文化素质的基本途径，是发展科学技术和培

---

① 中共中央文献研究室.十七大以来重要文献选编：上[M].北京：中央文献出版社，2009：12.

② 联合国教科文组织.教育——财富蕴藏其中[M].联合国教科文组织总部中文科，译.北京：教育科学出版社，1996：140.

③ 中共中央文献研究室.邓小平年谱1975—1997：上[M].北京：中央文献出版社，2004：300.

养人才的基础工程。这就将传统上尊师限于"道严""敬学"的政治及伦理教化功能，进而拓展到人才培养、人力资源开发、科技进步、经济发展和全面建设小康社会等各个方面，成为社会文明进步的重要标志。

（三）尊重教师是尊重劳动、尊重知识、尊重人才、尊重创造的具体体现

早在改革开放之初，邓小平同志指出："无论是从事科研工作的，还是从事教育工作的，都是劳动者。"①科研机构要出成果、出人才，教育战线也应该这样。中小学教师中也有人才，好的教师就是人才。要珍视劳动，珍视人才，人才难得呀！要特别注意调动教育工作者的积极性，要强调尊重教师。党的十六大报告将"尊重劳动、尊重知识、尊重人才、尊重创造"作为党和国家的一项重大方针。胡锦涛同志从"四个尊重"的高度进一步阐释尊师的深刻含义，指出：教师"从事的是创造性工作"，"是知识的重要传播者和创造者"，是"人类灵魂工程师"。这为教师作为传播和生产知识、教书育人的专业工作者，获得创造性劳动应有的劳动报酬、社会尊重和职业地位，奠定了思想基础；同时也为教师自尊自励，发挥工作的积极性、主动性和创造性，奠定了认识基础。

二、教师地位的重新确立

自20世纪60年代以来，各国纷纷通过制度创新与政策推动，促进教师专业化建设，寻求教师地位、素质和水平提高的有效途径。第45届国际教育大会在总结30年来教师专业化经验的基础上，提出教师专业化的一整套政策建议，包括②：制定并采取一体化政策，以便吸引最能干的年轻人来从事教学工作；改革教师的职前教育和在职教育，以便他们能适应教育所面临的挑战；在教育决策中赋予教师更多的权利和更大的责任，鼓励教师参与教育改革的过程；在教师的专业实践中采用新的信息和通信技术，以服务于全民教育质量的提高；加强

---

① 邓小平.邓小平文选:第二卷[M].北京:人民出版社,1994:50.

② 全球教育发展的历史轨迹——国际教育大会60年建议书[M].赵中建,译.北京:教育科学出版社,1999:526-538.

教师与社会各方面的合作关系；推进教师专业化，以改善教师的物质和社会地位。胡锦涛同志的《讲话》总结长期以来我国教师队伍建设的经验和教训，吸取国际教师专业化建设理论和实践成果，提出加强教师队伍建设的"三个必须"，通过一系列制度设计与创新，增强教师的职业竞争力、吸引力和美誉度，使教师真正成为社会上最受人尊敬的职业。

（一）为提高教师职业地位和待遇制定系统配套的政策措施，增强了教师的职业竞争力

联合国教科文组织和国际劳工组织在《关于教师地位的建议》中特别指出：在影响教师地位的诸要素中，应格外重视工资。因为如同其他专门职业一样，除工资以外的其他要素诸如给予教师的地位或尊敬、对教师任务重要性的评价等，都很大程度上依赖于教师的经济地位。美国的卡内基报告也提出，要使教师的工资和晋升机会能够与其他行业具有一样的竞争能力[1]。胡锦涛同志《讲话》提出："要采取有力措施，提高教师的政治地位、社会地位、职业地位，维护教师合法权益。要随着经济发展不断提高教师待遇，依法保障教师收入水平，完善教师医疗、养老、住房等社会保障。……要满腔热情关心教师，努力改善教师的工作、学习、生活条件，为教师教书育人创造良好环境。"这个以经济待遇为中心，全面提高和改善教师职业地位、生活条件和职业环境的一整套政策措施，充分确立了教师作为专业人员应有的待遇、地位和权益，体现了教师专业化的基本规律，将尊师重教落到了政策实处。

（二）为提高教师素质和水平提供切实可行的政策保障，增强了教师的职业吸引力

《讲话》提出，要制定切实可行的政策措施，注重吸引优秀人才当教师，鼓励优秀人才长期从教、终身从教，鼓励有志青年到农村、到边远地区、到祖国最需要的地方为国家教育事业发展建功立业。这既提升了教师专业化的素质起

---

① 国家教育发展与政策研究中心.发达国家教育改革的动向和趋势（第二集）——美国、苏联、日本、法国、英国1986—1988年期间教育改革文件和报告选编[M].北京：人民教育出版社，1988：312.

点，也为教师职业生涯提供持续不竭的外部引力。近年来，教育部推出的"农村义务教育阶段学校教师特设岗位计划""农村学校教育硕士师资培养计划""城镇教师支援农村教育工作"等政策，受到各地政府和群众欢迎，为农村培养、补充高素质骨干教师探索出有效途径。同样，师范生免费教育政策不仅是推进教育发展、教育公平的一项重大举措，也增强了教师职业吸引力，对提高师范教育生源质量，鼓励有志青年、优秀人才从事教育工作，起到很好的促进作用。

同时，《讲话》提出，要高度重视教师培养和培训，加大对师范教育支持力度，积极推进教师教育创新，提高教师整体素质和业务水平；改革和完善教师管理制度，严格教师资格准入制度，健全教师考核评价机制，合理配置教师资源。这些政策措施旨在形成教师乐教、爱教的职业理想和职业信念，为教师自觉主动的专业发展和实现教师人力资源开发与合理配置，注入强大的内驱动力。

（三）为提高教师职业的美誉度创造良好的政策环境，提升了教师的职业声望

职业声望是社会舆论对教师职业的意义、价值和声誉的一种综合评价，反映着一个社会及其成员对教师职业评价的高低，进而影响着人们对教师职业的尊重、选择和从事的态度和程度。一个时期以来，由于市场经济冲击，教师队伍中出现一些有损教师形象的现象和行为；同时，社会对教师质疑、批评、责难的声浪也此起彼伏，甚至出现丑化教师和侮辱教师的行为。《讲话》提出：教师是神圣的职业，应该受到全党全社会的尊敬。要营造良好舆论氛围，大力宣传优秀教师先进事迹，让全社会广泛了解教师工作的重要性和特殊性，让教师成为社会上最受尊敬的职业，让尊师重教蔚然成风。这对提高教师职业的社会声望，增强教师职业的美誉度，无疑是十分重要而富有成效的。孟二冬、方永刚、汪来九等教书育人事迹的宣传报道，就在社会上产生了巨大的积极影响。

三、教师素质的崭新要求

新时期以来，党和国家在不断提高教师地位和待遇的同时，一直对教师素

质和水平的提高寄予了殷切期望。江泽民同志《在庆祝北京师范大学建校一百周年大会上的讲话》提出，广大教师要志存高远、爱国敬业，为人师表、教书育人，严谨笃学、与时俱进。胡锦涛同志对教师自尊自励的"四点希望"，对新时期教师队伍建设目标提出新的素质要求。归纳起来，新时期教师素质提升要注意以下"三个并重统一"。

（一）职业道德与师德修养的并重统一

《讲话》提出，广大教师更应该自尊自励，努力成为无愧于党和人民的人类灵魂工程师，以人民教师特有的人格魅力、学识魅力和卓有成效的工作赢得全社会的尊重。在思想道德方面，希望教师爱岗敬业、关爱学生，淡泊名利、志存高远。前者是教师职业道德建设，是对教师"作为一个教师的人"的职业志向、职业理想、职业情感的要求。后者是师德修养方面的要求，是"作为一个人的教师"在思想道德上如价值观、荣辱观和职业理想、道德情操等方面，做一个模范公民，为人师表。而且，两者相辅相成、融合统一，凸显崭新的教师道德形象。教师作为一个以教书育人为职业的人，不仅要具有一个良好的职业道德，而且在道德修养方面要"取法乎上"，做到淡泊名利、志存高远，展现一个人民教师特有的人格魅力，才能真正成为学生的良师益友，学生健康成长的指导者和引路人。另一方面，良好的师德修养又为教师职业道德建设奠定思想和伦理基础。教师只有把个人理想、本职工作与祖国发展、人民幸福紧密联系在一起，树立高尚的道德情操和精神追求，才会把全部精力和满腔真情献给教育事业，成为学生的良师益友，成为学生健康成长的指导者和引路人。

（二）教书育人与严谨笃学的并重统一

胡锦涛同志对全国优秀教师身上集中体现的人民教师胸怀祖国、热爱人民，学为人师、行为世范，默默耕耘、无私奉献的高尚精神，给予高度评价。他要求新时期教育要坚持育人为本、德育为先，把立德树人作为教育的根本任务；他要求广大教师自觉坚持社会主义核心价值体系，带头实践社会主义荣辱观，引导学生树立正确的世界观、人生观、价值观、荣辱观，努力培养德智体美全面发展的社会主义建设者和接班人；并且号召广大教师甘为人梯，乐于奉献，静下心来教书，潜下心来育人，努力做受学生爱戴、让人民满意的教师。

同时，《讲话》改变传统上教师只是习惯于知识传授和生命消耗的"蜡烛型"知识形象，提出教师要刻苦钻研、严谨笃学，不断学习、不断充实自己。广大教师要崇尚科学精神，树立终身学习理念，如饥似渴地学习新知识、新技能、新技术，拓宽知识视野，更新知识结构，不断提高教学质量和教书育人本领；要养成求真务实和严谨自律的治学态度，恪守学术道德，发扬优良学风。这种将教书育人与严谨笃学有机统一的教师队伍建设目标，为教师专业成长和发展提供坚实的政策支持和伦理基础。

（三）教育创新与创新教育的并重统一

江泽民同志曾经提出："教师在教育创新中承担着重要使命。教师富有创新精神，才能培养出创新人才。"[①]《讲话》对广大教师提出"勇于创新、奋发进取"的新要求，进一步拓展教师工作创造性的内涵。一方面，教师要改变传统的教书匠式的实践形象，踊跃投身教育创新实践，积极探索教育教学规律，更新教育观念，改革教学内容、方法、手段，努力提高教学水平和育人质量，成为教育实践领域的专家。另一方面，教师勇于创新的根本目的和落脚点，是注重培育学生的主动精神，鼓励学生的创造性思维，引导学生在发掘兴趣和潜能的基础上全面发展，培养适应社会主义现代化建设需要、具有创新精神和实践能力的一代新人。教师要注重教育创新与创新教育的并重和统一，促进师生关系的重建，实现师生的共同发展，体现了以改革创新为核心的时代精神。

四、教师政策的创新举措

（一）"尊师"与"重教"良性互动，以促进教师发展

在《讲话》中，"尊师"与"重教"是相辅相成、相互依存的两个方面。一方面，"重教"须以"尊师"为前提和基础。因为推动教育事业又好又快发展，培养高素质人才，教师是关键。没有高水平的教师队伍，就没有高质量的教育。

---

① 江泽民.江泽民文选：第三卷［M］.北京：人民出版社,2006：502.

为此，要采取有力措施，保障教师的政治地位、社会地位、职业地位，维护教师合法权益。要随着经济发展不断提高教师待遇，依法保障教师收入水平，完善教师医疗、养老、住房等社会保障，努力改善教师的工作、学习、生活条件，为教师教书育人创造良好环境。另一方面，"尊师"又依靠"重教"来保障和实现。近些年来，加强师资队伍建设的政策措施不断推出，但效果一直不明显，一个根本原因是教育优先发展的战略地位没有真正落实，教育的财政性支出一直没有达到国家提出的占 GDP 4% 的目标。《讲话》从教育的基础性、先导性、全局性地位和作用的战略高度，提出"要以更大的决心、更多的财力支持教育事业，经济社会发展规划要优先安排教育发展，财政资金要优先保障教育投入，公共资源要优先满足教育和人力资源开发需要"。应该说，"三个优先"的确立，从根本上保障教师队伍建设所必需的政策资源、经济资源、社会资源和人力资源。

（二）提高地位、提升素质与激发积极性有效统整，以促进教师发展

教师专业化的实践表明，教师队伍建设不单是教师待遇和地位的提高，也不仅是教师素质和水平的提高，而是两方面的统整过程。这种"统整"，是根据系统结构和功能优化原理，对相互联系、相互矛盾又相互依存的部分和要素进行一种统筹、整合，形成一种具有整体功能的张力结构①。《教育——财富蕴藏其中》指出：要提高教育质量，首先必须改善教师的招聘、培训、社会地位和工作条件。教师只有在具有所需的知识和技能、个人素质、职业前景和工作动力的情况下，才能满足人们对他们的期望②。教师有理由要求合适的工作条件和地位，因为它们表明他们的努力得到了承认。反过来，学生和整个社会有权期待教师以献身精神和敏锐的责任感来完成他们的职责③。第 45 届国际教育大会也提出，教师的生活和工作条件与他们所承担的重要且意义重大的任务，通常

---

① 阮成武.主体性教师学[M].合肥:安徽大学出版社,2005:122.

② 联合国教科文组织.教育——财富蕴藏其中[M].联合国教科文组织总部中文科,译.北京:教育科学出版社,1996:134–135.

③ 联合国教科文组织.教育——财富蕴藏其中[M].联合国教科文组织总部中文科,译.北京:教育科学出版社,1996:146.

是不相称的。因而有必要特别注意这个方面，要不遗余力地使教育成为发展计划中的优先事项，并提高教师的地位①。

美国学者研究认为，日本的教师是其教育成功的重要因素。日本社会对教师赋予主要的责任并对其寄予较高的期望。社会给予教师较高的社会地位，较优厚的待遇，同时对教师的工作经常进行检查②，从而"培养了一支合格的、有献身精神的、受人尊敬的、待遇优惠的职业师资队伍"③。卡内基报告也提出，为了建立一支专业化的教师队伍，应当在教育政策上进行一系列变革，包括提高教师标准、改善教师职业环境、改革教师教育、完善教师管理和评价制度、提高教师收入等④。该报告特别提醒人们，"这并不是一份互不相干的各种方针政策的混合物，而是一个整体。只有所有方针政策一齐付诸实施，才可望取得成功"⑤。

针对我国教师队伍实际，《讲话》提出的"三个必须"和"四点希望"，从教师专业化客观规律和我国具体国情出发，将尊师重教与教师自尊自励相并举，将提高教师地位和待遇与激发教师内在成长动力相结合，建立教师"高地位、高素质、高积极性"的统整机制，在教师权利与责任、社会价值与主体价值之间形成相互促进的张力平衡。

① 全球教育发展的历史轨迹——国际教育大会60年建议书[M].赵中建,译.北京:教育科学出版社,1999:526.

② 国家教育发展与政策研究中心.发达国家教育改革的动向和趋势(第二集)——美国、苏联、日本、法国、英国1986—1988年期间教育改革文件和报告选编[M].北京:人民教育出版社,1988:525.

③ 国家教育发展与政策研究中心.发达国家教育改革的动向和趋势(第二集)——美国、苏联、日本、法国、英国1986—1988年期间教育改革文件和报告选编[M].北京:人民教育出版社,1988:493.

④ 国家教育发展与政策研究中心.发达国家教育改革的动向和趋势(第二集)——美国、苏联、日本、法国、英国1986—1988年期间教育改革文件和报告选编[M].北京:人民教育出版社,1988:311-312.

⑤ 国家教育发展与政策研究中心.发达国家教育改革的动向和趋势(第二集)——美国、苏联、日本、法国、英国1986—1988年期间教育改革文件和报告选编[M].北京:人民教育出版社,1988:312.

（三）道德追求、利益驱动与制度规范协调作用，以促进教师发展

教师积极性、主动性和创造性的动力杠杆是什么？传统上一直是靠教师的道德追求，教师被要求安贫乐道、清廉守节、身为正仪、诲人不倦。这在无限张扬教师的伦理人角色同时，其作为经济人、社会人和职业人的角色被抑制和弱化了。教师处在一种历久难消的职业尴尬和形象窘态——至尊的道德地位与卑微的经济地位相悖，学为圣贤的人格追求与清贫寂寞的物质待遇反差。这使教师崇高的价值理想与卑微的价值实现严重冲突，崇高与清贫为伍、神圣与寂寞相随①。《讲话》一方面弘扬中国教师的传统美德，希望广大教师自尊自励，淡泊名利、志存高远，树立高尚的道德情操和精神追求，甘为人梯，乐于奉献。现实中的许多普通教师和师德楷模正是在这种崇高的道德追求支撑激励下，在艰苦环境和平凡岗位上做出不平凡业绩的。与此同时，《讲话》立足市场经济条件下的利益转型，经济社会发展和人民群众生活水平日益提高的时代背景，将保障教师的政治地位、社会地位、职业地位，作为"三个必须"的首善之举，建立了教师队伍建设的利益保障和驱动机制；并从教师的切身利益和实际问题出发，提出要依法保障教师收入水平，完善教师医疗、养老、住房等社会保障，千方百计为农村教师排忧解难，满腔热情地关心教师，为教师创造良好的工作、学习、生活条件。

然而，无论是理论还是具体实践中，教师职业的道德追求与利益驱动之间矛盾和冲突都是难以避免的。实现两者的协调统一，需要通过制度来调节。一是法律调节。即依法维护教师合法权益，保障教师收入水平，使教师的权利与义务达到平衡。二是政策调节。如制定切实可行的政策措施，来"吸引"优秀人才当教师，"鼓励"优秀人才长期从教、终身从教，"鼓励"有志青年到农村、到边远地区、到祖国最需要的地方为国家教育事业发展建功立业。据报道，国家新的收入分配制度改革方案规定，中小学教师基本工资标准提高10%。在艰苦边远地区工作的教师还享受艰苦边远地区津贴。新大学生到农村地区任教，薪级可提高一到两个等级。三是机制调节。改革教师管理制度，严格教师准入

---

① 阮成武.论传统教师形象的现代重塑[J].教育科学研究,2003(1):47-50.

制度，健全教师考核评价机制，合理配置教师资源。建立以优化结构和提高质量为导向的教师资源配置机制，以公开招聘和竞争择优为导向的教师遴选机制，以业绩共享和能力水平为导向的教师评价机制，以爱岗敬业和创新创造为导向的教师激励机制，进而减轻教师职业压力，使教师获得职业的内在尊严与欢乐，真正做到"静下心来教书、潜下心来育人"。

总之，《讲话》就新时期教师队伍建设理念、制度、目标、机制进行系统而深刻论述，体现以人为本的科学发展观，将教师专业化规律、我国教师传统美德与社会主义核心价值体系有机结合，实现中国特色社会主义教师观的理论创新。

"教师是立教之本，兴教之源"的理论逻辑①

——学习领会习近平总书记关于加强教师队伍建设重要论述

2013年9月9日，习近平总书记致全国广大教师的慰问信（以下简称"慰问信"），短短565个字，可谓字字真情，句句诤言。尤其是，慰问信提出"教师是立教之本、兴教之源"的新论断，不仅是对"百年大计，教育为本；教育大计，教师为本"的新发展，而且与中华优秀传统文化息息相通，反映了现代教育规律。

中华优秀传统文化向来注重"本"与"立""源"与"流"的关系，强调"务本""正源"。孔子曰："君子务本，本立而道生。"（《论语·学而》）《礼记·学记》云："三王之祭川也，皆先河而后海，或源也，或委也，此之谓务本。"应当说，新时期以来，党和国家从科教兴国和改善民生的战略高度，高度重视加强教师队伍建设。习近平总书记关于"教师是立教之本、兴教之源"的新论断，为加强教师队伍建设提供了崭新的理论武装和有力的实践指导。这就是立教、兴教，要以教师队伍建设为本、为源；换言之，促进每个孩子健康成长、办好人民满意的教育，"本"和"源"在于加强教师队伍建设。这是对全国广大教师的期望与鞭策，也是对各级党委和政府以及全社会的期望和要求。

一、强化教师队伍建设的主体担当

孔子曰："己欲立而立人，己欲达而达人。"（《论语·雍也》）《礼记·学记》云："君子既知教之所由兴，又知教之所由废，然后可以为人师也。故君子之教，喻也。"这不仅揭示了立教之根本，也探寻了兴教之源泉。以此推知，真正有效的教育，其"本"就是教师自身的理想、信念和德行，业务精湛并受学生喜爱；真正成功的教育，其"源"在于教师通过创新实践，不断探索和掌握教育教学规律，方引来源头活水。

---

① 本节原载于《中国教育报》2014-08-07.

第45届国际教育大会进一步确认，教师是发生在所有各级各类学校和课堂中并通过所有教育渠道进行教育变革的关键活动者①。

如何强化教师队伍建设的主体担当，同样也是我国教育改革和发展的内生动力。新时期以来，党和国家领导人先后对广大教师提出一系列希望和要求。江泽民同志在庆祝北京师范大学建校一百周年大会讲话中，对广大教师提出"三点希望"：志存高远、爱国敬业，为人师表、教书育人，严谨笃学、与时俱进。胡锦涛同志在全国优秀教师代表座谈会上，对广大教师提出"四点希望"：爱岗敬业、关爱学生，刻苦钻研、严谨笃学，勇于创新、奋发进取，淡泊名利、志存高远。习近平同志在慰问信中对广大教师提出"三个牢固树立"的殷切希望，既与党和国家领导人对教师的希望和要求一脉相承，又赋予了崭新的精神内涵。这就是，教师作为立教之本、兴教之源，承担着让每个孩子健康成长、办好人民满意教育的重任，应当发挥更加重要的责任担当。具言之，第一、二个"牢固树立"，分别从思想德性和业务水平两方面提出，广大教师应不断夯实"立教"之本：一是要"牢固树立中国特色社会主义理想信念，带头践行社会主义核心价值观，自觉增强立德树人、教书育人的荣誉感和责任感，学为人师，行为世范，做学生健康成长的指导者和引路人"②；二是要"牢固树立终身学习理念，加强学习，拓宽视野，更新知识，不断提高业务能力和教育教学质量，努力成为业务精湛、学生喜爱的高素质教师"③。

如果说第一、二个"牢固树立"是希望教师夯实"立教"之本，那么，第三个"牢固树立"则是从"兴教之源"的角度，对教师提出了新的时代要求，这就是要"牢固树立改革创新意识，踊跃投身教育创新实践，为发展具有中国特色、世界水平的现代教育作出贡献"④。应当说，基本实现教育现代化，最核心的要素是人的现代化。这不仅要落实在培养具有社会责任感、创新精神和实践能力的一代新人上，更需要广大教师树立改革创新意识，不断更新教育观念，革新教学内容和方法，探索中国特色、世界水平的现代教育发展道路与实践

① 全球教育发展的历史轨迹——国际教育大会60年建议书[M].赵中建,译.北京:教育科学出版社,1999:522.

② 习近平.习近平书信选集:第一卷[M].北京:中央文献出版社,2022:10.

③ 习近平.习近平书信选集:第一卷[M].北京:中央文献出版社,2022:10.

④ 习近平.习近平书信选集:第一卷[M].北京:中央文献出版社,2022:11.

模式。

"三个牢固树立"是一个有机整体，充分彰显了广大教师在立教、兴教中的主体作用。教师唯以"立己"，方能"立教"；唯以"兴己"，方能"兴教"。教师的专业发展不能窄化为专业知识和能力的发展，而应带头树立中国特色社会主义理想信念，带头践行社会主义核心价值观，以立德树人为核心，做学生健康成长的指导者和引路人。同时，教师的专业发展也不能窄化为教育教学方法与能力，而应积极投身教育教学改革与创新，成为发展具有中国特色、世界水平的现代教育的活的创新主体。

二、彰显教师队伍建设的政府担当

诚然，教育事业发展与振兴，党和政府要做的事情有很多，但"本立而道生""源正而流清"，唯以"务"教师队伍建设之"本"，教育事业方能"立"；唯以"正"教师队伍建设之"源"，教育事业发展才能兴旺发达。

20世纪60年代以来，各国纷纷通过制度创新与政策推动，促进教师专业化建设，寻求教师地位、素质和水平提高的有效途径。联合国教科文组织和国际劳工组织在《关于教师地位的建议》中特别指出，在影响教师地位的诸要素中，应格外重视工资。因为如同其他专门职业一样，除工资以外的其他要素诸如给予教师的地位或尊敬、对教师任务重要性的评价等，都很大程度上依赖于教师的经济地位。美国也提出，要使教师的工资和晋升机会能够与其他行业具有一样的竞争能力[1]。第45届国际教育大会在总结30年来教师专业化经验基础上，提出教师队伍建设的一整套政策建议，具体包括[2]：制定并采取一体化政策，以便吸引最能干的年轻人来从事教学工作；改革教师的职前教育和在职教育，以便他们能适应教育所面临的挑战；在教育决策中赋予教师更多的权利和更大的责任，鼓励教师参与教育改革的过程；在教师的专业实践中采用新的信息和通

---

[1] 国家教育发展与政策研究中心.发达国家教育改革的动向和趋势(第二集)——美国、苏联、日本、法国、英国1986—1988年期间教育改革文件和报告选编[M].北京：人民教育出版社，1988：312.

[2] 全球教育发展的历史轨迹——国际教育大会60年建议书[M].赵中建，译.北京：教育科学出版社，1999：526-538.

信技术，以服务于全民教育质量的提高；加强教师与社会各方面的合作关系；推进教师专业化，以改善教师的物质和社会地位。这一系列的政策和建议，无不凸显政府在教师队伍建设上的责任与作为。

应当看到，近年来我国教育发展的关注点和增长点，一直是集中在物质层面，教育优先发展主要集中在教育投入特别是办学条件改善上。这虽然反映了教育发展的客观规律，但也由此形成一种思维惯性和客观主义的教育发展观，即把教育发展和质量提高都寄希望于办学条件和经费投入上；相应地，也把教育发展落后和教育质量不高，归咎于办学条件和经费投入等客观因素。这种客观主义教育发展观的危险和消极影响在于，将制约教育发展和教育质量的原因都归于两个字——"差钱"，进而忽视了人的主体作用，忽视教育人力资源的投入。但事实却是，提高教育质量也好，促进教育公平也罢，人民群众最看重和最在乎的，还是人的因素，尤其是教师的素质、责任心和教学水平。

邓小平同志认为，一个学校能不能为社会主义建设培养合格的人才，培养德智体全面发展、有社会主义觉悟的有文化的劳动者，关键在教师。就今天的现状来说，要特别注意调动教育工作者的积极性，要强调尊重教师。胡锦涛同志在全国优秀教师代表座谈会上提出要加强教师队伍建设的"三个必须"。习近平总书记在"慰问信"中指出："各级党委和政府要把加强教师队伍建设作为教育事业发展最重要的基础工作来抓，提升教师素质，改善教师待遇，关心教师健康，维护教师权益，充分信任、紧紧依靠广大教师，支持优秀人才长期从教、终身从教。"[①]这一要求进一步彰显了教师队伍建设的国家担当，尤其是各级党委和政府的责任担当。这就是要把加强教师队伍建设作为教育事业发展最重要的基础工作来抓。为此，需要各级党委政府积极转变教育发展方式和教育政绩观，调整教育优先发展的思路和内涵，将重心从前一阶段重在加大教育经费投入、改善办学条件，转向加强教师队伍建设上来，充分信任、紧紧依靠广大教师。

一方面，要积极改善教师待遇水平，增强教师职业的竞争力与吸引力。各级党委和政府要按照《国务院关于加强教师队伍建设的意见》的要求：加大对教师队伍建设的投入力度，新增财政教育经费要把教师队伍建设作为投入重点之一，切实保障教师培养培训、工资待遇等方面的经费投入。为此，应根据

---

① 习近平.习近平书信选集：第一卷[M].北京：中央文献出版社，2022：11.

"管理以县为主、经费省级统筹、中央适当支持"的原则，确保义务教育教师绩效工资所需资金落实到位；同时，应落实非义务教育阶段教师的绩效工资，切实提高各级各类教师的工资标准和实际收入，使各级各类教师更有尊严地工作，更有体面地生活。同时，重视发展教师教育，加大教师教育的财政投入，提升教师教育的基础能力，从培养、培训等多个环节上保障师范院校集聚形成更多的优质教育资源，并使教师有继续教育和专业发展的通道与阶梯。

另一方面，按照《教育规划纲要》"三个优先"的要求，加大对教师队伍建设的公共资源投入。如：根据全面建设小康社会和人民群众对良好教育的新期待，优先保障中小学教职工编制；逐步实行城乡统一的中小学编制标准，对农村边远地区实行倾斜政策；积极创造条件实行师范专业提前批次录取，选拔乐教适教的优秀学生攻读师范类专业；按照教师专业标准要求，提高教师任职标准和要求，健全新进教师公开招聘制度，将真正适教乐教的优秀人才吸收到教师队伍中来；适应事业单位分类管理和社会保障制度改革的要求，健全教师养老保障制度，按规定为教师缴纳社会保险费及住房公积金；中央和地方联手加快建设农村艰苦边远地区学校教师周转宿舍，将符合条件的农村教师住房纳入住房保障范围统筹予以解决；各地在实施教育民生工程过程中，选择合适的项目和方式，积极改善教师群体尤其是广大农村教师的民生保障水平。

需要强调的是，教师职业群体数量大、类型多、分布广，与社会联系广泛而密切。各级党委和政府把加强教师队伍建设作为教育事业发展最重要的基础工作来抓，要改变教育部门办教育、管教育的局面，做到机构编制、发展改革、教育、财政、人力资源和社会保障等有关部门各尽其责，又统筹配合、综合施策，进行协同治理，形成加强教师队伍建设的政府强大合力。

三、推动教师队伍建设的社会担当

高素质专业化的教师队伍既是人民群众所期待的，也需要全社会积极担当。习近平总书记"慰问信"最后指出："全社会要大力弘扬尊师重教的良好风尚，使教师成为最受社会尊重的职业。"[①]这句话言简意赅、含义丰富，将推动教师

---

① 习近平.习近平书信选集：第一卷[M].北京：中央文献出版社，2022：11.

队伍建设的社会担当。

我国已建立起不断完善的社会主义市场经济，市场经济的本质就是交换经济，交换是社会经济运行与发展的原动力。市场是整个社会经济运行的核心，它通过各种各样的交换活动对社会资源进行配置，利用交换的可选择性来保证经济运行的效率①。在市场经济社会中，社会主体及不同职业群体是通过丰富多样的交换来实现各自的劳动价值和职业价值。教师从事教书育人工作，同样是通过一定的教育劳动与其他劳动的交换，来实现劳动价值和社会价值的。然而，教师职业又与其他职业不同，教师职业不只是一个谋生的手段，教师职业常常是与教师的道德修养联系在一起的，并以此作为教师职业的基本要求和必有之义②。而且，教师劳动的价值不是通过市场交换直接实现和完成的，更多是通过政策杠杆和社会评价等方式间接进行的。在这种情况下，既需要政府的政策调控，也需要广泛的社会认同与支持。正因为如此，国际21世纪教育委员会指出：要提高教育质量，首先必须改善教师的招聘、培训、社会地位和工作条件。教师只有在具有所需的知识和技能、个人素质、职业前景和工作动力的情况下，才能满足人们对他们的期望③。第45届国际教育大会也提出：尽管各国各地区的情况差异极大，但改善教师的地位通常成为加强教师作用的必要条件。但是，这种改善不可能是单一措施或单一因素的结果。在这一问题上，改善教师的物质环境尤其是他们的工资和其他社会收益，虽不是改善其地位的充分条件，但却是必要条件④。对此，邓小平同志说过："我们要提高人民教师的政治地位和社会地位。不但学生应该尊重教师，整个社会都应该尊重教师。"胡锦涛同志在全国优秀教师代表座谈会上也指出："教师是神圣的职业，应该受到全党全社会的尊敬。"

学习贯彻习近平总书记"慰问信"精神要求，推动教师队伍建设的社会担当，首先，要进一步在全社会大力弘扬尊师重教的良好风尚，使教师成为最受

① 宋刚.确立新的市场经济交换观[J].人民论坛,2001(2):12-13.

② 谢维和.教育活动的社会学分析——一种教育社会学的研究[M].2版.北京:教育科学出版社,2007:199.

③ 联合国教科文组织.教育——财富蕴藏其中[M].联合国教科文组织总部中文科,译.北京:教育科学出版社,1996:134-135.

④ 全球教育发展的历史轨迹——国际教育大会60年建议书[M].赵中建,译.北京:教育科学出版社,1999:534.

社会尊重的职业，以调动和发挥广大教师的积极性、主动性和创造性，努力使教师成为最受社会尊重的职业。一个时期以来，由于市场经济冲击，加之教师队伍中出现一些有损职业道德和形象的现象与行为，社会对教师质疑、批评、责难的声浪也此起彼伏，甚至出现丑化、妖魔化教师的倾向及种种侮辱教师行为。为此，社会相关部门应营造良好的舆论氛围，大力宣传优秀教师先进事迹，让全社会广泛了解教师工作的重要性和特殊性，让尊师重教蔚然成风。这对提高教师职业的社会声望，增强教师职业的美誉度，无疑是十分重要而富有成效的。其次，教师队伍建设还需要全社会的广泛支持与参与。例如，按照《国务院关于加强教师队伍建设的意见》要求，鼓励和引导社会力量参与支持教师队伍建设，引导企业管理人员、专业技术人员和高技能人才到职业学校和高等学校担任专兼职教师；克服简单用升学率和考试成绩评价中小学教师，建立科学合理的教师评价制度和方式，需要学生、家长和社会的多方参与和支持。此外，规范办学行为，引导教师廉洁从教、公平公正对待学生，自觉抵制有偿家教，不利用职务之便牟取私利，同样需要广大家长和社会各界的配合，并完善学生、家长和社会参与的师德监督机制。

总之，加强教师队伍建设攸关每个孩子的健康成长、攸关办好人民满意的教育。加强教师队伍建设的主体担当、政府担当与社会担当，三者是相互依存的统一体。相比之下，彰显政府的责任担当最为关键，以此激励和引领教师队伍建设的主体担当和社会担当。唯其如此，才能务立教之本正兴教之源。

中国教师现代化的路径选择①

关于教育现代化的要素及其分析框架，学术界比较共识的观点是，教育现代化包括背景与政策、教育管理体制、教育的类型与结构、课程与教育教学方法、教育条件（教师条件和经费条件）②。其中，教育现代化总是以人的现代化为前提，通过人的实践活动来实现，并最终体现在人的现代化上。俄罗斯教育科学院院士弗·鲍利辛柯夫指出："教师的现代化始终是教育现代化的关键。"③人——在教育现代化中的主体地位和价值，使教师现代化成为教育现代化一个十分重要而艰巨的课题。简言之，教师现代化既是教育现代化的重要要素和内容，也是制约教育现代化目标实现的关键性条件。

《教育规划纲要》提出："到2020年，基本实现教育现代化，基本形成学习型社会，进入人力资源强国行列。"其核心是要"提高教育现代化水平"，"办出具有中国特色、世界水平的现代教育"。围绕这一战略目标，《教育规划纲要》125次提到"教师"，涉及教师地位、教师权益、教师待遇、教师资质、教师素质、教师职责、教师类型、教师教育、教师岗位、教师发展、教师管理、教师评价等方面。概括起来，《教育规划纲要》是要确立与教育现代化相适应的教师队伍建设目标、内涵、制度框架和实现路径，完成中国教师现代化的战略选择。诚然，中国教师现代化的战略选择，包括战略思想、方针、目标、举措、路径等一系列内容。这里拟从比较教育学和发展社会学的双重学科视角，以教育现代化为宏观背景和价值指向，分析教师现代化的社会过程和基本内涵，立足中国教育国情和教师的现代转型进程，对中国教师现代化的路径选择提出理论构想与政策建议。

---

① 本节原载于《安徽师范大学学报（人文社会科学版）》2011年第3期。
② 褚宏启.教育现代化的路径[M].北京:教育科学出版社,2000:23–29.
③ 鲍利辛柯夫.时代挑战与教育科学的迫切任务[J].张男星,译.教育研究,2004(9):44.

一、教师现代化的社会过程

社会分化和社会整合是现代化的重要特征和实现方式。从发展社会学视角而言，教师现代化不只是一个教育问题，而且是一个有着自身规定性和社会制约性的复杂课题。教师现代化有着自身内在逻辑、价值立场和结构特点，并参与社会分化与社会整合，进而与教育现代化乃至社会现代化的进程有着密切关系。正是通过社会分化与社会整合，教师职业的现代性不断得以增长和发展，实现由传统性向现代性的转变，进而实现教师现代化的。

（一）社会分化与教师的"专化"

社会分化是指社会系统在其发展过程中不断产生新的社会要素或形成新的社会结构及其功能专化的过程。毫不例外，教育现代化进程就是一个教育分化的过程。伴随着工业化以来社会结构分化和分工的发展，教师角色和功能也开始由传统社会的"普化"走向"专化"。具言之，古代社会具备一定知识和道德水平的人就可以担任教师，即所谓能者为师、学高为师、德高为师；同时，教职还没有从官僚集团和宗教活动中完全分离出来，而是官师相通，或僧师合一。近代以来，教育逐步摆脱宗教控制，成为一个相对独立的社会子系统，普及教育的兴起使教育内容和方法由神圣性转向服务于现实需要；教师也由代表普遍真理和美德的"圣职"，分化成为一种具有谋生职能的世俗职业，从"神圣化"的宗教和道德禁锢中解放出来，关注现实生活和现实利益，确立自身的价值与尊严。在政治上，教师成为国家公职人员；在经济上，教师获得与其他劳动平等交换的权利，实现自身利益。但在这种分化的初始阶段，教师的社会定位（特别是中小学教师）相当低微，作为一般性的普通职业。特别是随着普及教育而产生的中小学教师，来自社会下层并服务于平民阶层，从业要求、职业资质和待遇水平都不高。正如马克思所揭露的：在学校中，教师对于学校老板，可以是纯粹的雇佣劳动者，这种教育工厂在英国数量很多。这些教师对学生来说虽然不是生产工人，但是对雇佣他们的老板来说却是生产工人。老板用他的资本交换教师的劳动能力，通过这个过程使自己发财①。同时，教师作为知识传授者而与知识生产者、立法者分道扬镳，成为脱离科学研究和知识生产的"二流知识分子"；而且，国家普遍采用"防教师"策略，通过科层化管理，使教师成为忠实执行国家课程标准的"技术熟练者"；教师养成与大学教育相隔离，而由师范院校（先是师范学校，后来升格为师范专科学校和师范学院）来承担，教师所学课程偏向于理论知识，而与教育实践渐行渐远（虽然安排一定的教育实习）。

20世纪尤其第二次世界大战以来，经济发展对教育的依赖性越来越强，科学技术和人力资源成为国家发展和国际竞争的首要因素，教育因此成为国民经济中具有战略地位和作用的基础性行业。在新的教育现代化发展进程和格局体系中，原先由社会分化所确立的教师的社会定位已经无法适应，教师职业必须摆脱羁绊而通过新的分化来实现新的社会定位。1966年，联合国教科文组织和国际劳工组织在《关于教师地位的建议》中提出"应把教育工作视为专门职业"的论断，成为教师专业化的重要里程碑。进入20世纪80年代，日益临近的学习化社会更加凸显教师的重要地位。国际21世纪教育委员会在其向联合国教科文组织提交的报告中指出，历史一次次证明，没有教师的协助及其积极参与，任何改革都不能成功。新的社会分化带来的教师专业化，是社会对教师入职标准、职业身份的重新确定，对教师角色、作用和素质的崭新要求，同时也由此实现了教师职业地位（工资待遇、职业权利和社会声望）的整体上升。研究得出，要把"教学"作为一种单独的类别的话，我们得出的最好概括是把它形式上的位次排于医疗和法律等上等职业之下而在半职业性的和私人服务及公务性职业之上，位于十位数的第四位②。以此可见，由普化走向专化是教师现代化的重要途径和方式。

（二）教师"专化"基础上的社会整合

所谓社会整合，是指调整或协调社会中不同因素之间因为社会分化带来的

---

① 马克思,恩格斯.马克思恩格斯文集:第八卷[M].北京:人民出版社,2009:417.

② 邓金.培格曼.最新国际教师百科全书[M].教育与科普研究所,编译.北京:学苑出版社,1989:533.

矛盾、冲突与纠葛，使之成为统一的体系的过程与结果。社会分化带来教师"专化"，尤其是伴随教师专业化而来的职业角色、从业标准、社会地位的提升，需要一系列的社会整合来实现。首先，传统的以传授知识为职业和忠实执行国家课程标准的"技术熟练者"教师形象，通过教学者与学习者、研究者等多重角色的整合，凸显一种专业者的教师形象。其次，从大学教育分化出来而由师范院校培养教师的终结性、定向型的师范教育体系，转而通过开放化和综合化，通过"大学+教育学院+教师专业发展学校"的协作，形成职前教育与职后培训、师范性与学术性、理论学习与"临床实践"一体化的教师教育，建立一种完整持续的教师专业发展制度；最后，由于社会分化带来教师权利、待遇和社会声望的跃升，需要通过教师管理制度、政策、法律以及市场机制的共同参与，实现教师地位、角色与其责任、能力的整合统一，以保障教师资格、素质与教师待遇、地位的匹配统一，整体提升教师专业化水平。

就实践而言，美国学者研究认为，日本教育成功的重要因素，在于"培养了一支合格的、有献身精神的、受人尊敬的、待遇优惠的职业师资队伍"[①]。日本社会对教师赋予重要的责任、较高的期望，并给予教师较高的社会地位、较优厚的待遇，同时对教师的工作严格管理，这正是通过一系列社会整合实现教师现代化的成功实践。无独有偶，1986年美国卡内基报告提出教师队伍建设的一系列建议，包括：建立全国教学标准委员会，提高教师应知应会标准；把学士学位作为教学专业学习前提条件，进行硕士学位的教育研究生院教育；改组学校，扩大学校自主权；改组教师及改革教师奖励制度、晋升制度和专业证书制度；为教师提供能与其他专业同样竞争力的工资、福利和职业前景等。报告称："这并不是一份互不相干的各种方针政策的混合物，而是一个整体。只有所有方针政策一齐付诸实施，才可望取得成功。"[②]显然，这些整合措施不是教育系统内能够实现的，而是与政治、经济体制以及其他行业、部门利益密切相关，

---

① 国家教育发展与政策研究中心.发达国家教育改革的动向和趋势(第二集)——美国、苏联、日本、法国、英国1986—1988年期间教育改革文件和报告选编[M].北京:人民教育出版社,1988:493.

② 国家教育发展与政策研究中心.发达国家教育改革的动向和趋势(第二集)——美国、苏联、日本、法国、英国1986—1988年期间教育改革文件和报告选编[M].北京:人民教育出版社,1988:312.

并通过互动统整才能得以实现。

当然，推动教师现代化的社会分化和整合并不是自然而然发生的，而是源自一定的动力——特定的价值追求和利益驱动。其中，既有出自国家和社会驱使，也有源自教育现代化进程的推动，当然也有来自教师自身的力量。它们之间或矛盾冲突，或互动博弈，或相辅相应，伴随着教师现代化发展进程。

二、教师现代化的基本内涵

一般而言，教师现代化包括三个层面。一是教师形象层面。根据帕森斯的观点，促进社会发展变迁的原动力来自价值、规范上的文化整合。教师现代化的动力同样源于一种价值、规范上的文化冲突与整合。国际21世纪教育委员会在《教育——财富蕴藏其中》有这样一段反思——社会对教师寄予的合理期望是什么呢？向他们提出何种要求才是现实的呢？在工作条件、权利、社会地位方面他们又能指望得到什么补偿呢？什么人可以成为一个好教师，又如何发现此种人才，如何培养他和保护他的积极性，并提高他的教学质量呢[①]？其中包含的价值冲突，需要教师与相关主体积极对话来实现新的整合，促进教师形象的现代重建。二是教师制度层面。一定的教师形象影响着国家、政府或组织对于教师的理解、认识与要求，具体体现和贯穿在教师培养、培训、选拔、任用、管理、评价等具体的分化和整合的举措与机制上。因此，教师现代化的重要方面是通过一系列的制度创新，来实现教师制度的变革与调整。三是教师行为层面。即教师通过身份地位、角色模式、素质结构、行为方式与实践活动等方面的现代转化，成为推动教育现代化的现实力量。合言之，教师现代化是以教育现代化为旨归，以现代性的确立和增长为核心，通过社会整合与社会分化，实现教师形象、教师制度和教师行为的现代转型过程，其基本内涵包括以下四个方面：

[①] 联合国教科文组织.教育——财富蕴藏其中[M].联合国教科文组织总部中文科,译.北京:教育科学出版社,1996:135.

（一）世俗化

世俗化是与宗教化及禁欲主义相对应的一个概念，是近代资产阶级通过与教会、世俗封建统治者的斗争，打破神学世界观和以伦理作为政治思想核心的精神桎梏，实现由"神圣"社会向"世俗"社会的转化。世俗化是指，"在现代社会中，宗教制度、超自然信仰以及与此有所关联的事物相对来说已变得不很重要了，社会成员越来越趋向于现实性、理性化，越来越重视对于社会事务的参与"①。社会成员摈弃禁欲主义以及乌托邦式的价值取向，追求现实利益和生活质量。世俗化的实质是对信仰的宽容，是社会放弃对个人信仰的监督。这一点正是（现）近代文明的精髓之一。进而言之，"从社会学意义上看，世俗化完全是一个值得肯定的积极趋向，甚至被当成现代化的一个重要标志，是传统社会向现代社会转变的尺度"②。在思想层面，世俗化的实质是对信仰的宽容，是社会放弃对个人信仰的监督；在制度层面，世俗化使现代国家取得教育治权，即所谓"上帝的归上帝，恺撒的归恺撒"；在行为层面，世俗化使教育关注日常生活，崇尚科学和理性，追求现实利益。其中，世俗化使教师从"神圣化"的宗教和道德禁锢中解放出来，由圣训代言人还原成一个凡人，从神圣灵光回归到现实生活，追求科学和理性，以解决现实生活的各种问题，实现自身利益。当然，世俗化不仅是一种思想观念的更新，还需要教师相关的制度安排以及教师自身的行为方式调整来体现和实现。

（二）专业化

世俗化带来现代社会结构的分化并日益复杂，社会的许多功能和角色在这个结构中趋于一种专业化。在世俗化推动下，教师由官师相通或僧师合一成为一种专职。加之，现代化的重要特征是知识化，知识对于整个社会的现代化产生巨大的影响和推动作用，并由此彰显了教育地位和作用，也提高了对教育的期望和要求。在此之下，教师职业的地位、使命以及对教师的要求自然超出以往。然而，教师从一种世俗谋生的职业状态发展成为一种专业，无论观念变革

---

① 吴忠民,刘祖云.发展社会学[M].北京:高等教育出版社,2002:157.

② 吴忠民,刘祖云.发展社会学[M].北京:高等教育出版社,2002:157.

还是制度安排，都经历一个艰辛而曲折的过程。因为，按照传统的专业社会学给"专业"所制定的一系列指针或标准，以及与医生、律师相比，教师难以称得上是一种专业。不仅如此，教师经由世俗化走向专业化，承受太多的期待与压力。它不仅需要教师主体行为如教师角色及知识、能力、道德等方面的重建与提升，也需要在专业社会中身份的重新确认，以及相应的专业教育、专业组织、专业资格制度的保障，并在政治、经济、文化等方面获得充分的尊重与承认，包括经济待遇、工作条件、专业权力及社会声望等，使教师达到专业人员应有的标准。这个过程充满着矛盾、斗争和冲突。但无论如何，过去一个世纪尤其是20世纪60年代以来，教师作为一种专业及教师专业化的观念，已成为各国政府、社会及教师组织确立的一种基本共识，并得到不断发展与超越。

（三）科学化与人本化

世俗化、专业化激发教师对科学和理性的追求。一方面，教师由传授单纯的思想伦理或宗教教义，转向掌握并主要传递与世俗生活密切相关的科学文化知识和职业技能；同时，教师的科学化又不是单纯体现在提高教师的学科知识水平，培养所谓的"学者型教师"，而是重视学术性与师范性的整合，将教育科学作为教师专业化的学科基础。夸美纽斯建立的教育学体系框架，为教师在班级授课制下分科教学制定了教学法和教学原则。赫尔巴特在裴斯泰罗齐的"教育心理学化运动"基础上，力图使"教育学是教育者自身所需要的一门科学"[①]。教师的教育实践由个体经验发展成为通过系统学习才能掌握的一门科学。之后一个时期，教育学的发展呈现科学主义与人本主义相对峙的局面。科学主义集中表现在布鲁纳的结构主义和斯金纳的新行为主义，主张教育研究和实践应向自然科学看齐，实现教育的科学化和技术化。为此，教师要掌握科学文化知识、教育科学和教学技术，崇尚技术理性和能力本位，进而有效掌控教学过程，提高教学的效率，成为"技术熟练型教师"。

针对科学主义简单搬用科学方法而抹杀情感、个性和价值的做法，人本主义教育理论主张从非理性出发，将人还原成为"人"，达到人的"自我实现"。

---

① 赫尔巴特.普通教育学、教育学讲授纲要[M].李其龙,译.杭州:浙江教育出版社,2002:13.

在此之下，教师不是知识的拥有者、标准答案的掌握者和教学过程的权威，而应成为学生学习的促进者、鼓励者和帮助者；教师应当把学生当作"人"而非"物"，引导学生主动探索而不是灌输知识。教师与学生的关系是"主体与主体"（即我与你）的一种平等的、朋友式关系。学生是教学过程的中心，教师则从"中心"走向"边缘"；教师应当是一个自由和诚实的人，向学生"敞开"自己的精神世界，与学生进行真正的沟通与交往，从而与学生共享精神、知识、智能、意义，在与学生相互平等和信任基础上以自己人格来影响学生的人格。

20世纪70年代以来，这种由对峙走向融合的过程，科学化与人本化在教师观上逐步实现融合与同构。一方面，国际21世纪教育委员会在《教育——财富蕴藏其中》中指出：在这个时代中，遍天下的所有个人和公共机构将不仅把追求知识视为达到某种目的的一种手段，而且也视为目的本身。这意味着我们对教师期待更高，要求更严，因为这一设想的实现在很大程度上取决于他们。教师只有在具有所需的知识和技能、个人素质、职业前景和工作动力的情况下，才能满足人们对他们的期望[①]。另一方面，教师作为变革的因素，在促进相互理解和宽容方面，其作用的重要性从未像今日这样不容置疑。这一变革迫切需要赋予教师以巨大职责，他们要为培养新一代人的性格和精神作出贡献[②]。这样，在教师身上发展社会期待他们的伦理的、智力的和情感的质量，以使他们日后能在他们学生身上培养同样的质量。

（四）民主化

在赫尔巴特的教育学中，教师处于主导和权威的地位："学生直接处在教师的心目中，作为教师必须对他产生影响的实体，而学生对教师须保持一种被动的状态。"[③]19世纪末20世纪初，"现代派教育运动"直指"传统教育"，把学校的重心从教师大幅度地转到了学习者方面。杜威认为"传统教育"主要是为教

---

① 联合国教科文组织.教育——财富蕴藏其中[M].联合国教科文组织总部中文科,译.北京:教育科学出版社,1996:134–135.

② 联合国教科文组织.教育——财富蕴藏其中[M].联合国教科文组织总部中文科,译.北京:教育科学出版社,1996:134.

③ 赫尔巴特.普通教育学、教育学讲授纲要[M].李其龙,译.杭州:浙江教育出版社,2002:159.

师的，来自教师的刺激和控制太多了。在杜威的实用主义教育中，儿童是教育过程的中心。他在自己最后一篇教育论著中写道："进步教育运动最广泛、最显著的成就是引起课堂生活意义深长的变化。对正在生长的人的需要有了更多的认识，师生关系显著地变得富有人性和民主化了。"①

20世纪30年代开始，新传统教育重新把教师置于教育宇宙的中心。20世纪50年代后，新传统教育进一步迎合了美国政府和社会各界对教育的要求。20世纪60年代末，进步主义教育及其继承者——改造主义的势力有所回升，此时，现代教师观体现出现代派教育与新传统教育的某种接近和交汇。联合国教科文组织国际教育发展委员会在《学会生存——教育世界的今天和明天》中指出：我们应该从根本上重新评价师生关系这个传统教育大厦的基石。在我们当代的教育界中，这种陈腐的人类关系，已经遭到了抵抗。教师的职责现在已经越来越少地传递知识，而越来越多地激励思考；除了他的正式职能以外，他将越来越成为一位顾问，一位交换意见的参加者，一位帮助发现矛盾论点而不是拿出现成真理的人。他必须集中更多的时间和精力去从事那些有效果的和有创造性的活动：互相影响、讨论、激励、了解、鼓舞。如果教师与学生的关系不按照这个样子发展，它就不是真正民主的教育②。

不过，教师现代化朝着现代性方向迈步之际，却又遇到后现代主义的挑战。在后现代语境中，理性、真理、知识面临解构，科学主义、本质主义走向终结，代之而起的是反本质主义、相对主义、建构主义。在此之下，教师的现代性又面临颠覆与解构。利奥塔为"教授时代"敲响了丧钟③。罗蒂虽然认为后现代状态下的教师大有可为，但其作用不再是传授真理，而在于激发学生的想象力，培养学生的对话能力，以使学生适应后现代社会的需要④。显然，中国教师现代化的旅程，是裹挟着后现代的烟幕一起前行的。

---

① 西方现代教育论著选[M].王承绪，赵祥麟，编译.北京：人民教育出版社，2001：48.
② 联合国教科文组织国际教育发展委员会.学会生存——教育世界的今天和明天[M].华东师范大学比较教育研究所，译.北京：教育科学出版社，1996：107-108.
③ 陈剑华."'教授时代'的丧钟"和"教授万岁"——对后现代主义教师观的思考[J].比较教育研究，1999（3）：29-35.
④ 陈剑华."'教授时代'的丧钟"和"教授万岁"——对后现代主义教师观的思考[J].比较教育研究，1999（3）：29-35.

三、中国教师现代化的实践路径

国际视野的教师现代化过程及其内涵，并不能为中国教师现代化提供一种系统导航和确定坐标，而是提供一种路径选择的参考系。无疑，中国教师现代化属于"后来者"或"后发型"现代化，既面临西方教师现代化所面临的一些共性问题，也面临西方教师现代化所不面对的特殊问题。中国教师现代化应当沿着什么路径，走向什么样一种"现代化"，需要立足自身的社会基础、内在基础和任务使命，准确把握自身的矛盾规定性。这种特有的矛盾规定性在于，教师的传统性与现代性、现代性与后现代性，以及教师现代化不同层面之间的多重矛盾叠加共存。具言之，我们既需要对本土文化以及历史传统所积淀的教师的传统性进行反思与扬弃，又要对发达国家教师现代化实践历程进行分辨和剔除，合理采纳与吸收；既要立足现代性尚未形成和成熟的国情实际，又要回应后现代对现代性的解构和挑战所带来的现代性危机。同时，中国教师现代化不同要素和层面之间也存在着特定的矛盾规定性，如对教师的期望和要求与对教师的地位赋予和资源投入之间，教师的责任与报偿之间，教师与其他专业人员之间，以及教师与主管单位和部门之间，都存在着特定的矛盾关系。

面对这种多重叠加共存的矛盾规定性，中国教师现代化无法重走发达国家走过的路程，或是径直跟随现代的影子，或是完全摆脱教师现代化一般逻辑去开辟一条"中国之路"。换言之，两两对立、相互排斥的思维模式难以解决中国教师现代化所面临的特殊矛盾。"就我国的历史发展阶段和本土特质来说，教育观的现代性危机及其出路只能是走和合之路，走辩证统一之路，走改良之路，也就是走有限理性的教育改革发展之路。"①所谓"和合之路"，就是以教师的现代性为基本前提，发掘本土及历史传统中的优秀资源，积极吸收后现代对现代性批判的一些合理成分，实现现代性与传统性以及后现代的有机整合，促进教师现代化自身要素之间的有机整合，构筑一种适合中国教师现代化自身定位的实践路径。

---

① 于伟.教育观的现代性危机与新路径初探[J].教育研究,2005(3):56.

（一）传统性与现代性的和合

中国教师现代化并不是丢弃传统或是反传统，而是在特定的历史背景和现实起点上，通过适合中国现实国情的社会分化和社会整合，实现教育传统的现代转化与创新。以世俗化为例，西方社会经由世俗到宗教再到世俗化的一个大循环过程，而中国的现代化根本碰不到西方社会这样的"世俗化"问题。因为中国没有西方社会教会的传统，而且中国人的价值之源不是寄托在人格化的上帝观念上，而是寄托在心性之中①。中国传统的儒家文化本身就具有较强的世俗性，关注现世生活，以道德伦理为核心，以"内圣外王"作为教育以及个人的修养目标。有研究表明，中国从19世纪60年代到20世纪60年代，用来表达教育者概念的词语经历了从"教官"到"教习"、从"教习"到"教员"、从"教员"到"教师"的三次转换，最终以"教师"从中胜出，这"可以看作是中国传统教育理念在现代的再现，而强调教育者在政治思想道德教育方面的责任，无疑与中国传统的师道观一脉相承"②。

然而，"儒家文化背景下的世俗化进程因儒家文化具有世俗性的假面而更具艰巨性"③。中国教师现代化的崎岖进程遇到的最大困惑，正是千百年形成的传统教师观在世俗化进程中的思想障碍。在中国教师现代化的现实当下，世俗化已有一定的基础，教师已改变过去那种义利相悖的价值观和生活方式，开始注重日常生活的质量和生活方式的多样化；经济地位得到一定的确立，物质利益得到越来越充分地实现，国家和社会越来越通过提高教师地位和待遇，来激励和调动教师的从教意愿和职业行为。《教育规划纲要》在提出不断改善教师的工作、学习和生活条件，吸引优秀人才长期从教、终身从教，依法保证教师平均工资水平不低于或者高于国家公务员的平均工资水平，并逐步提高、落实教师绩效工资等政策的同时，要求将师德表现作为教师考核、聘任（聘用）和评价的首要内容。这两方面对教师现代化都具有重要的支撑作用。因为，世俗化也

---

① 唐贤兴,张爱阳.现代化进程中的世俗化及人们对它的误解[J].云南学术探索,1997(2)：39-42.

② 田正平,章小谦.中国教育者概念从传统到现代的演变——从"教官"到"教师"称谓变化的历史考察[J].社会科学战线,2007(1)：245-251.

③ 褚宏启.教育现代化的路径[M].北京：教育科学出版社,2000：9.

存在自身的不成熟性和一些不良现象，受利己主义、拜金主义、享乐主义的影响，加之一些学校管理制度上过多的功利导向，导致一些教师对物质利益的过分追求和过度的功利行为，少数教师身上出现这样或那样的道德失范现象。如何从中国传统的伦理型教师文化中汲取"淡泊名利、自尊自律"的德性追求和人文情怀，摆正利益诉求与道德责任的关系，重建现代教师的价值观和道德规范体系，是一个重要的现实课题。与此同时，单靠传统的师德教育和规范是不够的，一个现实的选择是在现代性的核心——理性的基础上，建立和完善教师管理制度，来引导和规范教师的从教意愿和职业行为。基于此，《教育规划纲要》建立了包括教师培养与培训、准入与聘用、流动与晋升、核准与退出、收入与分配、评价与奖励等机制，使教师在这一系列管理制度激励、制约和规范下，担当自己的职业责任和使命，也实现自己的利益诉求和价值目标。

（二）现代性与后现代性的和合

如前所述，中国教师现代化是与后现代相伴随行的。一方面，中国教师现代化是以现代性为基本方向的。现代性的精神性维度包含人们通常所熟悉的理性、启蒙、科学、契约、信任、主体性、个性、自由、自我意识、创造性、社会参与意识、批判精神等[1]。我国当前教育的发展趋向和主导形态仍然是现代性的，只不过是多了些多元和差异的色彩[2]。另一方面，后现代对现代性的批判与解构也显示其独特的价值，吸纳后现代对现代性的合理批判是中国教师现代化的重要使命和策略。

具体说，现代性彰显教师的主体性，注重教师在教育过程中的主导和权威作用，强调通过教师教育的系统培养与培训，使教师掌握充分的操控教育过程和促进学生成长的专业知识与能力。现代性主导下的教师专业化，主张发挥大学的作用，通过学制延长、增加课程和提升学历，以及通过一系列的教育专业训练，使教师掌握一套系统有效的专业知识、技能和道德。甚至，为了达到提高教师专业化水平的目标，在现代性的驱动下，各国还进一步打破传统的师范教育局限，通过开放化和综合化，建立职前与职后一体化、贯穿职业生涯的教

---

① 衣俊卿.现代性的维度及其当代命运[J].中国社会科学,2004(4):13-24.

② 于伟.教育观的现代性危机与新路径初探[J].教育研究,2005(3):51-57.

师教育。而在后现代影响下，主体性则走近了"黄昏"，教育过程的理性、本质和规律面临解构，教师的主导作用遭到拒斥，转而建立理解、对话、协商式的师生关系以及教育关系；甚至，教师的道德楷模也面临解构，教师只是在价值丛林和多元文化中与学生协商对话；教师教育的使命也不再是理论知识传授和专业训练，代之而起的是通过实践反思、交流分享和自主探究与体验，使教师获得直观性、缄默性和情境性的实践性知识，形成教育实践智慧。以中国教师现代化而言，如果说从传统到现代的转型是教师走下道德权威和宗教的圣坛，回归世俗社会的过程，那么从现代向后现代的转型则是教师走下真理和社会代言人的圣坛，回归交互主体语境下的生活世界、意义世界，两者既存在矛盾和冲突，也有着实现和合的可能性。因此，中国教师现代化应基于自身实际，完成现代性的未竟之业，同时汲取后现代的合理成分，实现现代性与后现代的和合。

首先，实现教师主导作用与发挥学生主动性的统一。《教育规划纲要》提出：教育大计，教师为本。有好的教师，才有好的教育。教育过程要以教师为主导。为此，要严格教师资质，提升教师素质，努力造就一支师德高尚、业务精湛、结构合理、充满活力的高素质专业化教师队伍。同时，又提出要以学生为主体，充分发挥学生的主动性，把促进学生健康成长作为学校一切工作的出发点和落脚点。要求教师关心每个学生，为每个学生提供适合的教育，以人格魅力和学识魅力教育感染学生，做学生健康成长的指导者和引路人。

其次，发挥大学教育和中小学教育对教师专业化的共同作用。在比较借鉴国外教师教育经验的同时，《教育规划纲要》对1999年以来师范院校布局结构调整和教师教育开放化、综合化实践进行总结与反思，提出加强教师教育，构建以师范院校为主体、综合大学参与、开放灵活的教师教育体系。同时，要求深化教师教育改革，创新培养模式，增强实习实践环节，强化师德修养和教学能力训练，提高教师培养质量。可以看出，这是一条立足教育国情的具有中国特色的教师教育专业化之路，既发挥大学特别是师范院校对教师专业化不可替代的主导作用，也要发挥中小学的作用，创新培养模式，增强实习实践环节，使师范生在教育情境中反思、合作、探究，成为"反思性实践者"。这种反思实践取向及对实践智慧的倚重，体现出对后现代的吸收与认同。

最后，注重学历教育与岗位实践对教师专业化的互补作用。《教育规划纲要》提出，国家制定教师资格标准，提高教师任职学历标准和品行要求；对专科学历以下小学教师进行学历提高教育，使全国小学教师学历逐步达到专科以上水平。与此同时，也提出教育实践对于教师专业发展的重要功能，通过研修培训、学术交流、项目资助等方式，提高教师专业水平和教学能力；而且，要创造有利条件，鼓励教师在实践中大胆探索，创新教育思想、教育模式和教育方法，形成教学特色和办学风格，造就一批教育家。这一系列政策举措体现了一种本土性、个案性和情境性的后现代知识观。这种重视学历教育进而提高教师的专业标准，与鼓励教师在岗位上实践探索与创新相结合，同样实现了现代性与后现代的和合。

（三）教师现代化不同层面的和合

中国教师现代化还需要实现不同层面之间的和合。首先，是教师形象的现代重建。笔者认为，举凡教师的理论研究、政策制度和教师教育目标、内容、方法及评价标准，其背后都隐含着对教师形象的一种假设、期待和取向。对于教师形象的不同假设、期待和取向，将对教师研究、教师政策、教师管理、教师教育和教师评价产生根本性的影响。面对新世纪的机遇和挑战，我国蓬勃兴起的教师专业化运动正是要推动教师职业的现代转化，提升现代教师形象。为此，应动员教育理论工作者、教师工会及专业团体、社会公众和家长、教师教育机构、政府及教育行政管理部门等相关方面，共同参与教师职业价值和专业素养等问题的讨论与对话，以实现教师形象的现代重建。这是中国教师现代化的价值层面。其次，基于新的教师形象，国家制定新的教师资格标准、教师职务要求、教师管理制度、教师分配制度等，实现教师权利与义务、进入与退出、标准与评价、付出与报偿的制度重建，推动教师现代化所必要的社会分化和整合过程。这是中国教师现代化的实体层面。最后，教师现代化的核心和关键，是教师行为的重塑，使教师成为教育现代化最活跃的主体要素和推动力量，借以创新教育思想、教育模式和教育方法，推动教育现代化进程。这是中国教师现代化的本体层面。

事实上，这三个层面是相互依存的。其中，教师制度的重建是实现教师现代化的驱动轴。发达国家的实践经验表明，教师队伍建设既不单是教师待遇和地位的提高，也不单是教师行为的优化、素质和积极性的提高，而是通过教师制度的重建，以促进两个方面的互动与统整。针对中国教师的实际现状，《教育规划纲要》注重将制定尊师重教政策与鼓励教师自尊自励并举，建立教师"高地位、高素质、高积极性"的统整机制，在教师责任与利益、社会价值与主体价值之间形成一种相互促进的张力结构，为中国教师现代化建立一种系统的制度框架和实现机制。

专业化视野中教师形象的提升与统整①

20世纪90年代以来，教师形象正在成为教师研究一个新的热点。由于对教师形象的不同理解和界定，这一研究的方向、路径及话语各不相同，缺少必要的规范。笔者认为，教师形象应作为教师研究中一个根本性、统整性和具有方法论意义的问题。这是因为，与教师素质、能力、地位及教师教育、管理等层面性研究相比，教师形象是一个上位的、具有综合性的研究课题。举凡教师的理论研究、政策制度和教师教育的目标、内容、方法及评价标准，其背后都隐含着对教师形象的一种假设、期待和取向。反言之，对于教师形象的不同假设、期待和取向，将对教师研究、教师政策、教师管理、教师教育和教师评价产生根本性的影响。而且，有关教师的层面性研究只有纳入教师形象这一整体结构之中，实现有效的统整，才具有实际的意义。面对新世纪的机遇和挑战，我国蓬勃兴起的教师专业化运动正是要推动教师职业的现代转化，提升教师的专业形象。可以说，教师专业形象的确立，既是教师专业化的目标，又是教师专业化健康发展的必要条件。专业化视野中的教师形象作何种假设、期待和目标取向？它与我国传统的本土化的教师形象如何联系和区别？对教师形象具有统整作用的整体结构是什么？21世纪的教师形象怎样实现有效的提升和统整？这些问题不仅关系着教师专业化目标和方向的选择，也直接影响教师专业化策略、路径和结果的成败。

一、路向调转：重建教师形象的分析框架

新时期以来，人们根据经济和社会发展对教育提出的新挑战和要求，对理想教师形象进行了不同方式和层面的探寻。一种是沿"教师应该是什么样的"，"什么样的教师才是好教师"的路径，对教师角色及其素质、能力和仪表行为特

---

① 本节原载于《教育研究》2003年第3期。

征进行理想化描绘和架构来设计教师形象的，如研究型教师、专家型教师、创造型教师、复合型教师形象的提出，以及关于教师素质和仪表形象的探论。另一种是根据教师在职业行为中给人的印象的总和以及人们对教师的评价，对教师职业的社会职能、使命和价值，以及素质要求作进一步的强化、提升，如人们对于教师的蜡烛精神、春蚕品格和灵魂工程师的赞颂与召唤。显然，这些研究都是由"结构–功能主义"演绎而来，设置一种外在于教师的具有特定功能的角色系统结构，形成一种完美主义的教师形象。有研究者据此提出了21世纪国际教育赖以生存的未来教师的完整形象：教师的教育观念和教育思想，是教师的头脑和灵魂；教师的人格，作为未来教师的身躯，是影响学生的最具震撼力的教育因素；教师的教学能力和管理能力，是未来教师的两只手；教师的专业知识和基础能力，是未来教师的双足，是立身之本。如此六大部分紧密、有机地结合，构成新时期'复合型'教师[①]。然而，这种教师形象越是趋于完美主义和理想化，教师越是作为一种被规范、被要求、被塑造的对象，处于一种接受和完成社会化的被动地位，进而造成严重的角色冲突和主体性的缺失。因此，外烁的教师形象只能成为可望而不可即的"虚像"，无论对于社会还是教师自身都没有太大的实际意义。

这种理想与现实的反差和背离，昭示我们对现有的研究路向进行反思和检视，建立教师形象新的分析框架。日本学者平冢益德主编的《世界教育词典》提出，教师形象是教师社会地位和教师素质、能力等的总体。这一定义突破了从教师素质、能力或是从教师社会地位单向度来研究教师的传统思路，从教育学和社会学等多个层面来整体把握教师形象，注重教师社会地位与素质能力两方面的统整。诚然，教师角色是一个复合结构，既作为学校成员又作为社会成员，既是学生社会化的承担者又是自身社会化的承受者[②]。教师形象正是这两类角色交错、冲突而又协调共存的统一体，并凸显在两个主体层面上：教育形象——"作为教师的人"和职业形象——"作为人的教师"。教师的教育形象是由人们对于教师作为教育者的行为规范和行为模式的角色期待和教师自身的角色实践构合而成的，与教师的素质和能力有关，表现为教师的道德形象、人格

---

① 于漪.现代教师学概论[M].上海：上海教育出版社,2001：247.
② 吴康宁.教育社会学[M].北京：人民教育出版社,1998：196.

形象、知识形象、讲台形象、公众形象、仪表形象等。教师职业形象是人们对教师作为一种职业、一个从业者，在社会系统和职业体系中价值定位的表征。教师职业价值包括教师职业外在的社会价值和内在的自身价值两个方面。前者是人们对教师所承担的社会责任、义务、使命及实际的社会贡献的期待与评价，主要体现在教师的社会地位上。后者则是反映教师在社会系统和职业体系中社会资源的占有、自我发展的实现和精神上的自由程度。它因为教师需要的层次性而构成一个层级体系，包括维持生计的实用价值（通过职业劳动交换获得应有的报偿）、满足社会性需要的精神价值（在专业活动中获得的专业权威和社会声望），以及"在自己的领域内独立地进行创造"获得一种内在尊严与欢乐的生命价值[①]。

教师形象的两个层面相辅相成，有各自的独立性，甚至相互冲突，形成一种既矛盾又共存的整体结构。教师的教育形象主要是普通教育学的研究对象。它反映着教师职业自身质的规定性，同时也受到社会政治、经济和文化因素的影响。如我国古代，主要赋予教师文化传承和道德垂范的职责，彰显了教师的知识权威和为人师表的教育形象。教师职业形象主要是教育社会学的研究对象，反映着教师作为一种职业的状态特征，与教师职业在社会结构中的分层即对社会资源的占有情况有关，通常反映在教师职业的收入、权力和声望上。布迪厄将社会地位的影响因素扩展为经济资本、社会资本、文化资本和符号资本四个方面[②]。一般而言，教师的收入、权力等经济和社会资本主要是由国家政策取向和经济发展水平决定的；教师职业的尊严和欢乐，主要取决于社会公众的外在承认和给予，取决于过程的结果而不是过程本身；它是用工具价值换来的[③]。教师的文化资本和符号资本则主要是由教师自身因素（受教育程度、素质和能力、职业的专业化水平等）决定的。还应当看到，教师的教育形象与职业形象之间及其不同层面的影响因素具有交互性和复杂性，如教师职业资格的宽严以及教师对于文化资本的掌握情况，会影响到教师的收入、权力和声望；相反，教师

---

① 叶澜,白益民,王枬,等.教师角色与教师发展新探[M].北京:教育科学出版社,2001:15.

② 谢维和.教育活动的社会学分析——一种教育社会学的研究[M].北京:教育科学出版社,2000:310.

③ 叶澜,白益民,王枬,等.教师角色与教师发展新探[M].北京:教育科学出版社,2001:10.

职业的学历水准、资格标准及专业化程度，又往往受制于国家的政策、经济发展以及社会文化因素。由此，教师的教育形象与职业形象及其内部不同层面之间，都可能存在性质或程度、理想与现实的差异，并相互交织、冲突和矛盾。正因为如此，教师形象不是概念式的、静态和单层面的，而是一个具体的、多层面的矛盾统一体，进而形成一种局部和单层面所不具有的统整功能和整体结构。根据"符号互动论"和系统论的观点，这种具有统整作用的整体结构，是教师主体与其专业生活环境之间客观存在的双向建构和互动机制，即"教师专业化强调的已不再仅仅是专业知识、技能及专业规范的个体被动接受过程，而是教师与其专业生活环境不断互动、发展与调整专业自我的主动过程"①。任何局部的、单层面的改进和优化，不经过教师形象这一整体结构的统整，其作用和效能都会大打折扣。自不待言，教师专业化正是通过教师专业自我与专业生活环境的良性互动，使教师的教育形象与职业形象及其不同层面实现有效的统整，进而提升成为教师专业形象的。

二、目标厘定：教师形象的专业取向

教师形象在社会发展的不同政治、经济和文化背景下，以及与之相应的教师职业意识和职业实践的影响下，既形成自身的内在结构和发展逻辑，表现出一定的独立性和继承性，也具有较强的社会制约性、历史流变性和民族文化特性。西方的教师形象源自古希腊的教仆，无论是社会地位还是素质能力都很低。中世纪的欧洲，"学在教会"、僧师合一，教师形象被圣化。第一次工业革命以后，义务教育蓬勃兴起，教师职业开始摆脱教会的掌控，走上了世俗化和专业化的道路。服务于大众教育的师范学校通过师徒制、小先生的方式培养小学教师，学制地位只是定位在初等教育程度，只要具备基本的"3R"能力（读、写、算）都可以当小学教师。同时小学教师的政治经济地位也很低，往往是社会下层增加收入的辅助性职业。随着义务教育的发展、教育民主化以及社会现代化的推进，教师的职业规格和文化定位不断上升。第一次世界大战前后，中小学教师的培养开始了初步的并轨和升格，进入师范学院阶段。第二次世界大战以

---

① 李其龙,陈永明.教师教育课程的国际比较[M].北京:教育科学出版社,2002:262-263.

后尤其是20世纪50—60年代，中小学教师的培养归并于综合性大学，从而建立在大学多学科平台之上，培养学者型教师。但与教师职业规格和文化地位不相适应的是，教师的政治和经济地位还停留在原有的水平上。于是，起初的教师专业化主要沿"工会主义"取向，通过发展专业组织、罢工和谈判等斗争的途径，来提高教师的经济待遇和争取社会地位的集体向上流动；或是沿"专业主义"取向，通过提高教师专业标准来淘汰不合格教师，以达到教师地位的整体提升。然而，这种单纯以提升教师职业形象为目标的努力并没有取得满意的结果，甚至出现了"脱专业化"倾向。20世纪80年代以来，随着教师成为人才培养和教育改革的关键人物，教师专业化进入崭新的发展阶段。这就是以教师专业发展为重心，"主要通过实施高水平的初期师范教育和终身职业的专业发展，创设多样化的以适当的评价体系为支撑的职业结构，以及提高教师的物质的和社会的地位，来提高教师的专业化"①。第45届国际教育大会提出，"应在教师的权利和责任之间建立一种平衡"②，并将教师专业化作为提高教师地位最有前途的中长期策略，以此促进教师的专业发展及专业自我的形成，实现教师形象的革新和整体提升。

我国古代在儒学文化的浸润下，官学和私学系统的教师群体及表现出师道观的同质性，无论是教育形象抑或职业形象都彰显一种传道、卫道、重道的社会价值和工具价值。这种传统教师形象作为民族文化传统的一部分深深地沉积了下来。清末以来的师范教育是仪型日本明治后期师范教育制度建立的，"重视培养按照时政当局的政治理念去执鞭任教以及能掌握教学技能的'封闭师范型'教师，强调教师应有'清贫'、'克己'的品格，以社会的道德规范作为教师资格的首要条件，要求教师为人师表，为政治服务，具有明显的政治化和伦理化的倾向"③。

从此，这种源自我国儒家师道观的"圣职者"教师形象与我国本土化的传统教师形象契合一体，并被师范教育进一步制度化了。然而，第二次世界大战

---

① 全球教育发展的历史轨迹——国际教育大会60年建议书[M].赵中建,译.北京:教育科学出版社,1999:535.

② 全球教育发展的历史轨迹——国际教育大会60年建议书[M].赵中建,译.北京:教育科学出版社,1999:535.

③ 刘捷.日本教师的职业形象与启示[J].高等师范教育研究,2000(1):75-76.

以后日本早已破除了传统的"圣职者"教师形象，建立全新的"劳动者"教师形象及相应的开放化教师教育制度。20世纪60年代中后期国际上普遍兴起教师专业化运动，日本又确立"专业者"教师形象并进一步改革教师教育，提高教师专业水平和专业地位。我国却一直固守着传统教师形象以及相应的师范教育制度和教师管理制度。新中国成立后学习苏联，又进一步强化了定向型师范教育制度，教师形象却无质的改变。直到改革开放以后相当一段时间，传统教师形象与师范教育制度仍相互耦连和强化，进而形成一种与现代教育不相适应的教师文化。

从教师职业的历史演进可以看出，教师形象总是处于均衡—非均衡—冲突—均衡的变化发展之中。教师的教育形象经由道德（或宗教教义）本位的教化形象、知识本位的教书匠形象，向以人为本的教育专家形象提升；由于专业化理论基础的不同，教师的教育专家形象又有着以能力为本位的胜任型教师形象、以情感为本位的人格型教师形象，以及以探究为取向的反思型教师形象等多种目标取向。与此同时，教师职业形象也从"圣职者"形象经过世俗化走下圣坛，成为劳动者形象、公仆形象；在知识化社会、专业化社会，越来越凸显教师的专业者形象。两者在教师专业化的整合和推动下实现同构，进而提升成为教师的专业形象。面向21世纪，我国教师形象同样须以专业化为取向，但在目标的确立上，要客观分析发达国家教师专业化不同发展阶段的目标、策略、模式和理论基础的差异和演进关系，既不可重走发达国家教师专业化的老路，也不能直跨教师专业化的最高台阶。这是因为，教师专业化发展、教师专业形象的提升历程，反映了人们认识、探索的递进性和社会历史发展的过程性，同时也蕴涵了教师专业化自身发展规律和质的规定性。而且，"同过去一样，向外国寻求中国式的教师形象是困难的。新的教师形象只有靠我国教育工作者自己去创造和树立"[1]。本书无意于给教师的专业者形象描绘一幅巨精细的"标准像"，只是试图辨明现阶段我国教师专业形象的目标取向，并探讨实现这一目标取向的提升和统整的机制。

---

① 陈永明.国际师范教育改革比较研究[M].北京:人民教育出版社,1999:479.

三、结构统整：教师专业形象的现实建构

教师形象的落后是我国教师现实社会地位和素质能力不高的集中反映和根本原因，它反过来又阻碍了教师职业现代转化和发展的进程。虽然，现阶段对于教师的种种研究以及教师教育的改革，如关于教师角色扩充与转型、提高教师素质能力以及教师地位待遇的设想和规划，都包含着良好的愿望，有的还建立在一定的实证基础上，而一旦纳入教师形象这一整体结构，这些局部和单层面上的努力往往就显得苍白和乏力了。要实现教师的现实形象向专业形象提升，换言之，要将理想状态的教师专业形象现实化，必须建立教师主体与其专业生活环境的积极、良性的互动机制。这种互动关系以及由此而形成的具有整合力的整体结构，是教师形象实现专业化提升的关键。

（一）教师专业形象的宏观统整

建构教师专业形象的重要主体是国家。美国卡内基教育和经济论坛"教育作为一种专门职业"工作组的报告就是以"国家为培养21世纪的教师作准备"为题的。在其为实现教师专业化的一系列建议中，绝大部分是以国家为主体或国家直接参与实施的。如：建立全国教学标准委员会，提高教师应知应会标准；把学士学位作为教学专业学习前提条件，进行硕士学位的教育研究生院教育；改组学校，扩大学校自主权；改组教师及改革教师奖励制度、晋升制度和专业证书制度；为教师提供能与其他专业同样竞争力的工资、福利和职业前景；等等[1]。该报告特别指出："这并不是一份互不相干的各种方针政策的混合物，而是一个整体。只有所有方针政策一齐付诸实施，才可望取得成功。"[2]在这种宏观统整中，教师工资和教师培训具有最为强大的整合力。因为，除非教学职业

---

[1] 国家教育发展与政策研究中心.发达国家教育改革的动向和趋势（第二集）——美国、苏联、日本、法国、英国1986—1988年期间教育改革文件和报告选编[M].北京：人民教育出版社，1988：311-312.

[2] 国家教育发展与政策研究中心.发达国家教育改革的动向和趋势（第二集）——美国、苏联、日本、法国、英国1986—1988年期间教育改革文件和报告选编[M].北京：人民教育出版社，1988：312.

的前途至少像其他需要严格训练的职业一样具有吸引力，人们才肯多花钱，多费力，经过较长时间培训成为教师。只强调提高教师的培训质量是行不通的。但是，如果只是给教师增加工资，而不对他们进行更好的培训，也是无济于事的[①]。日本20世纪60年代确立"专业者"教师形象之所以取得成功，与其颁布《人才保障法》大幅度提高教师工资有极大相关。值得关注的是，教师工资一向属于"低于型"的美国也在教师专业化推动下，于1999年将中小学教师平均工资增至年薪40 574美元，比1989年增长了23.4%，高于政府工作人员（年薪38 499美元），是全国人均收入（25 857美元）的1.54倍，在全国13个大行业中排名第6位。我国教师专业形象的提升，国家的宏观统整同样是不可缺少的，如进一步确立教师职业的专业性质，建立教师专业的国家标准，积极完善并严格执行教师资格制度；提升教师教育的学制地位，加大教师教育的国家投入，加强教师教育质量的国家监控；改革教师管理制度，扩大教师的专业自主权；切实提高教师的工资待遇、增加晋升机会，改善教师的学习、生活和工作条件。这些只有通过制定和修订相关的教育法律、政策、制度等国家行为才能实现。

（二）教师专业形象的中观统整

教师专业地位的确立、专业权力的扩展以及专业水平的提高，主要是在学校中实现的。教师的受教学校和任教学校及其伙伴的合作关系，对于教师成功实现初级社会化以及发展社会化具有不可替代的作用。一方面，教师教育应当深刻反思和改变多年来固守的教师形象和封闭定向的人才培养模式，在专业化目标下重新确立教师形象，并通过教师教育的体制改革和制度创新，促进教师专业形象的现实建构和转化。为此，教师教育应在国家政策的规范下实现体系的开放，由师范院校"专营"向以市场为导向、以质量为杠杆的多元化教师教育发展，促进教师专业化水平在开放和竞争的体制下提高和优化。同时，应实现办学职能和人才培养模式的根本转变，由学历教育和终结性教育向在学历教育基础上的教师专业教育和基于教师专业发展的终身教育转型；促进课程结构

---

① 国家教育发展与政策研究中心.发达国家教育改革的动向和趋势(第二集)——美国、苏联、日本、法国、英国1986—1988年期间教育改革文件和报告选编[M].北京：人民教育出版社，1988：312.

和教学模式的改革，努力实现教师的学术专业水平与教育专业水平、教育理论知识和职业技能与教育行动研究和创新能力的整合，增强教师专业的独特优势和不可替代性。另一方面，教师任教学校也应转变职能，进行管理体制的改革，改变学校管理中单纯的科层取向，建立并积极发挥教师专业团体的重要作用，真正确立教师的专业自主权，为教师创造良好的教学专业环境，增强教师的专业感。发达国家正积极推行重建学校、教师赋权运动，开展校本管理、校本研究和校本课程开发，以此促进教师专业成长，发挥专业权威，实施专业自主，进行专业沟通，强化教师专业者角色，以使教师在高度自主、自律和充满创造与挑战的专业生活中，获得一种尊重感和生命的自由。此外，随着教师专业发展理论的勃兴，原先那种机构化、集中化的教师进修培训也出现了"去中心化"，以教师专业发展为中心和以学校为本位的发展趋势，促使教师进修培训由大学转入了教师所在的任教学校。

（三）教师专业形象的微观统整

教师专业形象最终体现在教师专业发展及专业实践之中，需要通过教师角色及其行为自主的专业发展来促进专业自我的形成。教师专业发展以及教师专业形象的提升，正是教师主体与专业生活环境长期的符号互动形成专业自我的过程。教师的专业自我包括：自我意向、自我尊重、工作动机、工作满意感、任务知觉、未来前景等方面[①]。据《中国教育报》"中小学教师心态调查报告"显示，我国当前教师的"专业自我"正处在由传统向现代重新定位的初始阶段，充满着矛盾和冲突，急需进行有效的统整。根据《中国教育报》开展的"当今我国中小学教师心态及行为"调查：一方面，78.8%的调查对象认为"教师应向学者型、科研型教师转变"，92%的调查对象认为"教师角色应从主要是'知识传授者'向学生发展的指导者、促进者转变"，而同时又有35.7%的调查对象"把知识传授作为教学的主要任务"；另一方面，50.5%的调查对象认为"教师是蜡烛，燃烧自己，照亮别人"，85.7%的调查对象认为"教育是事业，教师应不断开拓进取，为此奉献终身"，75.7%的调查对象"有着默默奉献的志趣"，而同

---

① 教育部师范教育司.教师专业化的理论与实践［M］.2 版.北京：人民教育出版社,2003：32–50.

时只有49.3%的调查对象认为"教师职业已经成为社会上最好的职业之一,我愿意从事这种职业",40.2%的调查对象把"丰裕的生活条件"作为追求目标(以上数字只包括调查结果中的"符合"和"非常符合"两项,未含居于中性倾向的"一般")。教师专业形象在教师专业自我层面上的统整,首先是要实现专业角色的转型,即从传统的"君子""圣人"型的教师向具有民主意识、科学理性又不缺乏人性化的教师发展;从充满道德色彩、社会本位的工具角色,转变成为具有道德精神、崇尚法制、信守专业伦理、具有个性活力的实践主体、责权主体和生命主体。其次是专业角色的扩充。面对社会发展、教育变革和文化的多元化,教师在作为知识和文化传承者的同时,还应当成为学习者、研究者,将继承与创新、教学与学习、行动与研究、实践与反思、育人与育己整合成一体,形成一种专业生活方式。最后是专业角色的强化。教师由职业向专业的提升,需要增强专业意识、专业精神,坚持专业操守,实现专业自律,加强专业学习、研究和进修,实现自主的专业发展和不断创新,努力提高专业实践水平和教育服务的质量。

综观起来,教师专业形象的统整,其实质是促进教师的教育形象与职业形象,教师职业的社会价值与自身价值由对立、隔阂和失衡走向兼容、整合和平衡。这种统整不是教师单方面努力能够实现的,需要国家、学校等方面在宏观与中观上的促进和支持。这三个层面相互依存、积极互动,才能形成巨大的现实力量,实现教师专业形象的整体提升。

教师专业形象的价值取向与现实建构①

世纪交替，我国教育现代化正由物质和制度层面向主体的精神文化层面延伸和发展。在呼唤素质教育、创新教育的同时，人们纷纷将热切的目光投向教育现代化的重要主体——教师，期待着学者型、专家型、创造型、专业化教师队伍的崛起和教师形象的重塑。诚然，教师形象有着自身构成的整体性、内涵的多维性和社会建构性等特点，是教师职业的社会职能、素质、价值实现及社会地位等方面的整体反映和体现。只有教师形象的更新和重塑，教师职业才能真正实现现代化和专业化。这或许是多年来有关教师素质、教师培养以及教师地位等局部或层面研究实效低微的症因所在。因此，进行教师专业形象的理论研究和现实建构，对于推进教师专业化、提高教师专业化水平具有重要的理论和实践意义。

一、教师形象及其历史演进

在教育社会学视野中，教师是指"在学校中专门从事教育教学活动的一种特定的角色，以及与这些教育教学活动相关的各种行为规范和行为模式的系统"②。将教师角色系统抽离和归并便凸显出教师形象的两个主要层面：教育形象（教师作为教育者及公众的模范）和教师职业形象（教师在社会职业体系中的价值实现及其地位）。教育形象是由人们对于教育作为教育者的行为规范和行为模式的期待与评价和教师自身的认同与实践构合而成的，与教师素质、能力相关，表现为教师的道德形象、知识形象、讲台形象、公众形象等。教师职业形象是教师作为一种职业、一个从业者在社会系统和职业体系中价值定位的产

① 本节原载于《高等师范教育研究》2002年第6期。
② 谢维和.教育活动的社会学分析——一种教育社会学的研究[M].北京:教育科学出版社，2000:109–110.

物。一般而言，教师职业价值包括外在的社会价值和内在的自身价值两个方面。其社会价值是指教师作为一个教育工作者所承担的社会责任和历史使命及实际的社会贡献，这是教师职业之所以存在的根本依据和实现自身价值的根本途径。其自身价值是指教师在社会系统和职业体系中享有的权利、待遇、地位以及自我发展和精神上的自由程度。由于教师的需要是一个复杂的层级结构，教师职业对于教师自身的价值也应当是一个层级体系，包括维持生计的实用价值（通过劳动交换获得应有的报偿）、满足社会性需要的精神价值（在专业活动中获得的专业权力和社会的尊重与承认），以及在自己的领域内独立进行创造获得一种内在尊严与欢乐的生命价值。因此，教师形象是一种多层面的复合体，各层面具有相对独立的意义，但往往又是相互关联的。这种关联性既可能是相辅相成、互为条件和相互补充的，也可能是相互矛盾和冲突的。但无论如何，教师形象都以其自身质的规定性构成一个具有特定形态的矛盾统一体。

在认识到教师形象固有特质和结构的同时，也应看到教师形象具有很强的时代性、民族性和社会制约性。不同历史时期和社会条件下教师形象的演绎嬗变，正是这些内外因素相互制约和作用的产物。教师的教育形象和职业形象及其相互之间的关系因此而出现协调、均衡、统一或背离、冲突与失衡，并总是交织和积淀成一种整体的存在。在以儒家思想为主流文化的中国传统社会，社会本位占据绝对上风。教师角色被定位于"人之模范"和"传道、授业、解惑"上，教师被奉为礼的化身、道的代表和德的典范。教师职业的价值取向是以社会需要为本位的，尊师是为了重道，而非对教师劳动自身价值的尊重和体认。正所谓"师严然后道尊，道尊然后民知敬学"（《礼记·学记》），"贵师而重傅，则法度存。……贱师而轻傅，则有人快，有人快则法度坏。"（《荀子·大略》）这种对于教师社会价值尤其是道德规范性和文化传承性价值的无限提升，使传统教师形成一种崇高、美好的教育形象。但其对教师价值尤其是基本的实用价值和内在的生命价值的轻忽与扭抑势必造成教师职业的尴尬和形象窘态——至尊的道德地位与卑微的经济报偿相悖，学为圣贤的人格追求与清贫寂寞的物质待遇反差，甘为人梯的默默奉献与生命价值的无声消耗矛盾，社会的高期待、高评价与低选择、低定位背离。或许，"红烛""春蚕""园丁"这类带有相似性、模糊性的隐喻式教师形象正是人们试图对传统教师价值冲突的一种饱满感情的弥合吧。同时，在官师一体和"学而优则仕"的社会体制下，教师职业往往是谋取功名者的暂栖之地、科场落第和官场失意者的无奈之选。教师虽然从事传道授业、正礼明德的"圣职"，但实际社会地位很低，始终处于官僚体制下的一种"半职业"状态。近代以来，由于科技进步和工业革命的推动，在义务教育兴起和教育科学发展的推动下，师范教育应运而生。教师从一种依附性、经验性的"半职业"经师范教育的制度化养成而发展成为一种初步的专门性职业，并取得了与其他职业等价交换劳动的独立平等的政治经济地位。然而总体来说，"近代社会对教师职业价值依然主要还是强调其对于社会的工具价值。……至于教师职业对于从业者的内在价值问题，并未被尖锐地提出和进行过认真探讨。"①教师虽然走下了"圣坛"，但未能在世俗化走向中得到适切的价值定位。同时，教师被固定在国家既定课程标准传递者的角色上，成为标准化、科学化教学模式和方法技术的"操作员"。教师因此而踯躅于"半专业"的状态，未能同医生、律师等一道步入专业人员的行列。

20世纪60年代，新技术革命进一步突出了教育的社会核心地位，教育改革对教师提出了空前的要求和期待，教师角色和作用也发生了深刻的历史转变。这一切已不是传统的匠艺式的教师职业能够承载的。加快教师专业化进程，使教师成为具有专业特质和地位的专业工作者，是教师职业发展的必然趋势。"教师的专业化是现代教育改革与发展的必然要求。……是现代社会教师队伍建设的一个基本方向。"②联合国教科文组织和国际劳工组织1966年首次提出应将教学视为一种专业，标志着教师职业进入一个历史的新纪元。然而，教师专业化在其发展进程中，曾长期处于"工会主义"（权力模式）与"专业主义"（特质模式）两种取向的纷争之中，这使教师专业地位的提高与教师专业特质的提升这两种价值目标陷入两难和两全的境地，教师专业化因此而进展缓慢、实效低微。20世纪80年代开始，教师专业化走向重视教师主体的能动作用、促进教师专业发展的新阶段。国际第45届教育大会提出，教师专业化作为提高教师地位最有前途的中长期策略，主要应"通过实施高水平的初期师范教育和终身职业

---

① 叶澜,白益民,王枬,等.教师角色与教师发展新探[M].北京:教育科学出版社,2001:9.

② 谢维和.教育活动的社会学分析——一种教育社会学的研究[M].北京:教育科学出版社,2000:124.

的专业发展，创设多样化的以适当的评价体系为支撑的职业结构，以及提高教师的物质的和社会的地位，来提高教师的专业化"①。诚然，教师专业发展代表了国际教师专业化的主流方向。它使教师职业的价值目标及相互关系走出两难境地，教师的教育形象与职业形象在以专业发展为内核的教师专业化进程中实现了同构，进而确立了教师的专业工作者形象。

二、教师专业形象的价值取向与定位

教师形象的历史演变表明，教师职业的价值关系总是处于均衡、非均衡、冲突到均衡的变化发展中，教师形象则是教师职业价值取向变化发展的外化形态。新时期以来，随着我国经济和文化的深刻转型，以及教育发展对教师素质和能力提出崭新的挑战的要求下，教师职业的价值取向陷入严重冲突，教师形象也面临严重困惑和尴尬。人们试图沿着两种路向探寻新的教师形象：一种路向是对教师角色和素质进行理想化架构，沿"教师应该是什么样的，什么样的教师才是好教师"的思路来设计教师形象；另一种路向则是根据教师角色的社会期待和要求，对教师职能、价值进一步提升和强化以期树起理想的教师形象。然而沿着这两条研究路向通向的竟是同一个"终点站"：将教师引向一种应然的理想化状态，形成一种高大、完美近乎圣化的教育形象，而对教师职业的价值关系在新形势下如何正确定位，以及如何促使教师职业形象的现代转型缺少应有的观照。结果是，这种完美主义的教师形象越是趋向理想化就离现实越远，成为可望而不可即、可敬而不可为的"虚像"。教师总是作为一种被规范、被要求、被塑造的对象，并没有给自身价值带来多大的发展空间，更难有精神上的解放和主体性的彰显。由此建构的教师形象不仅没有带来多大的实际功效，反倒容易加剧社会期待与教师角色认同之间的矛盾和冲突，使教师职业陷入教育形象与职业形象严重反差和背离的怪圈。

教师形象这种严重的反差与背离，反映了传统研究路向不仅不能协调反而进一步加剧了现代化进程中教师职业的价值冲突，同时也昭示着市场经济和社

---

① 全球教育发展的历史轨迹——国际教育大会60年建议书[M].赵中建,译.北京:教育科学出版社,1999:535.

会转型正强烈震撼着现实教师的职业意识，呼唤教师职业的现代跨越和形象重塑。教师专业化是教育现代化的重要特征，也是实现教育现代化的重要途径之一。近代以来，日本正是根据社会发展不断更新教师形象，将教师从"圣职者""劳动者"引向专业工作者的。这是日本教育现代化取得成功的关键因素之一。日本学者认为，教师形象是教师社会地位和教师能力的总体。日本教师形象的更新正是将教师社会地位和素质能力整体提升而所成。我国教师形象的现代跨越和重构，不应沿传统路向对教师职责和素质要求作一种现代诠释、重申或拔高，而是要将教师职业置于我国现代化建设的历史进程和现实背景之下，从传统的社会本位和工具主义窠臼中解脱出来，在教师职业的社会价值与自身价值之间寻求一种契合和均衡，进而使教师的教育形象和职业形象整体转型和提升成为一种专业形象。这两种价值的契合剂和制衡器不是别的，正是教师主体的专业发展，以及由此而确立的以教师专业发展为本的价值取向。

以教师专业发展为本，是指确立教师在专业化中的主体地位，在适宜的专业背景保障和促进下，通过教师个体和集体的能动与自觉，实现教师专业素质、能力、教师专业实践水平和专业地位的全面提高。首先，它确立了教师职业的专业性质和发展方向，提升了教师的专业标准，使教师职业具有自身的专业特质和不可替代性。虽然人们对于教师专业特质及其标准内涵还众说不一、争议颇多，但在这一点上的认识普遍一致，即教师专业化有着丰富的内涵，既包含对教师专业素质和能力的要求以促进教学实践的专业化，也包括教师权利的改善以改进教师地位的专业化，以及把两者协调起来，使教师像专业人员一样发挥作用[①]。这种协调与兼重使教师从"半专业"跃上专业的平台，促使教师专业化水平的整体提高。其次，它确立了教师在教师专业发展中的主体地位，这也是与"以人为本"的现代社会总体价值取向内在一致的。教师专业化不再是一种静态的指标结构或高高的"门槛"，而是教师主体不断奋争和努力的专业成长过程，是教师寻找自身生命意义，实现主体价值的过程。这使教师得以从传统的终结性师范教育体系中解放出来，通过终身教育和学习研修获得不断的提高和更新；从固定教学内容和教学模式的传授和操作中解放出来，在享有独立和自主的专业活动中通过积极的实践反思、行动研究而不断创新和发展；从单向

---

① 陈永明.现代教师论[M].上海:上海教育出版社,1999:182.

付出和作为实现教育目的的手段和工具角色中解放出来，在培养人才、促进学生成长的同时实现自身的专业发展，获得专业上的建树和创造的欢乐，实现对自身生命意义的建构和提升。最后，专业发展促使教师职业社会价值与自身价值长期以来的紧张和冲突态势得以消解并趋向兼容和同构。布迪厄认为，对各种资本（经济资本、社会资本、文化资本、符号资本）的占有状况是影响人的社会地位的主要因素①。诚然，教师的权力、声望和收入，是随教师所占有的"文化资本"及其在知识社会中作用的上升而不断上升的。以专业发展为取向的教师专业化，将促进教师对社会资源的拥有以及社会地位的提升。另一方面，随着教师职业待遇的改善、专业自主权的扩大和专业素质的提高，教师有可能摆脱利益驱使和谋生状态，形成以服务精神和道德自律为基础的专业生活方式。并且，教师专业团体也将发挥积极的作用，通过建立专业伦理规范及相关制度，以促进教师专业水平的提高和维护教师职业良好的社会形象。合言之，在以专业发展为取向的教师专业化进程中，"教师有理由要求合适的工作条件和地位，因为它们表明他们的努力得到了承认。……反过来，学生和整个社会有权期待教师以献身精神和敏锐的责任感来完成他们的职责"②。这便是以专业发展为支点，在教师权利与责任之间建立起了一种平衡和良性互动的机制。

三、教师专业形象的现实建构策略

教师专业形象的目标选择是现实建构的基点和旨归。只有建立一种现实转化机制，将理想形象与现实形象整合一致，才能使教师专业形象富有现实感和实践意义。这种建构过程是以整体提升、综合建构、动态发展为特征的。

（一）整体建构策略

教师专业形象涵摄着教师专业素质和能力、专业地位和价值实现等各个方

---

① 谢维和.教育活动的社会学分析———一种教育社会学的研究[M].北京:教育科学出版社,2000:310.

② 联合国教科文组织.教育——财富蕴藏其中[M].联合国教科文组织总部中文科,译.北京:教育科学出版社,1996:146.

面，是这些方面关联互动的产物。因此，任何脱离整体的单一或局部改革对于教师专业形象的建构都只能是低效或徒劳的。美国20世纪80年代兴起的教师专业化运动就注重了这一点。卡内基报告提出的教师专业化建议就包括：提高教师专业标准，把学士学位作为教学专业学习前提条件，进行硕士学位的教育研究生院教育；改组学校和扩大学校自主权，为教师创造一种教学专业环境；改组教师及改革教师奖励制度、晋升制度和专业证书制度；为教师提供能与其他专业同样竞争力的工资、福利和职业前景等。在此基础上，该报告明确指出：这并不是一份互不相干的各种方针政策的混合物，而是一个整体。只有所有方针政策一齐付诸实施，才可望取得成功。这对于我国勃然兴起的教师专业化及其政策制度的制定应当有所启示。

（二）综合建构策略

教师专业发展兼重了教师及其相关的多重主体的利益和价值。以此为取向的教师专业形象也将是国家、学校、教师及社会等多主体配合和联动的综合建构过程，而不是教师作为客体的被专业化过程，或是由专家或领导者画出蓝图、制定要求让教师自己去"建构"的过程。首先，教师是为全社会利益效力的职业，是国家公务人员或公务雇员。国家作为教育事业尤其是义务教育最主要的责任主体，应在教师专业形象建构过程突出主体地位、发挥特殊重要的作用，如教师专业身份的确立、专业标准的提高、专业证书制度，教师教育发展与规划、教师专业发展制度和政策的制定实施，教师工资和福利待遇的提高，教师专业权力的赋予和维护等，都需要充分发挥国家政策、法律和行政主导作用。其次，作为教师培养、使用和管理者，教师教育机构和教师任职学校既在很大程度上贯彻和体现国家意志，又对教师专业发展具有十分重要且不可替代的作用和功能。随着教师教育的专业化、终身化、一体化，师范院校与中小学校应以教师专业发展为核心、为纽带，进行各自观念、职能、体制和培养模式的改革和创新，尤其是大学与中小学建立的伙伴合作关系，对教师专业发展将起到不可限量的作用。最后，是教师主体的能动作用。教师自我教育、自我更新和进行职业行为的自我规范，实现个体主动的专业发展和创造性实践，不断提高专业素养和专业实践水平，形成专业自我，是建构教师专业形象的核心和关键。

与此同时，应充分重视和发展教师专业团体的积极作用，促进各类教师之间的文化沟通和合作，消解教育理论工作者、教育行政人员与教育实践工作者——专任教师之间的潜在冲突，以促进教育理论与教育实践的有效结合，确立教师作为专业工作者在学校中的权力和地位。

（三）动态建构策略

教师专业发展越出了结构功能主义的静态专业模式，注重教师与其专业生活环境的积极互动。以此为取向的教师专业形象也不可能一次性铸塑完成，需要在这种积极互动的动态过程中不断地丰富、超越和完善。为此，教师教育应当主动适应教师专业发展的持续性和阶段性特点，积极探索职前、入职和职后教育一体化的整合途径，建立面向和服务教师终身学习与专业发展的教师教育体系。另外，应确立教师作为学习者、研究者的角色，建立学习型组织和充满合作、交流、探索和创新的学校文化，使教师建立起教学、学习和研究相结合的专业生活方式，进而通过终身学习、自我教育及实践中的反思、研究和创造，不断丰富、提高专业素养和专业实践水平。此外，改革教师评价、晋升、奖励及教师资格证书制度，建立充满机遇和挑战的教师专业发展制度，自然是促进教师专业发展不可缺少的外在动力。不过，引导教师建立"个人愿望"，通过创造性实践自我超越，从而在生命活动中不断产生和延续创造性张力，这会使教师专业发展更加自觉和持久，专业形象也更为丰满和挺立。

教师专业化与教师形象的重塑①

在我国历史上，教师乃"人之模范"，有着崇高而美好的形象，尊师成为紧系国运兴衰的大计。但教师职业一向低微，有时甚至落入行九的境地。在急剧转型的现时代，这种矛盾和冲突变得更加激烈和表面化了。如何打开这个历久难解的死结以实现教师职业的现代跨越，建构面向21世纪的教师专业形象，正在成为我国教师专业化研究的重要课题。

一、结构分化：教师形象的理论解构与历史发展

教育社会学研究认为，教师角色可以从两个维度来把握：作为学校成员的教师（青少年社会化的承担者）和作为社会成员的教师（自身职业社会化的承受者）。作为学校成员，教师扮演着教育者和受雇者双重角色，既作为社会代表者负责青少年学生的教育、培养和管理工作，又作为学校的雇员履行自己职责并与同事平等共处。在社会生活中，教师既是一名普通社会成员享有公民应有的权利和义务，又是一位特殊社会成员——教育工作者，需要经过职业社会化进而成为学生的导师、公众的模范。教师职业正是这两类角色交错、冲突而又协调共存的统一体。将教师角色进行同类归并便凸显出教师形象的两个主要层面：教育形象（学校中的教育者和公众面前的模范角色）和职业形象（社会职业体系中的从业者和学校中的雇员与同事角色）。教师的教育形象是由人们对于教师作为教育者的行为规范和行为模式的期待与评价、教师自身的认同与实践构合而成的。教师的职业形象是人们对教师作为一种职业、一个从业者在社会系统和职业体系中价值定位的产物。教师职业价值包括外在的社会价值和内在的自身价值两个方面。其中，社会价值是教师作为一个教育工作者所承担的社会责任和历史使命及实际的社会贡献，这是教师职业之所以存在的根本依据和

① 本节原载于《安徽教育学院学报》2003年第1期。

实现自身价值的根本途径；自身价值是指教师在社会系统和职业体系中享有的权利、待遇、地位以及自我发展和精神上的自由程度。由于教师从业者的需要是一个复杂的层级结构，教师职业对于教师自身的价值也应当是一个层级体系，包括维持生计的实用价值（通过劳动交换获得应有的报偿）、满足社会性需要的精神价值（在专业活动中获得的专业权力和社会的尊重与承认），以及在自己的领域内独立地进行创造获得一种内在尊严与欢乐的生命价值。

在对教师角色进行分化并赋予其不同意义的基础上，可以抽离出教师形象的实质：教师教育形象是教师在教育过程中角色定位的表征，教师职业形象则是教师职业价值取向的外化。教师形象的历史嬗变正是教师角色及其职业价值在下列因素影响下不同取向的产物。

（一）社会物质文化条件

教师职业是在社会分工基础上为满足一定社会政治、经济和文化的要求而产生和存在的。社会要求是影响教师职业价值取向的最重要因素。在以儒家思想为主流的中国传统社会，社会本位占据绝对上风。教师角色被定位于"人之模范"和"传道、授业、解惑"，教师职业的价值取向更是以社会需要为本位的。这种对于教师社会价值尤其是道德规范性和文化传承性价值的无限提升使传统教师形成一种崇高、美好的社会形象，但其对教师价值尤其是基本的实用价值和内在的生命价值的轻忽与抑抑，势必造成教师职业的角色混变和价值冲突。由此而产生传统教师历久难消的职业尴尬和形象窘态——至尊的道德地位与卑微的经济地位相悖，学为圣贤的人格追求与清贫寂寞的物质待遇反差，甘为人梯的默默奉献与生命价值的无声消耗矛盾，社会的高期待、高评价与低选择、低定位背离。

（二）教师自身的职业意识

教师从业者对于自身职业性质、职责、价值的理解、判断、期待和认同是影响教师职业价值取向的内部动因。有研究者据此将教师职业分成三种存在状态："生存型"教师——把教师当成知识搬运工、维持生计的谋生手段、委曲求全的无奈选择；"享受型"教师——把教师看成一种服务社会的事业，获得奉献和付出后的内心满足,享受教书育人的崇高与幸福;"发展型"教师——以服务社会为己任,以学生成长发展为最高目标,促进学生的成长也获得自我发展的成功与幸福①。传统教师有着不可避免的谋生职能,客观上决定了其"生存型"的职业状态。但在安贫乐道、重义抑利的师道观浸润和涵摄之下,传统教师对这种清贫、清苦职业状态的深深认同使之提升到一种"享受型"职业状态。这种物质上清贫与精神上享受的契合为我国传统上遵奉的"蜡烛""园丁""春蚕"般教师形象的形成提供了内在基础。

(三)教师职业的发展水平

教师职业有其自身的发展逻辑和质的规定性。在古代,作为知识、文化主要传递者的教师是一种"神圣灵光"的职业。但由于官师一体的体制和"学而优则仕"的社会机制,教师职业具有很大的流动性和非独立性,成为谋取功名者的暂栖之所和科场落第者的无奈之选。教师虽然从事传道、正礼、明德的"圣职",但实际社会地位低下,成为依附于统治集团的个体经验水平的"半职业"。近代以来,由于科技进步和工业革命的推动,在义务教育兴起和教育科学发展的催生下师范教育应运而生,教师从经验化的"半职业"发展成为初步的专门性职业,并取得了与其他职业等价交换劳动,以获得报酬的独立平等的政治经济地位。但此时教师仍固定在国家既定课程标准传递者的角色上,教师自我价值和自身发展被置于同学生的成长发展相矛盾和对立的境地,仍然脱不了牺牲性,走不出教书匠的影子。20世纪60年代以来,新技术革命进一步突出了教育的社会核心地位,教育改革发展在对教师质量提出了空前要求的同时也将提高教师地位和促进教师专业发展提到前所未有的高度。在联合国教科文组织和国际劳工组织建议下兴起的教师专业化运动,对教师职业角色和价值进行了重新定位和取向,从而在整体上提高了教师的专业特质和专业地位,这使教师职业固有的价值冲突在更宽阔的专业平台上得到调适和整合,逐步确立和凸显出一种专业形象。

---

① 叶澜,白益民,王枬,等.教师角色与教师发展新探[M].北京:教育科学出版社,2001:82-94.

二、价值均衡：教师专业形象的价值定位

教师形象的历史嬗变表明，教师职业的价值关系总是处于均衡、非均衡、冲突到均衡的变化发展之中。新时期以来，随着我国经济和社会发展对教育进而对教师提出了崭新的挑战和要求，加之教师生活待遇和社会地位问题愈益突出，教师问题日益成为当代教育改革和发展的瓶颈。人们试图探寻新时代的教师形象，但往往总是将教师引向一种应然的理想化状态，形成一种高大、完美近乎圣化的教育形象和高尚、伟大近乎神圣的职业形象。结果是，这种完美主义的教师形象越是趋向理想化就离现实越远，成为可望而不可即、可敬而不可为的"虚像"。教师总是作为一种被规范、被要求、被塑造的对象，并没有给自身价值和精神自由带来多大的发展空间。由此建构的教师形象不仅没有带来多大的实际功效，反倒容易加剧社会期待与教师角色认同之间的矛盾和冲突，使教师职业陷入社会满意度与自我认同度渐趋降低的怪圈。

教师形象这种理想与现实的严重反差与背离，一方面反映了传统路向不仅不能协调反而进一步加剧了现代化进程中教师职业的价值冲突，同时也昭示着市场经济和社会转型正强烈震撼现实教师的职业意识，呼唤教师职业的历史跨越和教师形象的现代重构。这种跨越与重构不应是沿传统路向对教师职业价值作一种现代诠释、重塑或再提升，而是要将教师职业置于我国现代化建设的历史进程和现实背景之下，从传统的社会本位和工具主义窠臼中解脱出来，在教师职业的社会价值与自身价值之间寻求一种契合，从而改变长期以来两者之间"剪刀差"的态势，建立一种现代意义的价值均衡。

诚然，现代社会尤其是现代教育对于教师职业的社会价值提出了更新、更高的期待，同时也为教师自身价值实现提供了更为充分的条件。然而，这一切已不是传统的匠艺水平的教师职业所能负载得了的。加快教师专业化进程，使教师职业成为与医生、律师一样的专门职业，使教师成为具有专业特质和地位的专业工作者，教师的专业化是现代教育改革与发展的必然要求。而且，从实践看，教师的各种教育教学活动已经在一定程度上达到了专业化标准的要求。尽管在教学教育的实践中可能还存在这样或那样的问题，但是，现代教育本身

的发展对教师的要求已经与这种专业化的标准是非常一致的。因此,这也是现代社会教师队伍建设的一个基本方向①。

在教师专业化基础上确立起来的教师专业形象,是对传统教师职业及相应的圣者形象一次根本性超越。所谓专业,是指通过特殊的教育或训练掌握了业经证实的认识(科学或高深的知识),具有一定的基础理论的特殊技能,从而按照来自非特定的大多数公民自发表达出来的每个委托者的具体要求,从事具体的服务工作,借以为全社会利益效力的职业②。据此,教师专业化一方面应通过提高教师专业标准和教育水平,改革教师教育体制和模式,丰富和完善教师教育课程,加强教师伦理规范建设和自我约束,建立教师资格认可制度,以提高教师专业化水平,养成专业特质,使教师获得充分的专业发展,成为一种具有不可替代性的专业工作者。这是现代教育对于教师职业的迫切要求,也是教师职业实现社会价值和自身价值的重要条件和保障。另一方面,教师专业化应确立教师职业现代意义上的专业地位,充分尊重教师职业的自身价值:作为专业工作者的收入、声望、权力以及自我发展和内在生命价值的实现。发达国家一般将教师定位于中产阶层,其收入明显高于其他行业同等条件的人员。如联合教科文组织和国际劳工组织在《关于教师地位的建议》中指出:在影响教师地位的诸要素中,应格外重视工资。因为如同其他专门职业一样,除工资以外的其他要素诸如给予教师的地位或尊敬、对教师任务重要性的评价等,都很大程度上依赖于教师的经济地位。与此同时,提高教师职业声望和扩大教师专业权力对于满足教师精神性需要和实现其生命价值至关重要。尤其是教师的专业权力是随"文化资本"在社会中作用的变化而变化的,"在现代社会中,随着知识经济的到来,教师的权力在社会中的作用将进一步扩大"③。这使教师进一步获得专业自主和精神上的自由,形成专业生活方式,在自己的领域内独立地进行创造性活动。教师借此摆脱利益的驱使和单向付出的职业状态,在自己的专业

---

① 谢维和.教育活动的社会学分析———一种教育社会学的研究[M].北京:教育科学出版社,2000:124.

② 筑波大学教育学研究会.现代教育学基础[M].钟启泉,译.上海:上海教育出版社,1986:441.

③ 谢维和.教育活动的社会学分析———一种教育社会学的研究[M].北京:教育科学出版社,2000:116.

活动中充分实现社会价值的同时获得自身充分的专业发展，使生命价值和才智在为事业奉献的过程中不断得到更新和发展，获得一种职业尊严和精神自由。

由此可见，教师专业形象的确立使教师职业价值关系由冲突趋向均衡、由矛盾趋于同构，从而在专业的高度上构建成一个相伴共生、有机统一的整体，教师职业由此发展成为促进受教育者和教育者共同发展、社会价值与自我价值相互辉映的美好职业。

三、现实回应：我国教师专业形象的建构策略

教师专业形象的确立是我国教师形象现代建构的理论基础和先导，但专业化的目标不能代替专业化的过程和结果。教师专业形象有着理想与现实两种形态，只有推进教师专业化进程，建立一种现实转化机制，将理想形象与现实形象整合一致，才能构建起富有现实感和实践意义的教师专业形象。我国既不可趋步发达国家走过的老路，也不能直跨教师专业化的最高台阶。我们要在共时态条件下推进教师专业化、建构教师专业形象，就必须对发达国家历时态的探索历程进行整合和归并，构成符合教师专业化内在规律又适应我国国情实际的综合建构策略。

（一）教师职业专业化的外部保障体系

专业化首先是教师职业的专业化。这涉及社会资源的重新配置、教育权力的重新划分和职业地位、报酬标准的调整等。西方国家在权力主义与专业主义的争辩和两难中多趋向工会主义。20世纪80年代以来，教师专业化的目标和重心才开始转向教师的专业发展，即通过提高专业标准、改革专业教育来促进教师专业发展、谋求教师专业地位的真正提高。对于我们这样一个有着浓厚社会本位的文化传统和社会氛围而教师专业化又严重滞后的国家，如果单一地采用"专业发展"策略只会重新走向社会本位。我们应充分发挥国家和政府的主导优势，在现实基础上进一步通过法律、行政等手段自上而下地推动，为教师职业专业化提供得力的外部保障。

（1）明确教师职业的专业性质，提高教师的学术地位。通过法律和政策来

提高教师学历水准，将教师教育整体纳入高等教育范畴，建立健全教师资格证书制度、继续教育和职务晋升制度，以提高教师入职条件、专业标准，设立教师专业发展阶梯，为教师成为专业工作者提供学术保障。

（2）改善教师经济待遇和工作条件，为教师专业化提供应有的物质保障。日本20世纪60年代确立"专业者"教师形象之所以取得成功，与其颁布《人才保障法》并大幅度提高教师工资有很大相关。值得关注的是，教师工资一向属于"低于型"的美国也在教师专业化推动下，于1999年将中小学教师平均工资增至年薪40574美元，在全国13个大行业中排名第6位。我国近年来已为此做了大量的努力，下一步的问题是如何以"专业"的标准给教师劳动价值进行重新定位，以及如何以此来吸引优秀人才从事教育工作。

（3）扩大教师专业自主权，为教师专业化提供政治上的支持。《中华人民共和国教师法》已确立教师作为"履行教育教学职责的专业人员"，将教师专业权力扩展到了教学改革、科学研究、学术自由、民主管理等方面。这是对我国教师专业权力和职业性质的重要突破，它标志着我国教师的劳动性质从长期以来，以传递性为主的职业活动发展成为以创造性为主的专业活动。与此同时，我们还应建立和完善教师的专业组织。这既是教师争取和维护专业自主和权益的需要，同时对于加强专业伦理建设、建立职业行为自我约束机制也有着不可替代的作用。

（二）推进教师教育的专业化

教师教育专业化是教师职业专业化的重要途径和条件。今天，随着教师专业形象的确立，我们必须顺应教师教育专业化的国际趋势，实现对传统师范教育的改造和教师教育制度的重建。首先，应确立教师作为专业的观念，改变那种带着浓厚道德色彩的"圣者型"及其现代形态——师范型、公仆型的教师形象，突出教师作为专业人员的自主性和不可替代性，使教师职业成为建立在一定专业理论和技能基础上的、具有公共责任感和专业伦理的一种专业生活方式。其次，应进行教师教育体制的深化改革，打破师范教育层级结构和师范院校垄断专营的局面，通过学制升级和体系开放吸纳各种高等教育资源，吸引各种优秀人才参与教师教育和加入教师队伍，从而达到优化教师教育资源配置、提高教师教育专业水平的目的。再次，进行教师教育内容的改革，丰富和发展教师教育课程，建立教师教育质量监控和保障体系，同步提高教师学术水平和教育水平。最后，改变终结型和大学本位的教师教育模式，建立职前与职后贯通、大学与中小学伙伴合作的终身化、一体化教师教育体系，使学校成为教师专业发展的重要场所，使教师通过终身学习和反思探究以实现持续的专业发展。

（三）加强教师专业形象的整合

教师专业形象存在于教师自我及其他人的知觉和看法之中，这便形成了教师职业的社会形象与自我形象。教师具有与普通人同样的各类需要，但社会对于教师的角色期待往往是希望教师成为一个"特殊的人"，这使"作为一个人的教师"和"作为一个教师的人"之间经常发生冲突[1]。这种冲突使教师因经常处于一种受批评、被指责的不利地位而深感压抑和不平。因此，加强教师专业形象整合势在必行。一方面国家应在通过法律、政策等手段为教师专业化提供学术、经济、政治等制度保障的同时积极引导社会舆论，扭转社会意识，促使教师职业社会形象的转型；另一方面，更要发挥教师自身在专业形象建设中的主体作用。只有进行自我教育、自我更新和进行职业行为的自我规范，实现个体主动的专业发展，不断提高教师的专业水平和服务质量，才能从根本上使教师成为备受尊敬、具有较高社会地位的专门职业。

---

[1] 马和民,高旭平.教育社会学研究[M].上海:上海教育出版社,1998:361.

第三章　教师队伍现代化政策进路研究

新时代教师队伍建设的民生价值定位及其政策路径①

教师是教育发展的第一资源。培养和造就党和人民满意的高素质专业化创新型教师队伍，是新时代教育发展的基础工程。中共中央、国务院《关于全面深化新时代教师队伍建设改革的意见》要求"把全面加强教师队伍建设作为一项重大政治任务和根本性民生工程切实抓紧抓好"。其中，根本性民生工程的价值定位和政治站位，赋予新时代教师队伍建设崭新的政策意涵，也为教师队伍建设提供新的政策路径。

一、教师队伍建设成为一项根本性民生工程的政策历程

《中华人民共和国教师法》中明确教师是履行教育教学职责的专业人员，承担教书育人，培养社会主义事业建设者和接班人、提高民族素质的使命。1949年全国教职工人数102.3万人，其中专任教师93.43万人②。2019年全国各级各类学校专任教师1732.03万人③。这期间我国教师的数量增加了17.54倍。要厘清教

---

① 本节内容写作于2022年，与唐菡悄合作。

② 1997年各级普通学校专任教师数[EB/OL].(2017-05-10)[2019-05-09].http://www.moe.gov.cn/s78/A03/moe_560/moe_569/moe_576/201002/t20100226_7585.html.

③ 2019年全国教育事业发展统计公报[EB/OL].[2019-05-20][2022-08-22].http://www.moe.gov.cn/jyb_sjzl/sjzl_fztjgb/202005/t20200520_456751.html.

师队伍建设的发展历程，必须先回顾教师身份的变迁，教师身份地位的变化是与教育的社会定位变化相适应的。

（一）教育服务于政治建设，教师队伍踟蹰于工人阶级的政治身份

从新中国成立到改革开放前，教育为政治服务，成为"阶级斗争的工具"。随着教育事业在国民生产中地位的变化，教师身份也发生了变迁。很长一段时间，教师面临着阶级地位和政治地位的确立和转型。新中国成立至改革开放前，教师作为政治人具有双重的阶级属性：作为知识分子是工人阶级的一部分，但由于出生和教育的缘故，又具有资产阶级的属性。一方面，随着三大改造的完成，我国确立了社会主义的基本制度，消灭了资产阶级。教师需要同工人农民结成亲密联盟，通过团结、教育和改造，进而成为工人阶级的一部分。1956年全国知识分子工作会议提出"我国的知识界的面貌在过去六年来已经发生了根本的变化"，知识分子的绝大部分"已经是工人阶级的一部分"。1962年进一步强调"知识分子是劳动人民的知识分子，是为无产阶级服务的脑力劳动者"。同年，《政府工作报告》再次强调"我国的知识分子中的绝大多数……是属于劳动人民的知识分子"。1971年《全国教育工作会议纪要》中写道"知识分子的大多数世界观基本上是资产阶级的，是资产阶级知识分子"。党的十一大报告提出"工人阶级要团结和依靠革命知识分子，争取和团结资产阶级知识分子中愿意接受社会主义改造的人们"。无疑，此时教育游离于人的生活与发展，脱离经济建设，走进政治领域，成为无产阶级专政的工具。教师作为政治人，对其阶级属性的认定呈现出矛盾的特点[①]，认为教师属于工人阶级，也是资产阶级知识分子，列为革命对象。

（二）教育定位于经济建设，教师由一般职业转向专业化

十一届三中全会后，党和国家的工作重心转移到经济建设上。根据公共经济学理论的划分，教育具有有限的非竞争性和一定的非排他性，属于准公共产品。准公共产品介于私人产品和纯公共产品之间，多通过政府和市场共同分担

---

① 潘娜娜.改革开放以来中国共产党知识分子政策的演进及其基本经验[J].中国石油大学学报(社会科学版),2018(6):8–13.

的混合供给方式提供。其一，政府首次将教育转移到"社会主义科学教育文化事业"领域，提出"教育发展计划应当成为经济和社会发展总体规划的重要组成部分"。其二，提倡大力发展民办教育，实施教育产业化。通过增加教育投入，提高劳动生产率，拉动经济增长。随着教育服务的转向，教师主要面临知识地位和经济地位的提升。1977年全国科学和教育工作座谈会中强调要尊重知识，尊重人才，尊重教师。1978年全国教育工作会议提出要尊重教师的劳动，提高教师的质量，提高人民教师的政治地位和社会地位。1988年国务院颁发了《关于提高部分专业技术人员工资的通知》，对改善教师的待遇起到了重要作用。此后历次党代会将关注教师、尊重知识写入报告，十四大至十六大连续指出要加强师资队伍建设。2011年教育部制定《关于大力加强中小学教师培训工作的意见》，提出开展中小学教师全员培训，并对培训内容、方式、服务体系、保障机制等方面作出了明确的规定和要求。这一时期，教师作为一种职业受到高度重视，此时教师作为职业人，需要通过系统的培育和训练，习得教育教学管理的专业知识与技能，并在实践中不断完善和提升素质水平，达到专业成长，以实现教师专业发展，教师职业逐步走向专业化。

（三）教育定位于社会建设，教师作为服务于教育民生的一种公共资源

随着教育纳入民生，联动着社会发展，关系着千万家庭，教育的民生属性彰显。教师承担的国家使命和公共教育服务职责，属于国家公职人员，此时教师作为公共人，承担教书育人的职责。教师专业水平和能力素养的提升备受瞩目。同时，教师作为民生主体，其地位待遇的提升也愈加强烈。此时，教师队伍建设成为改善民生为重点的社会建设的重要基础性工作。十七大提出"加强教师队伍建设，重点提高农村教师素质"。十八大提出"加强教师队伍建设，提高师德水平和业务能力，增强教师教书育人的荣誉感和责任感"。十九大强调"加强师德师风建设，培养高素质教师队伍，倡导全社会尊师重教"。这一阶段，国家高度重视教师队伍建设，2012年出台的《国务院关于加强教师队伍建设的意见》中明确"到2020年，形成一支师德高尚、业务精湛、结构合理、充满活力的高素质专业化教师队伍"，对教师师德素养、专业水平、管理制度、权益待

遇、保障机制作出了详细规定。这一阶段，"办好人民满意的教育"成为教育民生的基本诉求。教师是立教之本、兴教之源，必须把教师队伍建设作为基础工作，满足人民群众对教育的期盼，造就一支人民满意的教师队伍。

（四）教育作为国之大计、党之大计，教师成为教育发展的第一资源

2018年全国教育大会指出："教育是民族振兴、社会进步的重要基石，是功在当代、利在千秋的德政工程，对提高人民综合素质、促进人的全面发展、增强中华民族创新创造活力、实现中华民族伟大复兴具有决定性意义。"此时，教育不仅是民生更是国家战略。教师作为教育活动的实施主体，成为教育发展的第一资源。2018年《关于全面深化新时代教师队伍建设改革的意见》（以下简称《意见》）提出："到2035年，教师综合素质、专业化水平和创新能力大幅提升，培养造就数以百万计的骨干教师、数以十万计的卓越教师、数以万计的教育家型教师。"《意见》成为指导教师队伍建设的纲领性文件。《意见》意识到教育和教师地位和作用的重要性，对教师身份进行了崭新定位。

一方面，突出教师职业的公共属性，将教师职业提升到史无前例的身份地位。指出"把提高教师地位待遇作为真招实招，增强教师职业的吸引力"，提出树立教师职业的幸福感、成就感和荣誉感，真正让教师成为令人羡慕的职业。要求中央的文件重在破解发展瓶颈，把管理体制改革与机制创新作为突破口，增强教师职业吸引力。强调"明确教师的特别重要地位""提升教师的政治地位、社会地位、职业地位"。

另一方面，明确教师工作的极端重要性，将教师队伍建设提升到史无前例的民生地位。《意见》明确提出"把全面加强教师队伍建设作为一项重大政治任务和根本性民生工程切实抓紧抓好"；指出教师承担着传播知识、传播思想、传播真理的历史使命，肩负着塑造灵魂、塑造生命、塑造人的时代重任，历来受到党和国家的高度重视；指出要突出教师工作的优先性，如：优先谋划教师工作，优先保障教师工作投入，优先满足教师队伍建设需要。2019年6月，国务院就提升教师待遇连续颁布两个文件，在《国务院办公厅关于新时代推进普通高中育人方式改革的指导意见》中指出"强化师资和条件保障"，从加强教师队

伍建设、改善学校校舍条件、完善经费投入机制三方面做出政策引导。《中共中央 国务院关于深化教育教学改革全面提高义务教育质量的意见》第十四条规定，依法保障教师权益和待遇，指出坚决维护教师合法权益。当前，"教育是国之大计、党之大计"，教师队伍建设成为实现人民对美好生活的向往的重要因素，成为一项根本性民生工程。

二、教师队伍建设作为一项根本性民生工程的政策意涵

新时期以来，教育定位由工具性教育定位向以人为本的本体性定位转向，将国计与民生兼重，形成一种工具价值与本体价值融通的兼容性教育定位。经过改革开放以来40年的社会变革，教育已经成为一个具有民生性质的社会问题[①]。近年来，有学者指出"教育是最大的民生"。教师作为开展教育活动中的基本要素，将教师队伍建设作为根本性民生工程，从民生取向上提升师资队伍建设具有理论价值和现实意义。体现出教师队伍需要加强投入，以改善教师自身生计和生活，进而优化教师队伍素质、结构和质量，从而提高教育质量和公平水平，最终为实现民生改善，为人民群众创造美好生活提供最根本、最关键的保障条件。这一举措不仅有利于教师自身职业保障和改善，还有助于实现教育资源优化，实现人民幸福生活。

（一）确立教师的民生主体地位，落实教师职业地位和待遇改善的政策措施

教育活动中的主体不仅有接受教育的学习者，还应有实施教育的教授者，师生共同构成教育活动的基本组成部分。因此，尊重教师的自主发展，维护教师的教学主体地位，是保障教师权益的前提。随着教师队伍建设成为一项根本性民生工程，更应重视教师在教育改革发展中的主体地位，落实教师民生主体地位。当前，我国教师队伍存在数量不足、素质偏低、工作时间长、工资待遇低的问题。据《中国教师发展报告》（2013年）显示：中国每千劳动人口教师数量位居后20%，中国每万人口中教师数量位居后1/3。在16个中等收入水平的国

---

① 劳凯声,李孔珍.教育政策研究的民生视角[J].教育科学研究,2012(12):11–18.

家和地区中居倒数第一，中小学和幼儿园教师数量低于高中等收入水平国家（地区）均值。在教师数量偏少的情况下，我国小学和初中班额在 OECD 国家中最大[1]。初中硕士学位教师比例较低，其中，本科及以上学历 2007—2008 年在 OECD 的 20 个国家中排名第 17 位。各国小学、初中和高中教师年工作时间均值分别为 1164 小时、1156 小时和 1103 小时。2010 年中国小学、初中和高中教师的工作时间均高于各国平均水平，为 1640 小时。中国各学段教师年平均工资均高于印度尼西亚、低于 OECD 国家[2]。《意见》明确"体现以人为本，突出教师主体地位""把教师工作置于教育事业发展的重点支持战略领域，优先谋划教师工作，优先保障教师工作投入，优先满足教师队伍建设需要。"这有利于教师自身民生保障和改善，实现提高教师职业待遇，畅通教师职业发展通道，使教师职业吸引力明显增强，真正让教师成为令人羡慕的职业。将教师队伍建设纳入民生事业有利于推动教育事业改革，形成优秀人才争相从教、教师人人尽展其才、好教师不断涌现的良好局面，造就一支师德高尚、业务精湛、结构合理、充满活力的教师队伍。

（二）公平而有质量地配置教师资源，为教育民生改善提供第一资源保障

教育与民众生活息息相关，是民心所系的社会问题。教育民生作为民生建设重要方面，是政府主导、府际协同、社会参与的实体存在。教师是立教之本、兴教之源。发展公平而有质量的教育，必须建设规模合理、结构科学、素质较高的教师队伍。公平而有质量地配置教师资源，是加强教师队伍建设的重要内容，也是改善教育民生的关键环节。教师队伍建设作为一项根本性民生工程，要求将教师队伍建设与教育革新联系在一起，优化教育资源，创造公平而有质量的教育。总体上看，各地区师资配置差异大，高学历、高职称教师京津沪都远高于其他地区，基本呈现出从京津沪、东部、中西部自东向西梯度递减的态势。根据教育部公布的教育统计数据计算，2008 年，京津沪、东部、中部、西

---

① 2010 年我国初中班额达 53.8。

② 何美，燕学敏，单志艳.中国中小学教师发展总体处于世界中等水平[N].中国教育报，2013-09-30(003).

部地区专任教师中的博士比例分别为52.72%、24.38%、19.13%、18.90%；正高级比例依次是22.35%、12.81%、10.85%、11.16[①]。生师比上京津沪也远小于其他地区。其中，就小学阶段而言，京津沪、东部、中部、西部地区生师比依次为16.70、19.46、17.79、18.03[②]。《意见》明确指出，教师承担着传播知识、传播思想、传播真理的历史使命，肩负着塑造灵魂、塑造生命、塑造人的时代重任，是教育发展的第一资源。教育既是民生需求，更是民族的、国家的大业，承载着一个国家和民族的未来和希望[③]。教师肩负着为社会培养所需人才的重任，教师队伍规模、结构、素质能力是各级各类教育发展的最重要支撑。高质量的教师队伍是教育前进和发展的重要因素。教师是学生成长的引路人，提升教师的核心素养与关键能力，是促进教育公平，提升教育质量的重要环节。

（三）发挥教师队伍在改善民生中的根本性作用，为人民实现美好生活向往奠定教育基础

民生，关系着"人"的生存、生活状况。为改善民生，一方面，教育是民生建设的目标之一，需要投入和保障，即教育过程中人（教师、学生）的生计、生活需要社会资源供给。另一方面，教育是民生改善的重要途径和条件，即教育对实现其他类型民生（社会成员的就业、收入、社会地位获得）的促进功能。在这一意义上，教育民生是民生建设的重要内容。教育公平是社会公平的重要基础，是民生改善之基，教师队伍作为教育民生改善之基，是根本性民生工程。兴国必先强师，必须把教师工作置于教育事业发展的重点支持战略领域。但教师队伍建设是一个投入和产出的循环过程，师德师风、能力素质提高、结构的改善，是以待遇地位的保障和改善为条件的。《意见》指出要明确教师的特别重要地位，突显教师职业的公共属性，确立公办中小学教师作为国家公职人员特殊的法律地位，要求公办中小学教师要切实履行作为国家公职人员的义务；强

---

① 专任教师学历、专业技术职务情况（总计）[EB/OL].(2018-08-01)[2019-08-06].http://www.moe.gov.cn/s78/A03/moe_560/jytjsj_2017/gd/201808/t20180808_344737.html.

② 小学学生数[EB/OL].(2018-07-31)[2019-08-06].http://www.moe.gov.cn/s78/A03/moe_560/jytjsj_2017/gd/201808/t20180809_344866.html；小学教职工数[EB/OL].(2018-07-31)[2019-08-06].http://www.moe.gov.cn/s78/A03/moe_560/jytjsj_2017/gd/201808/t20180809_344865.html.

③ 晓恭.教师是教育改革与发展的第一资源[J].北京教育(普教版),2017(9):1.

调教师的国家责任和社会责任。同时表示要"三优",即优先谋划教师工作,优先保障教师工作投入,优先满足教师队伍建设需要。将进一步深化改革把提高教师地位待遇作为真招实招,增强教师职业吸引力。教师队伍成为根本性民生工程,是教育发展的需要,也是民生建设的诉求。教师队伍是人民幸福生活的重要基石,通过发挥教师队伍建设在改善民生中根本性作用,建立相对公平而有质量的师资配置,以保障和改善教育活动中的人的生计、生活与生命状态,进而促进社会流动的畅通和人民生活的改善。

三、教师队伍建设作为一项根本性民生工程的政策路径

基于教师队伍建设的理论逻辑和现实要求,作为根本性民生工程,新时代对教师提出崭新要求,政府和主管部门应当以《意见》为指导,在现有的政策基础上,找准建设目标、谋划战略设计、细化政策措施,通过相应的政策路径,真正"让教师成为令人羡慕的职业",实现公平而有质量的教育,达到改善民生,保障人民幸福生活。

(一)加强教师职业的资源投入

教师队伍建设成为国家重大政治任务,但教师流动机制僵硬、晋升体制僵化、教育不公平时常发生,这些都影响着人民对公平而有质量的教育的期盼和追求。我国教育体制改革往往存在重物轻人的投入缺憾,在对教师职业资源的投入中应从培养—输送—发展三方面加以展开。

一是完善教师教育培养过程。首先,开展高水平教师教育基地建设行动。重点建设一批师范教育基地,发挥高水平、有特色教师教育院校的示范引领作用。加强教师教育院校师范生教育教学技能实训平台建设。国家和地方有关重大项目充分考虑教师教育院校特色,在规划建设方面予以倾斜。推动高校有效整合校内资源,鼓励有条件的高校依托现有资源组建实体化的教师教育学院。高校与地方教育行政部门依托优质中小学,开展师范生见习实习、教师跟岗培训和教研教改工作。其次,开展教师教育学科专业建设行动。建立健全教师教育本专科和研究生培养的学科专业体系,鼓励支持高校自主设置"教师教育学"

二级学科，加强教师教育的学术研究和人才培养，明确教育实践的目标任务，构建全方位教育实践内容体系，与基础教育、职业教育课程教学改革相衔接，强化"三字一话"等师范生教学基本功训练。鼓励高校针对有从教意愿的非师范类专业学生开设教师教育课程。最后，开展教师教育师资队伍优化行动。国家和省级教育行政部门加大对教师教育师资国内外访学支持力度。引导并支持高校加大学科课程与教学论博士生培养力度。高校对教师教育师资的工作量计算、业绩考核等评价与管理，应充分体现教师教育工作特点。在岗位聘用、绩效工资分配等方面，对学科课程与教学论教师实行倾斜政策。推进高校与中小学教师、企业人员双向交流。高校与中小学、高校与企业采取双向挂职、兼职等方式，建立教师教育师资共同体。组建中小学名师工作室、特级教师流动站、企业导师人才库，充分发挥教研员、学科带头人、特级教师、高技能人才在师范生培养和在职教师常态化研修中的重要作用。

二是真抓实干提高教师待遇。强化地方政府责任，确保中小学教师平均工资水平不低于或高于当地公务员平均工资水平。严格规范教师编制管理，对符合条件的非在编教师要加快入编，并实行同工同酬。完善教师收入分配激励机制，有效体现教师工作量和工作绩效。针对偏远地区，要调整义务教育经费保障机制，强化省级财政统筹，并加大中央财政对薄弱地区的转移支付力度，以做到省域内教师待遇标准一致，并提高教师职业的吸引力。

三是盘活教师队伍配置，畅通教师职业通道。《意见》提出："盘活事业编制存量，优化编制结构……省级统筹、市域调剂、以县为主，动态调配……按照班师比与生师比相结合的方式核定编制。"加大校级交流，推进校长交流轮岗，实行教师聘期制、校长任期制管理。同时，强化教师个人发展。实施教师职称制度改革，参考高校教师职称制度，全面推进中小学教师职称制度改革。修订评价标准，实施师德一票否决制。完善评价机制，接受监督监察。真正做到2035年，教师综合素质、专业化水平和创新能力大幅提升，培养造就数以百万计的骨干教师、数以十万计的卓越教师、数以万计的教育家型教师。

（二）加强教师职业的公共责任

公共责任的最早提出在于约束公职人员，旨在约束行政机构公共权力的行使，监督行政官员的行为，确保政府组织达成公共目标，实现公共利益的最大化[①]。随着社会责任意识的扩充，公共责任的针对范围和内涵拓展至拥有行使公共权力或具备使用公共资源的组织或个体。《意见》确立了公办中小学教师作为国家公职人员特殊的法律地位，作为教书育人的专职人员，拥有教育权力，构成公共责任的主体。所谓教师的公共责任即为教师在开展教育教学活动时，能有效地行使公共权力，感知自身公共责任，勇于维护公共利益。即教师作为责任主体，必须遵循占有和行使多大公共权力、分享多少公共资源、配置多少公共利益，就承担相应的公共责任，积极回应来自赋权者或资源让渡者的责任诉求[②]。为强化教师公共责任，实现公共权力的高效发挥，《意见》确立了"造就党和人民满意的高素质专业化创新型教师队伍"，即新时期教师队伍建设的目标是建立一支以高素质稳基础、以专业化强核心、以创新型谋发展的教师队伍。高素质指较高的综合素质，是对教师队伍的普适性要求。《意见》中将"突出师德"作为教师队伍建设的基本原则，指出把提高教师思想政治素质和职业道德水平摆在首要位置，提倡弘扬高尚师德，引导广大教师以德立身、以德立学、以德施教、以德育德，做到"四个统一"，包括坚持教书与育人相统一、言传与身教相统一、潜心问道与关注社会相统一、学术自由与学术规范相统一。专业化是对教师队伍的岗位适配性要求，是教师的核心竞争力。《意见》明确到2035年，教师综合素质、专业化水平和创新能力大幅提升。《教师专业标准》的基本理念是将学生为本列为根本要求，以师德为先、能力为重作为支撑，要求终身学习作为教师专业发展的保障。创新型是对教师队伍的时代性要求，是促使教师追求卓越的要求。创新型教师包括创新意识、创新能力和创新行动。创新意识蕴含着认同创新文化、具有创新精神；创新能力确立了掌握创新知识、掌握创新方法、具备创新思维；创新行动规定了开展教学研究、推进教学改革、培育创新人才的基本要求。

---

① 米勒,波格丹诺.布莱克维尔政治学百科全书[M].邓正来,译.北京:中国政法大学出版社,1992:653–654.

② 王俊,骆威.公共责任的多面体——大学基金会的复合性公共责任的困境及其改善[J].甘肃行政学院学报,2017(4):61–73,129.

（三）加强教师队伍的民生担当

教育是国计，又是民生。十七大指出"教育是民族振兴的基石，教育公平是社会公平的重要基础"。十九大进一步强调增进民生福祉，确保"学有所教"。教育不仅对人的身心成长发展有正向影响，还与个体就业、收入、地位获得息息相关。教育影响着个人生活幸福的获取。教师是教育活动的主体之一，以教师队伍提升为关键，不断促进人的全面发展、全体人民共同富裕。因此，加强教师队伍建设，促进民生工程的实施，必须加强教师职业在民生建设中的责任和担当。

首先，确保教师职业道德水平，将师德建设列入首位。实施师德养成教育全面推进行动，坚持将师德教育摆首位，提升教师职业精神。研制出台在教师培养培训中加强师德教育的文件和师德修养教师培训课程指导标准，将师德教育贯穿教师教育全过程。

其次，创建教师队伍建设模式，支撑公平而有质量的教育。实施以卓越教师培养计划重示范引领，以师范生公费教育制度重促公平的新模式。开展教师教育改革实验区建设行动。支持建设一批由地方政府统筹，教育、发展改革、财政、人力资源和社会保障等部门密切配合，高校与中小学协同开展教师培养培训、职前与职后相互衔接的教师教育改革实验区，带动区域教师教育综合改革，全面提升教师培养培训质量。采取到岗退费或公费培养、定向培养等方式，吸引优秀青年踊跃报考师范院校和师范专业。深入实施"卓越教师培养计划"，建设一流师范院校和一流师范专业，分类推进教师培养模式改革。推动实践导向的教师教育课程内容改革和以师范生为中心的教学方法变革。

健全农村教师培养制度①

党的十七大提出，要加强教师队伍建设，重点提高农村教师素质。党的十七届三中全会进一步指出，要"保障和改善农村教师工资待遇和工作条件，健全农村教师培养培训制度，提高教师素质"。其中，全农村教师培养培训制度是从根本上加强农村教师队伍建设，提高农村教育质量的制度保障，必须抓紧抓好。应当说，新中国成立以来建立起的农村教师培养制度曾为我国农村教师队伍建设提供了有力的制度保障，对农村教育的普及与发展作出了巨大贡献。这一制度具有以下特点：师范教育由政府举办，培养农村教师被列入政府计划；师范院校在培养农村教师上得到一系列政策性保障，如政府为师范生提供助学金，定向招生和分配到农村学校任教。然而，自20世纪90年代以来，农村教师培养制度出现了一些新的问题，严重影响到农村教师队伍的建设和农村地区教育质量的提高。

一是师范院校毕业生难以进入农村教师队伍。从2001年起，我国农村义务教育开始实行"以县为主"的新体制。由于财力不足，一些地方的农村教师工资出现拖欠现象，纷纷关闭教师入编通道。2005年，义务教育建立以中央财政为主的经费保障机制，但教师编制管理及工资发放主要由地方政府负责，仍受制于县级财政。不少经济欠发达的县为压缩财政支出，有编不补，宁愿低薪聘用代课教师或合并班级，也不愿接收师范毕业生。这就使得农村教育对教师的需求既被阻隔在计划（入编）之外，也没有纳入教师人才市场调节，从而导致"缺师资"与"进不去"的矛盾日益突出。

二是师范院校毕业生不愿去农村任教。在"进不去"的同时，由于利益得不到应有保障，师范院校毕业生还普遍存在着"不愿去"的现象。长期以来城乡二元结构导致的城乡差别，在农村教师身上表现得尤为集中和突出。近年来国家出台的"两免一补"等政策，其受益主体主要是受教育者一方——农民和

---

① 本节原载于《求是》2010年第10期。

农村中小学生，而教育者——农村教师非但没有受益，实际利益反而有所下降，因为主要由县级财政承担的教师基本工资虽然有了保障，但由单位自筹的工资部分普遍没有着落。在农村教师待遇偏低，城乡教师同工不同酬的背景下，师范生到农村任教的积极性自然大打折扣。

三是师范院校普遍存在"师范不师"的现象。20世纪末，我国师范教育开始转型。随着师范教育由封闭走向开放，师范院校由面向行政区域和政府办学转而面向市场办学，原先为培养农村教师而设立的一系列保护性政策相继被取消。为谋求生存和发展，师范院校纷纷改办一些经济回报高、就业门路好的学科专业，而那些为农村教育服务的专业虽有很强的公益性，却因经济效益低、就业率不高、社会吸引力不强而被边缘化了。师范教育的这场变革还使得师范院校被置于与非师范院校同样的竞争和发展环境中。师范院校要与其他类型的高校争夺社会资源、学术资源，就必须淡化师范特色谋求办学层次升格，加强非师范的学位点和重点学科建设。这种"大学偏好"与培养农村教师需要面向基层、面向实践、注重应用之间的冲突，导致很多师范院校在发展定位、资源配置和人才培养上表现出"去师范化"的倾向。

四是师范教育存在越来越明显地疏离农村的倾向。这次师范教育的转型还带有一种典型的"城市偏好"。随着三级师范向二级师范的过渡，原先与农村教育联系最密切的中等师范学校，在短短几年迅速淡出农村教师培养制度体系。师范院校布局由县城（部分中师还设在乡村）、地级市为主，迅速向地级市及以上的中心城市集中。对于农村教育来说，这无疑是一种疏离。无论是师范院校的基础设施、校园文化建设，还是师生的价值观念、生活方式和学生的就业目标，都存在明显的"去农村化"取向。

在新形势下，健全农村教师培养制度的核心，是合理调节这一制度的相关主体——政府、市场、师范院校与师范生之间的利益关系，并进行相应的制度设计与安排。

一是把农村教师培养制度纳入农村公共服务制度体系。目前农村教师岗位还不具备与其他职业以及城镇教师同等的职业竞争力，不应完全纳入市场调节，而应强化政府及公共财政的主导功能，通过公共财政给予专项支持和扶持。如：实行师范院校定向招生和委托培养；扩大师范生免费教育规模，建立公费师范生教育体系；对服务农村教育的师范院校进行专项、定向投入，以增强师范院校的公益性，引导和促进师范院校加强与农村教师培养直接相关的学科专业和课程建设等。

二是利用利益杠杆调动师范生服务农村教育的积极性。目前正在实施的"农村义务教育阶段学校教师特设岗位计划""农村学校教育硕士师资培养计划"，就是政府主导功能与市场合理介入相结合，引导师范生服务农村教育的有效形式。当然，最根本的是要"保障和改善农村教师工资待遇和工作条件"，使农村教师成为各项惠农政策及促进教育公平政策的利益主体，实现城乡教师待遇均衡化，并由同步增长转向优先增长。

三是建立和完善合理的农村教师退出、补充与流动机制。据统计，20世纪80年代中期以来共有200多万民办教师转为公办。然而，终身制、铁饭碗的教师人事制度使"民转公"教师获得教师编制和岗位后，不论称职与否，直到法定年龄才能退休。这是当前农村教师队伍老化、僵化，不合格教师"出不去"而师范毕业生"进不来"的重要历史原因和体制原因。当下重要的是要建立科学合理的制度，使不合格教师能够退出或转岗。与此同时，按照城乡统筹发展的思路，创新农村教师补充和流动机制，使师范毕业生进得去、干得好、流得动。要实现这一设想，我们建议：第一，进一步扩大师范生免费教育规模，结合"农村义务教育阶段学校教师特设岗位计划""农村学校教育硕士师资培养计划"，通过政府购买岗位和服务期的方式为农村输送高水平的新教师。这是新一代农村教师队伍的有生力量。第二，政府通过与师范院校签订委托合同，从"老少边穷"地区定向招收高中毕业生，或选招现任代课教师委托定向培养一批本土化教师等途径，打造新一代农村教师队伍的基本班底。第三，发挥教师人才市场的调节功能，安排一定编制面向社会公开招选一批具有相关专业背景的大学毕业生和其他社会人员，到农村学校完成一定时间的教育服务。这是造就新一代农村教师队伍的辅助途径。第四，改变以城市为中心的教师队伍建设思路，由单纯限制农村教师流动和"支教式"的城乡教师交流，拓展为城乡教师双向交流，并通过限期服务、待遇优惠和绩效考核等政策措施，进一步完善城乡教师交流制度。

新中国农村教师培养制度：历史、现状与未来①

中国师范教育制度自建立以来，虽历经独立与开放、公费与自费、师范性与学术性、面向中小学与向综合大学看齐的论争与流变，但始终面临一个问题：如何为农村培养与输送教师进行制度安排。20世纪20年代，乡村师范教育运动承载着一批社会改良主义者的政治热情和教育理想；在此推动下，1932年《师范教育法》正式确立乡村师范教育在学制中的地位。新中国成立后，农村教师培养制度不断建立和完备，成为我国师范教育体系的重要部分及农村教育普及和发展的重要支撑。进入20世纪90年代，随着计划经济向市场经济转轨，师范教育向教师教育转型，新的制度环境使原先行之有效的农村教师培养制度渐趋失灵。农村教师队伍出现数量不足，结构失调，素质偏低，流失、老化严重等问题。教师素质问题成为农村教育的严重短板，教师素质城乡差距已构成对教育公平和社会公平的严峻挑战。

近年来，农村教师队伍建设已由单一的定向培养和计划分配的增量模式，转变为组织城市教师到农村支教、城镇教师定期到农村任教、师范生到农村实习支教的存量模式；同时，辅之以一定的增量改革，如师范生免费教育试点，实施"农村义务教育阶段学校教师特设岗位计划""农村学校教育硕士师资培养计划"等。十七届三中全会通过的《中共中央关于推进农村改革发展若干重大问题的决定》（以下简称《决定》）提出：保障和改善农村教师工资待遇和工作条件，健全农村教师培养培训制度，提高教师素质。健全城乡教师交流机制，继续选派城市教师下乡支教。其中，健全农村教师培养培训制度，是从根本上加强农村教师队伍建设，提高教师素质，促进城乡教育公平的制度保障。本节基于新中国农村教师培养制度变迁的历程回顾与现状分析，提出新时期农村教师培养制度创新的对策。

---

① 本节原载于《高等教育研究》2009年第10期。

一、新中国农村教师培养制度变迁历程

新中国成立后的第一次全国教育工作会议提出，教育应该以工农为主体，应该特别着重于工农大众的文化教育、政治教育和技术教育。会议估算，随着全国儿童及青年的初等教育、中等教育和工农教育大规模的迅速发展，今后五年内，估计全国至少需要增加小学教师100万人，工农教育教师15万～20万人，中等学校教师13万人，幼儿教育教师至少数万人，高等学校教师1万多人。会议确立为培养百万人民教师而奋斗的目标，要求每一大行政区至少建立一所健全的师范学院，以培养高级中学教师；各省、市原则上设立一所师范专科学校，以培养初级中学教师，并对中等师范教育面向农村和服务工农提出具体要求；师范学校学生一律享受人民助学金。此后，为适应初等教育尤其是农村初等教育大发展，在积极发展师范院校的同时，教师短训班发展迅速，1952年师范学校招生26.2万余人，其中短训班学员达17万人，占招生总数65%。对此，第二次全国教育工作会议决定，纠正这一"脱离实际和盲目冒进的倾向"，停止短训班招生，有计划地发展师范学校，以提高小学教育质量。接下来几年，在"整顿巩固、重点发展、提高质量、稳步前进"方针指引下，师范教育在国民经济"一五"计划期间出现良好的发展局面。

针对1958年教育"大跃进"及师范院校膨胀现象，1961年中央提出"调控、巩固、充实、提高"的方针。教育部召开全国师范教育工作会议，要求师范教育要重视农村的特点，适应农村的要求；在教学内容和教学时间的安排上，应该适当结合农村工作和农业生产的需要；农村师范学校应该向学生多讲授一些农业生产知识和党对农村工作的各项重要政策。师范生在农村当教师，就要成为农村的知识分子，在教学之外，还要接近农村生活，对农村有所贡献，成为对农村有用的知识分子。1963年，教育部发出《关于改进中等专业学校招生工作和毕业生分配工作的意见》，规定师范学校除招收初中毕业生外，可以采取保送和考试相结合的办法，招收经过生产劳动锻炼的初中毕业生和具有同等学力的青年，毕业后回到原公社任教，即"社来社去"。此后，各级师范教育在面向工农、服务工农的思想指引下，涌现很多好的典型。1964年，根据刘少奇同

志"两种教育制度、两种劳动制度"指示和中央文件精神，各地积极试办和推广半耕半读师范，妥善安排教学与生产，提高教育质量。直到"文革"开始前，绝大多数师范院校为农村服务的办学方向明确、坚定，培养了大批胜任农村教育工作又能参与农村经济文化建设，受广大农民信赖和欢迎的农村教师。

1978年开始，师范教育拨乱反正、恢复整顿，逐步走上正轨。1980年全国师范教育工作会议提出，要建立一个健全的师范教育体系，要求中等师范学校面向农村、面向小学，师范专科学校也要为地方教育事业服务，为本地区初级中学培养合格师资。1983年教育部《关于中等师范学校招生工作的通知》要求：为解决农村特别是山区、边远地区缺乏教师的问题，各地可安排一定的指标，按照定向招生、定向分配的原则，从农村、边远地区招生。同年5月，《中共中央、国务院关于加强和改革农村学校教育若干问题的通知》指出：建设一支稳定、合格的教师队伍，是办好农村学校的关键。要根据加强和改革农村学校教育的需要，制定师范教育的发展规划。在课程设置、教学内容、教学方法等方面逐步加以改革。高等师范学院应适当放宽专业口径，增强对农村教育工作的适应性。有条件的高师院校，还要增设一些农村教育所急需的专业。1986年3月，国家教育委员会《关于加强和发展师范教育的意见》提出，坚持定向招生、提前录取，根据需要扩大师范院校在边远地区和少数民族地区定向招生的比例；要求高等师范院校应适当调整专业设置，加强和发展短线专业，三年制师专和四年制本科专业可实行适合农村中学需要的主辅修制和双学科制。

1989年，国家教育委员会在石家庄召开全国师范专科学校工作会议，提出要适应"三教统筹""农科教结合"的农村教育新形势，努力为农村初中培养合格教师，应当成为师范专科学校的主要任务。会议推广了四川乐山师范专科学校通过"主辅修制""校县结合、双向育人"，培养"热爱农村，志在山乡、德才兼备，一专多能"农村教师的办学经验。1993年，国家教育委员会总结交流师范专科学校为普及九年义务教育服务特别是为普及农村九年义务教育服务、培养合格初中教师的经验，进一步明确师范专科学校必须坚持为基础教育特别是农村基础教育所需要的合格师资服务的办学方向。到1999年，全国共有独立设置的高等师范院校209所，中等师范学校683所。从1980年到1999年，高等、中等师范学校共培养了740万毕业生。到1999年底，全国小学、初中、高中教师学历合格率分别达到95.90%、85.63%、65.85%[①]。

综观而言，新中国成立后的农村教师培养制度是以独立设置的师范院校为主体，以公费作保障，由"初师""中师"向"高师"上延，由培养农村小学教师为主向培养农村中小学教师拓展，并通过定向招生、分配及义务服务期等一系列政策和运行机制来实施的；同时，师范院校也通过专业结构、课程设置、人才培养模式的内部制度不断完善，以适应农村教育对教师的知识、能力和素质要求。这一制度具有以下典型特点：由政府举办，培养农村教师作为政府生产、提供和配置的一种垄断性公共产品；师范院校作为教育系统的嫡系部队，在培养农村教师上得到一系列政策保障，同时在专业及课程设置、教学内容等方面适应农村教育的要求；政府为师范生提供人民助学金，定向招生入学、再分配到农村学校任教，二者构成一次性"买断"关系，师范生由此承载城乡二元体制带来的种种差距。这种强制性制度安排为农村教师培养和输送提供了稳定的保障，也给一些人通过调动、改行、跳槽以求改变农村教师身份和离开农村提供心理动力，成为农村教师流失的制度根源。

二、现阶段农村教师培养制度环境变化及冲突

20世纪90年代，随着市场经济建立、教育体制改革、师范教育向教师教育转型等一系列基础性制度的深刻变革，农村教师培养制度面临新的制度环境，原先的制度安排和制度装置逐步失灵，带来农村教师培养的制度缺失与制度冲突。

（一）农村教师培养制度出现供给与需求的体制断裂

从1985年起，为调动地方政府办学积极性，大力普及九年义务教育，国家实行基础教育"分级负责，分级管理"，农村义务教育事业费和基本建设投资主要是由县、乡、村通过集资和收取教育费附加。2000年税费改革取消了农村教育费附加和教育集资，义务教育多元化投资渠道变为单一的财政投入渠道，而乡镇财力十分薄弱，根本没有多少钱来办义务教育和增加教师编制。2001年农

---

① 金长泽,张贵新.师范教育史[M].海口:海南出版社,2002:265.

村义务教育开始实行"在国务院领导下，由地方政府负责、分级管理、以县为主"的体制，虽然三权回收到县，但经济欠发达的县仍没有足够财力保障义务教育，农村教师工资出现严重拖欠，政府纷纷关闭教师入编通道。2005年，义务教育建立以中央财政为主的经费保障机制，但教师编制管理及工资发放主要还是由地方政府负责，尤其受制于县级财政。很多农村地区尤其是经济欠发达的县为压缩财政支出，有编不补，宁愿低薪聘用代课教师或合并班级，也不愿接收师范毕业生。政府缺位使农村教育对教师的需求既被一些阻隔在计划体制（入编）之外，也没有纳入教师人才市场来进行补充。例如，安徽省政府2004年批准阜阳市中小学教师编制数77969人，但截至2006年年底，该市中小学实际在岗教职工为62867人，编制缺额15102人。有的县缺额多达应配备教师的三分之一左右，如临泉县教职工缺额4985人，达31.6%；农村初中平均班额都在75～82人，有的班学生数逾百。师范毕业生当不上教师，即使到条件艰苦的农村学校任教也是欲进无门；一些学校因教师不足却又不得不聘用代课教师。安徽省中小学代课教师2002年、2003年、2004年、2005年分别为17840、20469、20627和22959人。2008年安徽省对代课教师问题提出了"严禁新增，分类指导，妥善处理，确保稳定"的处理方案，但仍有代课教师19804人。全国的情况也基本相同。到2007年，全国中小学仍有代课人员37.9万人。其中，小学代课人员27.2万人，87.8%以上分布在农村地区。广东、广西、甘肃小学代课人员数量多，超出小学专任教师总数的10%[①]。问题另一面是，长期以来师范院校作为各级教育主管部门的"嫡系部队"，按照下达计划招生、培养，并把毕业生派遣到最需要的地方尤其是农村去任教。但从1997年开始，高等教育推行成本分担、缴费入学和双向选择、自主择业的政策。接下来，师范院校也相继实行并轨招生，原先由国家"全包"的师范专业实行收费上学，师范生由公费转为自费；相应地，师范生服务教育的义务性规定也随之取消，面向农村定向招生和分配政策不复存在，师范生面向市场自主择业。然而，由于教师人才市场并未完全建立和开放化，尤其是广大农村中小学对教师的巨大需求，被地方政府关闭在市场之外。师范院校毕业生"出口难"，师范生面向农村就业"进不去"的矛盾

---

① 国家教育督导团印发国家教育督导报告2008（摘要）［EB/OL］.（2008-12-16）［2024-03-06］.http://news.cctv.com/science/20070617/100837.shtml.

日益突出。2006年辽宁4所师范院校毕业生总数为5088人，但截至2007年6月17日签约率仅为11.9%[①]。政府职能缺位进一步导致市场失灵，农村教师培养制度出现需求与供给的体制断裂。这就出现近年来教育上一个十分突出的矛盾与怪圈：一方面是广大农村中小学缺乏高素质的教师，另一方面却是师范院校大批毕业生不能进入教师岗位。

（二）农村教师培养制度面临相关利益主体之间的利益冲突

农村教师培养制度作为一种制度安排，同样建立在一定的利益分配基础之上。长期以来城乡二元社会结构和体制分割，使传统意义的城乡、工农、体脑差别在农村教师身上表现得更加集中和突出。他们从农村到城市接受师范教育，再回到农村从事教育工作；他们虽成为知识分子，却享受不到城镇教师及其他知识分子的同等待遇。有研究者对全国有关省市抽样调查显示，发生教师流失现象的学校占同类学校的百分比，乡镇初中高达50%，县级高中为40%。近年来，国家出台的各种政策推动农村义务教育均衡化，如义务教育免交学杂费，免费提供教科书，寄宿生补助生活费，加强危房改造和校舍维修，严禁教育"乱收费"。这些政策的利益主体主要是受教育者一方——农民和农村中小学生，而教育者——农村教师非但没有作为利益主体，反而还导致实际利益的下降。因为，虽然公共财政下拨了义务教育事业费和公用经费，但教师工资主要由县级财政承担，基本工资虽然有了保障，但由单位自筹的工资部分普遍没有着落，"三险一金"（医疗保险、养老保险、失业保险和住房公积金）得不到保障。《国家教育督导报告2008（摘要）》披露，全国农村小学、初中教职工人均年工资收入，分别仅相当于城市教职工的68.8%和69.2%。据抽样调查，67.3%的校长反映本校教师尚未纳入社会基本医疗保险，其中55.8%的校长称本校教师既无医疗保险，又不能报销医疗费用；32.8%的教师反映，由于负担不起医药费用而不去医院看病；63.7%的农村教师反映"多年没有"或"从来没有"参加过学校统一组织的体检活动。法律规定的"教师的医疗同当地国家公务员享受同等的待遇；定期对教师进行身体健康检查"未得到完全落实。农村教师住房存在政

[①] 辽宁4所师范院校2006年毕业生签约率仅为11.9%[EB/OL].(2007-06-17)[2024-03-06].http://www.gov.cn/gzdt/2008-12/16/content_1179101.htm.

策盲点，国家现行住房改革政策未能惠及农村中小学教师。农村教师待遇偏低，城乡教师同工不同酬，使师范生到农村任教的利益诉求得不到应有的实现。

与此同时，随着师范教育由封闭走向开放，师范院校在教师培养上的垄断地位被打破，由面向行政区域和政府办学转而面向市场办学，原先为农村培养和输送教师的一系列保护性政策相继取消。据调查，目前除教育部直属师范大学的经费来源主要是财政拨款，学费收入仅占总收入的17.40%，省属师范大学、一般本科师范院校、师专的学费收入分别占全部办学经费的43.59%、50.26%、49.06%。师范院校学费收入占总收入近乎一半，在培养农村教师方面没有得到应有的财政支持和补偿。师范院校作为一个利益主体，为谋求生存和发展，纷纷增办一些经济回报高、就业门路好的学科专业，而那些为农村教育服务的师范类专业虽具有很强的公益性，却因经济效益低、就业率不高、社会吸引力不强，而被弱化甚至取消了。

（三）农村教师培养制度存在"去师范化"和"去农村化"的倾向

就在社会转型及教育体制改革的同时，师范教育也开始了一场深刻的转型性变革。1999年，教育部下发《关于师范院校布局结构调整的几点意见》，推动师范教育由三级师范向二级师范过渡；打破相对封闭独立的师范教育体系，形成开放型教师教育体系；通过实施教师资格制度实现教师补充与人才市场接轨。师范教育这场变革导致一种典型的"围城"现象，即一些非师范院校甚至综合性大学参与教师教育，而许多师范院校纷纷向多科性、综合性转型。师范院校与非师范院校的界限日益模糊，置于同一竞争和发展环境之中。师范院校要与其他类型高校争夺社会资源、学术资源，就必须谋求办学层次升格，加强学位点、重点学科、重点实验室建设，谋求各种高级别课题、项目和国际合作等，因为这些成了衡量学校声誉和办学水平的显性标准。这种"大学偏好"与培养农村教师需要面向基层、面向实践、注重应用之间存在严重的价值冲突，并直接反映到师范院校的学科专业定位、资源分配以及人才培养过程中来，导致一种"去师范化"倾向。2003年，全国师范院校师范类与非师范类在校生之比为66∶34。全国36所师范大学有师范专业801个，非师范专业达到了1039个。其中，非师范专业数超过师范专业数的有25所，占69.4%，两者基本持平有6所，占16.7%，非师范专业数明显少于师范专业数的有4所，占11.1%，完全没有非师范专业的有1所，占2.8%①。

同时，这场转型性变革还带有一种典型的"城市偏好"。随着教师教育由"旧三级"向"新三级"升级，原先向农村教育延伸最深入、辐射最广泛、联系最密切的中等师范教育，在短短几年迅速淡出农村教师培养制度体系。师范院校布局由县城（部分中等师范还设在乡村）、地级市为主，迅速向地级市及以上的中心城市集中。对于农村教育来说，这无疑是一种疏离。无论师范院校的基础设施、校园文化建设，还是师生的价值观念、生活方式和学生的就业目标，都存在"去农村化"取向，从而弱化了服务农村教育的价值观念。

三、新时期农村教师培养制度创新的对策建议

新制度主义认为，制度变迁是制度均衡——非均衡——均衡的过程。原先制度出现的缺失和冲突，需要在新的制度环境下通过制度创新，以促进农村教师培养制度变迁，产生新的制度均衡。诚然，农村教师培养制度是基于一系列基础性制度之上的次级制度安排；换言之，它是在一定的制度环境的框架下进行设计的。十七届三中全会提出，要"统筹城乡基础设施建设和公共服务，全面提高财政保障农村公共事业水平，逐步建立城乡统一的公共服务制度"。这既是对农村教师培养制度创新提出的新要求，也为其提供了新的制度环境和制度资源。按照戴维斯和诺斯的观点，如果（行动团体）预期的净收益超过预期的成本，一项制度安排就会被创新。农村教师培养制度创新的核心，是对农村教师培养制度的相关主体——政府、市场、师范院校与师范生间的利益关系进行制度调整和安排，以实现农村教师培养制度变迁。

（一）把农村教师培养制度纳入农村公共服务制度体系

一方面，面对我国城乡二元结构的社会实际，农村教师还不具有与其他职业甚至城镇教师同等的职业竞争力，完全纳入市场调节只会导致市场失灵。为此，应着力强化政府及公共财政的主导功能，把农村教师培养制度纳入农村公

---

① 张斌贤.论高等师范院校的转型[J].教育研究,2007(5):19-24.

共服务制度体系。诚然，中小学教师资源和教师教育属于公共服务领域，是国家的事业和政府的责任，教师资源的配置不能市场化。政府应将农村教师培养制度纳入"增强高校为农村输送人才和服务能力，办好涉农学科专业"的范畴，通过公共财政给予专项支持和扶持，如实行特殊需求地区的师范院校定向招生和委托培养；进一步扩大师范生免费教育规模，建立公费教师教育体系；革新农村教师培养的经费投入机制，对服务农村教育的师范院校进行专项、定向投入。以此，增强师范院校服务农村教育的公益性与积极性，引导和促进师范院校加强为农村教育服务的学科专业建设、课程建设、实践基地建设，提高人才培养质量。

另一方面，要利用利益杠杆调动师范生服务农村教育的积极性。《决定》指出：鼓励人才到农村第一线工作，对到农村履行服务期的毕业生代偿学费和助学贷款，在研究生招录和教师选聘时优先。目前，中央实施"农村义务教育阶段学校教师特设岗位计划""农村学校教育硕士师资培养计划""大学生志愿服务西部计划"等。这是政府主导功能与市场合理介入相结合，引导师范生服务农村教育的有效形式。

当然，最根本的是要"保障和改善农村教师工资待遇和工作条件"，将农村教师纳入各种惠农政策及促进教育公平政策的受益主体，实现城乡教师待遇均衡化，并由同步增长转向优先增长，农村教师编制及工资应与农村义务教育经费保障新机制实现并轨。

（二）建立和完善合理的农村教师补充、退出和流动机制

农村教师培养制度变迁的一个基础性制度条件，是农村教师补充、退出和流动机制的建立与完善。与"农村人人享有接受良好教育的机会"要求相比，城乡教育在教师队伍上的实质性差距，总体上表现为教师质量的差异，局部或结构性地表现为教师数量和质量的总体差距。据统计，20世纪80年代中期以来共约212万名民办教师转为公办，中等师范学校招收民办教师约71万人。然而，终身制、铁饭碗的教师人事制度使"民转公"后占据教师编制和岗位，直到法定年龄退休，造成制度变迁中的路径依赖。这是当前农村教师老化、僵化、弱化，不合格教师"出不去"而师范毕业生"进不来"重要的历史原因和体制原

因。按照"帕累托改进"的原理，我们既要善待曾对农村教育做过历史贡献的"民转公"教师，更不能贻误怀揣梦想的数以亿计的农村青少年儿童的未来发展，造成新的教育不公平。当下重要的不是用感情而是要通过制度安排来合理解决这一潜在矛盾。首要是打破教师"终身制"和"铁饭碗"，通过提前退养和教师资格再认定，使接近退休的"民转公"教师群体退出，使不合格教师退出教职或实现职业流转。

与此同时，按照城乡统筹发展的思路，创新农村教师补充和流动机制，使师范毕业生进得去、愿意留、干得好、流得动。第一，进一步扩大师范生免费教育，结合"农村义务教育阶段学校教师特设岗位计划""农村学校教育硕士师资培养计划"，通过政府购买岗位和服务期的方式为农村输送高水平的新教师，这是新一代农村教师队伍的有生力量。第二，政府通过与师范院校签订委托合同，从"老少边穷"地区定向招收一定数量和文化程度的高中毕业生，或选招一批有一定文化基础和教学经验的现任代课教师进行委托定向培养，打造新一代农村教师队伍的基本班底。第三，发挥教师人才市场的调节功能，安排一定比例编制面向社会公开招选一批具有相关专业背景的大学毕业生和其他社会人员，到农村学校完成一定的教育服务期。这是造就新一代农村教师队伍的辅助途径。第四，改变以城市为中心的教师队伍建设思路，由单纯的限制农村教师流动和"支教式"的城乡教师交流，拓展为城乡教师双向交流，并通过服务期、待遇优惠和绩效考核等政策措施，进一步完善城乡教师交流制度。

（三）重建农村教师培养制度的体制结构和运行机制

农村教师培养制度中的政府主导作用，并不是要回到计划体制下政府直接的行政干预与包办，而应转变政府教育职能，形成由师范院校提供、政府购买、师范生志愿、农村学校选择、市场介入、主管部门协调统筹的诸方利益均衡的农村教师培养制度框架。政府应根据国民经济发展、人口数量与流动、教育发展等特点和趋势，加强对农村教师培养的宏观规划与政策调节，制定农村教师培养的规划目标、质量标准、评价体系，形成农村教师培养制度的基本框架和体制机制。在发挥公共财政的主导作用的同时，政府应协调市场、师范院校以及师范生在农村教师培养制度中的利益关系，适应市场经济下制度环境的变化特点。政府可改变拨款方式，通过政府招标和采购服务的方式，从师范院校购买农村教师培养制度产品，以激励师范院校调整人才培养目标、模式，增强师范院校参与农村教师培养的积极性，提高人才培养质量；建立一定的优惠政策、保障措施等激励性制度和义务、责任等相应的制约性制度，通过师范生志愿、农村学校选择和主管部门协调统筹，来实现农村教师培养制度的社会交换。

（四）合理选择农村教师培养制度变迁的实现方式

应当说，制度变迁方式的选择不是单向度的，而应通过不同向度的合理组合，形成具有综合效应的制度变迁模式，可以形成激进式强制性制度变迁的组合模式、渐进式强制性制度变迁的组合模式、激进式需求诱致性制度变迁的组合模式、渐进式需求诱致性制度变迁的组合模式[①]。目前我国实施的免费师范教育试点和农村教师"特岗计划"等，都属于渐进式强制性制度变迁模式，体现了政府主导的自上而下改革思路，无论经费提供还是管理体制都集中在中央一级，制度运行链条过长，制度成本高。中国是一个幅员辽阔的国家，各地区之间的资源禀赋不同，社会环境和教育发展的制度环境各不一样。针对面广量大、情况和需要差异都很大的各地农村教育对教师的实际需求，应当发挥省级政府在农村教师培养制度运行中的积极性，扩大省级政府的制度供给，避免中央和地方利益博弈而造成的责任推诿，降低制度效率。为此，应吸收诱致性制度变迁的某些因素，立足各地农村教育发展对教师队伍的实际需要，充分尊重地方政府、师范院校、师范生的利益需求，实现农村教师培养制度变迁方式的转变。

---

① 付泳,郭龙,李珂.新制度经济学[M].兰州:兰州大学出版社,2008:102-105.

义务教育教师绩效工资政策执行：难为与可为①

义务教育教师绩效工资政策由2009年实施至今已逾十载，在完善教师工资制度、建立教学激励机制等方面取得了诸多良效，但与理想化的政策愿景仍相去甚远。2018年，国务院办公厅《关于进一步调整优化结构提高教育经费使用效益的意见》指出："力争用三年时间解决义务教育阶段教师工资待遇问题。"②因此，突破义务教育教师绩效工资政策执行困境，具有现实的必要性与迫切性，是我国义务教育教师工资政策改革需尽快蹚过的"深水区"。本节拟以史密斯政策执行模型为框架，分析义务教育教师绩效工资政策的执行困境，并尝试为该政策的可持续执行提出相应的纾解对策。

一、义务教育教师绩效工资政策执行的分析框架

政策执行是指政策执行者建立组织机构，采取解释、宣传、实验等各种行为并运用一定的政策资源，将政策规定付诸实施的动态过程③。20世纪70年代，西方国家兴起"政策执行运动"，美国学者史密斯（T.B.Smith）在分析政策执行影响因素及其互动关系的基础上，率先构建了政策执行的过程模型。他认为，考察政策执行影响因素时不应仅局限于政策本身，还涉及政府机构、利益集团以及受政策直接影响的个体或团体。史密斯将这些因素归纳为四个方面：一是理想化的政策（Idealized poficy），是指决策者企图诱导达到的理想化效果，涉及政策本身的合理性、明确性与可行性；二是执行机构（（Implementation agency），是指负责政策执行的具体单位，包括执行人员的素养、执行方式等；三是目标群体（Target group），指的是受政策直接影响的对象；四是执行环境（Environmental

---

① 本节原载于《当代教育科学》2020年第10期，与李梅、王清涛合作。

② 国务院办公厅关于进一步调整优化结构提高教育经费使用效益的意见[EB/OL].(2018-08-27)[2020-04-20].http://www.gov.cn/zhengce/content/2018-08/27/content_5316874.htm.

③ 褚宏启.教育政策学[M].北京:北京师范大学出版社,2011:199.

factors），包括政治、经济、文化等各方面①。史密斯认为，政策执行是一种使社会产生"紧张"（tension）的力量，而这种"紧张"正存在于上述四个影响因素的互动之中。当这种"紧张"产生时便需要对其进行"处理"，通过"建制"进而"反馈"到政策制定过程，从而为政策再制定提供依据，这就形成了一个政策制定到政策执行再回归到政策制定的循环机制。由此可见，史密斯政策执行过程模型拓宽了政策执行研究的视野，为公共政策执行研究提供了更为系统的视角。

　　教育政策隶属于公共政策范畴，是公共政策在教育领域的具体表现。因此，史密斯政策执行过程模型为审视当下我国义务教育教师绩效工资政策执行提供了可借鉴的分析视角。目前，有关义务教育教师绩效工资政策的研究多从不同角度阐释其执行现状，但较少运用完整、严密的分析模型。合理适切的分析模型有助于将政策执行中遇到的繁多复杂、混乱无序的多重因素得到归整，从而清晰全面地把握政策实施现状，也易于研究者从广度与深度上对问题进行精准剖析，进而为突破政策执行困境提供有益的路径指向。因此，借助研究公共政策执行的史密斯过程模型，审视当下我国义务教育教师绩效工资政策的执行现状，具有理论解释的适用性与现实的必要性。以史密斯政策执行模型观之，理想化政策、执行机构、目标群体、执行环境四大因素是致使义务教育教师绩效工资政策执行陷入困境的根源所在。本研究在史密斯政策执行模型的基础上，结合义务教育教师绩效工资政策的本土实施，构建了义务教育教师绩效工资政策执行模型，如图1所示。

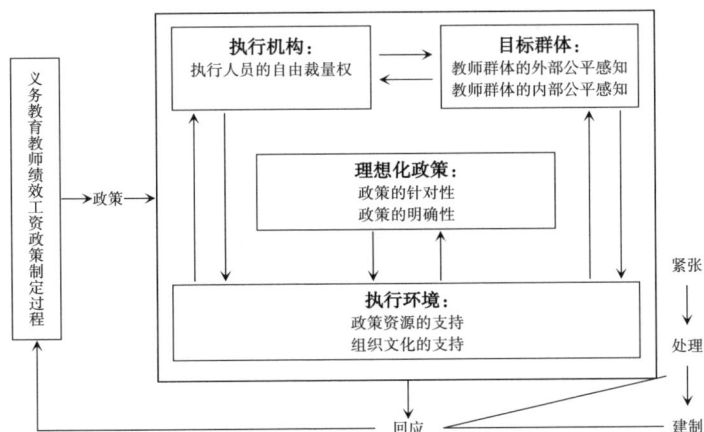

图1　义务教育教师绩效工资政策执行的分析框架

---

① 陈庆云.公共政策分析[M].北京:北京大学出版社,2006:169.

二、义务教育教师绩效工资政策执行困境分析

（一）理想化政策科学性缺损

理想化政策是政策执行的依据和目标，"高质量的政策可能会使政策执行顺畅而有效，质量较差的政策却会使执行者处于两难境地，执行结果与政策目标偏差较大"[①]，政策本身的科学性在根源上影响着政策执行效果。

一方面，义务教育教师绩效工资政策理念与教师职业特性存在冲突。将企业管理领域的绩效工资制度引入教育领域必定要符合教育的特性，否则就容易引发"水土不服"。因为不同于企业员工的工作产出，教师的劳动成果具有长期性、内隐性、合作性的特点，这使得教师的劳动成果难以量化成外显的指标。但在具体的考核过程中，许多学校往往采用赋分的形式考核教师的行为，将内隐的师德等要素外显为一定的量化指标，这不仅无法保证赋分标准的可靠性与考核的全面性，也受到执行人员主观性的影响，从而使教师绩效考核面临着信度与效度的考验。另外，绩效工资金钱激励的导向一定程度上会遮蔽教师的德性追求。绩效工资就好比与教师签订了"如果你做了X，我们以Y的形式奖励你"的合约[②]，教师只要完成了合约规定的内容就会获得相应的奖励。换言之，合约上未规定的内容，教师则可以选择性而为之。因此，合约在一定意义上就是教师的行动指南。当经济激励作为一种外部激励制度被不断强化时，会使教师追求自身发展并促进学生进步的内在动机受到排挤，从而选择"为考核而教"的行动策略，这不利于教师职业理想的树立与更进。

另一方面，义务教育教师绩效工资政策明确性不足。政策的具体明确性是政策执行有效的关键所在，是政策执行者行动的依据，也是对政策执行进行评估和控制的基础[③]。义务教育教师绩效工资政策作为一项"自上而下"推行的政

---

① 袁振国.教育政策学[M].南京:江苏教育出版社,2000:288.

② 麦克米金.教育发展的激励理论[M].武向荣,译.北京:北京师范大学出版社,2008:52.

③ 陈振明.政策科学——公共政策分析导论[M].2版.北京:中国人民大学出版社,2003:291.

策，若缺乏明确的职责划分与具体的标准规约，将会造成执行无序、无为的情况。从经费安排上来看，绩效工资政策将教师工资全额纳入财政预算，使教师工资拥有了坚实的财政支持，并且在管理上采取以县为主，经费省级统筹、中央适当支持的原则。但是，由于对中央、省级、县级应当担负的职责比例未进行明确划分，必然导致各级政府权责不明，削弱了政策执行的资金保障，限制了政策执行的精准度。从考核标准来看，人力资源和社会保障部、财政部、教育部《关于义务教育学校实施绩效工资的指导意见》规定，奖励性工资由各中小学自主制定考核方案，以实际考核到的教师表现为依据进行发放。教育部《关于做好义务教育学校教师绩效考核工作的指导意见》（以下简称《考核指导意见》）也列举需要考核到的诸如师德、班主任工作等各个方面，但仅是笼统的规定，未提供明确的指导细则，只会导致中小学在制定与实施考核方案时无本可依，最终往往采取"观望式"的工作方法。

（二）执行机构自由裁量权监管失效

在义务教育教师绩效工资政策执行过程中，执行机构是将政策蓝图转化为政策实践的主体。各义务教育学校处于绩效工资政策"委托—代理"链的末端，担负着将政策落到实处的重任，在受到上一级行政机构约束的同时，也获得一定的自由裁量权。诚然，在各级执行机构信息不对称的情况下，若对基层的裁量权缺乏有效监管，很容易导致政策的走样。这不仅表现为借裁量权实现自身利益最大化，还表现在执行机构的不作为。

在义务教育教师绩效工资政策执行中，制定与执行绩效考核方案的裁量权掌握在学校管理层手中，同时，他们也是绩效考核的目标群体之一。换言之，学校管理层在绩效考核中既是"裁判员"又是"运动员"，既是公共利益的分配者，也是个人利益的追求者。双重身份使得执行人员进行政策再制定时具备了政策变通的资本。一项普遍政策得以贯彻到什么程度，通常取决于官僚对它的解释，以及取决于他们实施该项政策的兴致和效率。基层的执行者若"以权谋利"，以自我利益最大化为前提来解释政策，必然会使目标群体的利益受损。《考核指导意见》明确规定，绩效考核要向一线教师、班主任等为教学做出实际贡献的人员倾斜①。此外，学校作为特殊的社会组织，学校的人际关系中隐匿着"差序格局"。在这种情况下，"关系""圈子"亦成为影响绩效工资分配的因素之一。再者，义务教育教师绩效工资政策旨在打破传统的"干多干少一个样""干好干坏一个样"的僵局。但在具体执行中依旧存在着隐匿的"平均主义"现象。政策执行者或是为缓和学校教师之间的人际关系，或是出于分配的便利，往往会将奖励性工资平均分配，使得绩效工资"无效"。

（三）目标群体认同感缺失

目标群体是政策的直接影响者，若目标群体接受并支持政策，可增加政策执行的顺畅程度与反馈程度，反之，则会使政策推行遭遇重重阻碍。伴随着义务教育教师绩效工资政策的推进，在教师群体眼中，"绩效工资"已然成为一个"负面"或"无意义"的词语。调查发现，教师群体对该政策的认可度较低②。根据亚当斯（J. S.Adams）的公平理论（Equity theory），当员工将自己的付出和所得之间的比率与其所选定的参照对象的薪酬比率进行比较时，若二者比率相同，则获得相应的公平感；反之，则缺失公平感，进而导致心理失衡③。人的公平感可分为外部公平与内部公平。外部公平指的是横向比较之下产生的公平感知，是员工自己的付出和所得的报酬与参照对象的所得进行比较时产生的公平感；内部公平是纵向的比较，即自己进步的效益。在义务教育教师绩效工资政策执行过程中，公平感的存在至关重要，让教师感到自己的付出得到了应有的回报，将会有效增加他们对义务教育教师绩效工资政策的认同。

从横向看，"教师的平均工资水平应不低于当地公务员平均工资水平"，是提高教师工资待遇长久以来的政策话语，但至今仍难以完全实现。史密斯指出，以往政策执行的效果会影响到目标群体对政策的接纳度，除与公务员工资之间的差距引发教师的不公平感之外，地区、城乡、学校内部教师与教师、教师与

---

① 教育部关于做好义务教育学校教师绩效考核工作的指导意见[EB/OL].(2008-12-31)[2020-04-20].http://www.moe.gov.cn/srcsite/A04/s7051/200812/t20081231_180682.html.

② 姚翔，刘亚荣.义务教育教师绩效工资政策执行现状及其治理——基于29省市教育局长和督学的调查[J].现代教育管理,2018(8):86-91.

③ 赵德成.绩效工资如何设计才能有效激励教师——基于心理学理论的分析[J].田中国教育学刊,2010(6):32-35.

行政人员之间的工资差距也会降低教师群体的公平感。由于绩效工资没有统一的标准，在执行时会受到当地经济水平的影响，因此区域经济发展水平差异导致教师绩效工资差距普遍存在。同时，政策执行过程中的"变通行为"也会使青年教师与老教师之间、主科教师与副科教师之间以及行政人员与一般教师之间出现不合理的人为差距。从纵向来看，义务教育教师绩效工资政策的目标之一在于激励教师提升自己的专业水平。但当教师付出努力之后，仍未达到自己的理想工资时，教师大多会归因于外部因素，而缺少对自我努力程度的反思。甚至有教师认为，所谓的绩效工资就是"官效工资"，不仅没有提高自己的工资待遇，反而是有损于自身利益的政策工具，对义务教育教师绩效工资政策产生极度的消极认知。

（四）执行环境支持力虚脱

任何政策的顺畅执行都离不开相应环境的支持，可以把环境因素想象成一个约束通道，政策的执行必须通过这个通道，不同的文化、社会、政治和经济状况可能对不同的政策起着支配作用。自义务教育教师绩效工资政策实行以来，从整体设计到微观实施，已经形成了较为完备的政策执行体系。但在现实中，仍然存在着部分配套制度缺位的问题。首先，资金保障是绩效工资政策得以顺畅执行的必要前提。虽然国家近几年来一直增加教育经费投入，并加大对财政薄弱地区的转移支付力度，但教育经费使用的精准度欠缺，各地教师工资的差距依旧悬殊。在基本工资无法保障的情况下，实行绩效工资更是一纸空文。除此之外，相较于欧美发达国家，我国义务教育教师绩效工资来源单一，主要依靠国家财政，未充分发挥其他社会组织的支持力量。其次，绩效工资考核过程中缺乏必要的指导、培训机制，使得各中小学校对绩效工资政策的执行缺少评判依据，教师缺乏清晰的认识，当理解不深入时，必然会使得政策执行产生偏差。最后，政策执行过程中缺少监督与反馈机制，使得绩效考核出现"内卷化"现象。加之，学校领导层具有充足的自由裁量权，使得政策执行的偏离更具隐秘性，最终导致义务教育教师绩效工资政策执行失真或失效。并且义务教育教师绩效工资政策缺乏与组织文化的融通，这也会使得非正式制度对政策执行带来消极影响。

三、义务教育教师绩效工资政策执行困境的纾解

（一）优化顶层设计，提升义务教育教师绩效工资政策的科学性

政策本身对政策的后续执行具有先决性的影响。同时，政策执行亦是优化政策设计的助推器。对于义务教育教师绩效工资政策执行而言，一方面，需要建立合理的经费管理制度。长期以来，"以县为主"的经费管理体制无法从根本上保证教师工资的按时发放。若基础性工资无力支付，又何谈奖励性工资的有效实施？为此，在加大中央转移支付的力度，保障少数偏远地区教师绩效工资经费来源的同时，需逐步探索并建立由省级进行教师工资统筹的机制，为义务教育教师绩效工资政策的有效实施提供强有力的财政保障。省级财政是中央与县级政府的连接，在信息搜集与回馈上具有二者所不具备的宏观指导性与微观精准性，且比县级政府具有较强的财政实力，可针对不同县域的实际情况进行统筹规划，保障经费的有效供给。与此同时，需建立起配套的经费监管机制，从而规避政策执行过程中因信息不完全而带来的潜在风险。另一方面，需进一步调整绩效工资比例，在保证教师基本工资待遇的基础上，使绩效工资的激励作用得到最优化发挥。应根据各地教师的数量、年龄、职称、性别等因素进行多元化的方案设计，并在此基础上总结有效经验加以利用，并建立与教师绩效工资相关联的动态考评机制。

（二）落实主体责任，确保义务教育教师绩效工资政策的执行力

在绩效工资政策执行的"委托—代理"链中，各主体应当负起各自的职责，将政策实事求是地落实到位，才能有效发挥出相应的政策价值。第一，要设置独立的监管机构，对执行人员的素质、执行方式的公平和考核结果的有效利用加以监督，提升政策执行的理性自觉，营造良好的政策执行生态环境。同时，加强反馈机制的形成，将考核的结果反馈给目标群体，使其知不足而后改进，并且要加强考核的透明公开，提升绩效工资政策的信服度。第二，各地区、各学校应探索出适合的绩效考核方案，在实行的过程中不断改进。对于绩效的考

核，不仅要关注到教师工作的"量"，更要关注"质"，不可陷入"绩效主义"。第三，应以教师职业的特殊性为前提，采用多元化的考核方式，发挥绩效工资制度的实质作用。具体来说，可将绩效考核与教师的职业发展建立更多元化的联系。在考核时设置一定的周期，考核的内容不仅是显于外的工作量，也要关注到隐于内的教师与学生成长，可将学生和家长的评价作为参考。这既可以使得考核内容更加全面真实，也有利于及时收到学生和家长的反馈，为以后的教学计划提供保障，便于设计更加合理的教学方案，对学生的成长和教师的发展都可以起到很大的作用。此外，在绩效考核的结果奖励时除了利用工资，还可与教师的荣誉、职称等相结合，提升教师的自豪感和自信心，从而提高其工作积极性。对整体教师而言，这无疑是对教师职业的赞美和敬意；对教师自身来说，这是对个人工作的认可和褒扬，既可以增加教师的集体荣誉感，也会在教师之间形成良性的竞争氛围。

（三）立足教师发展，强化义务教育教师绩效工资政策的民主参与

义务教育教师绩效工资政策执行困境是公共利益与个人利益、长久利益与短期利益、整体利益与局部利益出现矛盾的结果。发挥学校绩效考核的发展功能，不仅要促进教师个体的发展，更要促进教师学习共同体的形成。这是由于教师劳动是个体性劳动和集体性劳动相结合的过程，因而必须在绩效考核中融入部分团体绩效标准，从而树立相互协作的意识。同时在绩效考核过程中要有一个民主的程序，使政策执行更具制度伦理的保障，使教师能切实地参与其中并能表达自己的意见与需求。从教师自身的发展出发，提升教师的话语权，使绩效工资制度能够切实为广大教师带来益处。绩效工资政策的民主参与，有利于考核内容的公开透明化，所有教师都有着监督和发表意见的权利。考核制度的公平公开化，意味着教师对绩效工资政策的认可程度大大提高，教师自身的发展也有了一定保障。

在考核过程中，应改变僵化的考评体制，对于不同年龄阶段的教师可采用灵活的标准。对于老龄教师可以从精神层面的奖励出发，设计相关的考核标准；对于青年教师，可以更多地与其职业生涯发展相挂钩，提升工作积极性。考核内容的个性化，对于新老教师都可以发挥出相应的激励作用，奖励制度也会因

此变得更有意义，可以带动新老教师的教学积极性和主动创造力。

（四）加强政策宣传，释放义务教育教师绩效工资政策的感召力

政策执行是一项系统工程，需要相应配套措施的有力支撑。这些配套措施除了硬性的机制体制之外，还包括柔性的组织文化重构与认同。为此，需要加大政策宣传力度，使执行机构与目标群体切实理解政策目标与执行环节，从而在理解的基础上产生认同感。

首先，要提升目标群体的职业信念与道德，明确提升教学效能是实现自身专业发展的重要内容，从而在强化内部动机的基础上辅之以外部激励。其次，需要在学校内部构建"崇尚良性竞争"的学校共同体，树立组织发展的长远目标，将教师个人的进步与学校的发展相联系。在绩效考核过程中，使个人绩效与集体绩效相融通，提升绩效考核的全面性，彰显出个人利益与群体利益的相关性，营造良性竞争、合作共赢的组织文化。最后，明确义务教育教师绩效工资政策的实际效用。若想仅仅依靠绩效工资缩小教师工资差距，仍需要许多配套措施加以辅助，因此需正视绩效工资的作用并以发展的眼光看待政策。学校应帮助教师理解绩效政策的真正内核，加强教师对政策的接纳度和认同感，以达到义务教育教师绩效工资政策全面落实的目的。

示范性高中教师队伍建设的问题与对策[①]

1994年《国务院关于〈中国教育改革和发展纲要〉的实施意见》提出在全国重点建设1000所左右实验性、示范性高中，2001年《国务院关于基础教育改革与发展的决定》要求各地建设一批实施素质教育的示范性普通高中，经过一段时间的建设与发展，示范性高中已经成为普通高中优质教育资源的聚集地，给人民群众提供了更多、更好的优质教育机会。但由于示范性高中作为基础教育与高等教育的重要接口，比一般高中具有更强的竞争性和排他性，其作为社会、学生及其家长争相获取的稀缺资源与瓶颈状况，并没有因为规模、数量的发展而有多少改变。与此同时，示范性高中作为非义务教育，不再由政府完全包揽，而成为一种政府引导下通过社会选择和市场调节来提供和配置的准公共产品，比一般高中具有更强的选拔性和选择性。在政府政策支持和规范引导下，示范性高中必须面对社会选择和市场竞争，面对自我发展的机遇与挑战。由于这种特殊的学制定位和教育产品性质，相比之下，示范性高中在规模与质量、效率与公平、公共利益与个体利益、素质教育与应试选拔之间的矛盾上，表现得更加尖锐和激烈。这种尖锐和激烈矛盾关系，使示范性高中教师队伍建设面临一系列特殊矛盾和问题。基于这一认识，笔者在文献研究的基础上，通过与多届岗位培训及提高培训的示范性高中校长座谈研讨，并深入多所示范性高中开展实地研究，归纳出示范性高中教师队伍建设存在的问题，并提出相应的对策。

一、编内教师与编外教师身份差异：示范性高中教师队伍的体系分裂及对策

"两高"大发展之初的1999年，全国普通高中1.41万所，在校生1049.71万人，专任教师69.24万人，生师比为15.2：1。到2006年，全国普通高中1.61万

---

① 本节原载于《教育发展研究》2008年第6期。

所，在校生 2514.50 万人，专任教师 138.72 万人，生师比为 18.13∶1。7 年间，普通高中每年招生平均增加了 209.25 万人，专任教师平均每年增加了 9.92 万人①。在此过程中，示范性高中在国家政策的大力扶持下蓬勃发展，扩大了高中阶段的优质教育资源。随着示范性高中的发展，学生及家长对优质教育资源的需求也愈加迫切。为解决办学规模急速扩张而导致的教师严重紧缺问题，各地示范性高中由地方政府提供一定数额的编制，通过公开选招增加了一些教师，但增量幅度却无法满足学校扩招和教学的实际需要。在这种情况下，很多示范性高中只能通过编制外招聘所急缺的教师，实行人事代理。其中，一部分是从应届大学毕业生中聘用，一部分则是从在职教师中选聘，于是便形成与编内教师并存的一支校聘的编外教师队伍。尤其是近年来规模急剧扩张的部分省级和市级示范性高中，这种校聘的编外教师现象更为普遍、比例更大。在笔者调查的多所示范性高中，校聘的编外教师高达学校教师总数的四分之一甚至三分之一。

这种体制不仅对区域内一般高中的教师队伍造成巨大冲击，导致学校之间的不良竞争，加剧了区域内教师资源配置的不均衡；同时，示范性高中教师队伍也分化为身份不同的两个群落，一支是编制内即享受财政拨款的教师队伍，一支是编制外即不享受财政拨款而由学校自筹经费负担的教师队伍。前者表现出计划体制的特点，教师有安全感、归属感，牢牢固着在原先的"单位"体制内，端的是"铁饭碗"，吃的是"大锅饭"，住房、职称、工资等尽在手上，成为示范性高中政策的既得利益者，没有危机感和竞争意识。其中，既有学校长期以来培养和涌现出来的骨干教师队伍，即学校办学的"台柱子"和依靠力量，但也有相当数量的安于现状、不思进取甚至不合格的教师。对于这些安于现状、不思进取甚至不合格的教师，任凭学校怎么改革，都难以真正触动他们、激发他们。后者则表现出市场体制的特点，教师有强烈的危机感、竞争意识，但存在身份上的尴尬和弱势，思想不稳定，缺乏安全感、归属感，难以融入主流和学校文化之中，缺乏长期的发展规划。随着这批教师数量的增加，学校在住房

---

① 教育部.1999年全国教育事业发展统计公报［EB/OL］.（2000-05-30）［2024-03-02］.http://www.moe.gov.cn/jyb_sjzl/sjzl_fztjgb/tnull_841.html；教育部.2006年全国教育事业发展统计公报［EB/OL］.（2007-06-08）［2024-03-02］.http://www.moe.gov.cn/jyb_sjzl/sjzl_fztjgb/tnull_23240.html.

安排或住房公积金、工资待遇、医疗保险、职称评定、评优及有关校内分配等方面，难以确保他们与编内教师完全一致，同工不同酬，同工不同待遇的问题突出。这既使学校难以负重，也造成这部分校聘教师的心理焦虑，总处在一种"悬置"与"寻求"的状态，很不稳定，存在不公平感和对学校的怨言；反则，学校一些规章制度和培训要求也难以在这些教师那里得到落实。

这两种身份不同的教师队伍，是由示范性高中迅速发展与教育人事制度改革不完善、不同步之间的矛盾造成的。在编的教师作为"单位人"，利益、权利大于责任、义务；校聘的编外教师作为"社会人""边缘人"，学校对他们的管理要求大于他们应享有的权利、利益。这种所谓"老人老办法，新人新办法"的不同人事管理体制并存，不仅导致编内教师本身之间干与不干、干多与干少、干好与干坏的不平衡，骨干教师的积极性容易受挫伤，不合格的教师出不去；而且也导致合格的教师又进不来，校聘的编外教师的法律地位、合法权益得不到应有保障，成为学校中的弱势群体，生存状态窘迫。

这一矛盾的解决，需要政府进一步转变职能，根据示范性高中的发展规划给各个学校增加相应的编制，赋予学校用人自主权，进一步完善教师人才市场及其服务体系，创新示范性高中教师的补充机制；同时，真正实施全员聘任制，把教师职称、晋升、聘用等权力实质性地下放给学校，加强对编制内教师的管理，以激发他们的工作活力。进而在现代学校制度框架下建立健全教师管理制度，解决示范性高中教师队伍建设的体制性矛盾，促进教师的合理流动和人力资源开发。

二、强势课程与弱势课程地位悬殊：示范性高中教师队伍的生态失衡及对策

无论原先的课程计划，还是新的课程方案，高中课程都是由不同学科及相关知识组成的一个体系，而担任这些课程的教师则形成各有分工、相得益彰的生态体系。这些课程的课时享有及具体的知识量分配存在多与少之分。毋庸讳言，"课时享有"并不是一个可有可无的指标，因为"课时分配"并不是一个盲目的行为，而是课程计划制订者根据自己对各门学科知识之重要性进行价值判

断并进行相应的地位分等的一个自然结果①。对于学生全面发展以及培养目标的实现来说，教师所担任的每一门课程都是重要的，处于不同的生态位，并无地位高低、主次之别。然而，高中课程开设的科目与高考科目并不完全相同，而且，同是高考科目，不同课程所占有的分值比例也是不相同的。这使得高中不同课程的学科地位及其实际享有的课时，形成明显的分化。而且，这种课程及不同学科知识的地位分等，进一步影响到传授这些学科知识的人——教师的地位。于是，在高考竞争尤为激烈的示范性高中，便形成三个不同课程地位的教师群落：高课程地位的强势教师群落——语文、数学、外语教师；中课程地位的次级教师群落——政治、历史、地理和物理、化学、生物教师；而诸如音乐、体育、美术、信息技术、综合实践活动等课程的教师，则只能处于低课程地位的弱势教师群落了（担任音、体、美高考专业课程的教师另当别论）。其中，强势课程教师群落作为一个利益群体，成为学校的"中流砥柱"。而弱势地位的教师群体只能是"势单力薄"，处于学校决策及利益分配的边缘地位。

这种状况造成示范性高中教师队伍相当普遍的生态失衡现象。科际之间的地位差距，造成不同课程教师在课时享有、政治地位、话语权利以及利益分配上的差距。在调查的不少学校中，教师的课时酬金分配系数是：主科为1，中等学科0.8，副科则只有0.6。而且低课程地位教师的教育教学权容易遭侵害，课时经常被侵占。学校决策的权重往往也更多顾及高课程地位的教师，教代会代表、评优、职称评聘中更多偏向高课程地位教师，低课程地位教师的话语权则很少被关注、受重视。学校在高考奖励上也进行不同的分等，非高考科目的教师普遍不在奖励之列。有研究甚至还表明，学校的干部提拔也往往多从强势学科教师中产生，而弱势学科教师则相对少得多，即便他们中也有在学校中占据较高地位甚至成为学校领导，但这一般很少是其所属弱势学科之群体地位上升的结果，而且他们要想在学校中继续保持现有的较高地位，就必须获得强势学科的教师们的认可与支持②。长此以往，造成很多示范性高中这些处于弱势甚至次级地位的教师工作积极性衰微，专业特长削弱和对学校发展目标的偏离。这种状况使得很多示范性高中因为缺乏业务专长的特长教师，而造成办学目标趋同，

---

① 吴康宁.课程社会学研究［M］.南京:江苏教育出版社,2003:96.

② 吴康宁.课程社会学研究［M］.南京:江苏教育出版社,2003:96-97.

千校一面，形成同质的恶性竞争，缺乏办学及人才培养上的特色。

这一矛盾的解决，需要示范性高中积极转变办学指导思想，调整学校的政策导向和学科格局，认真贯彻实施素质教育，开齐课程计划规定的各门课程，摆正各门课程及教师的地位关系，加强教师队伍的生态建设。尤其在新课程改革下，传统的所谓小学科和次级地位的课程，恰恰是选修课程开设、校本课程开发、特色教育建设的丰富资源。示范性高中应当积极扶持这些学科和课程，努力满足这些课程教师的专业发展需要，为他们创造更加有利的舞台，及时反映他们的政治、经济和专业发展诉求，使他们发展成为实施素质教育、促进学生全面发展和个性发展的有生力量，进而使示范性高中教师队伍形成合理的生态系统。

三、公共取向与私益取向价值背离：示范性高中教师队伍的角色冲突及对策

与小学、初中相比，高中处在高考"接力赛"的最后一棒，应试教育与素质教育的矛盾进入白热化。这种矛盾集中表现在国家确立的普通高中培养目标及其所追求的公共性取向，与学生及家长追求个体利益最大化之间的冲突。具言之，高中的培养目标、课程体系及高考命题的指导思想，是实现全体学生的全面发展，以培养合格公民和具有创新精神与能力的优秀人才。其中，无论培养合格公民、提高民族整体素质，还是培养与选拔具有创新精神和实践能力的优秀人才，都是符合国家利益和社会利益。然而，这对于不同学生及家长来说，其个体的教育利益实现程度是大不相同的。家长们总是希望通过高考这条"公共通道"，使孩子考出更高的分数，进入更满意的大学，获得更高的文化资本和社会资本，以取得就业和发展的竞争优势，而不在于素质的高低和发展是否全面。在优质生源相对集中、社会及家长期望值交相攀高的示范性高中，这种公共取向与私益取向的价值背离尤为激烈。

在此之下，对于处在高考竞争前沿阵地的示范性高中教师来说，这种价值背离和冲突更是无可回避。即教师一方面要代表国家意志，贯彻教育方针，维护教育正义和教育公平，肩负着公共使命，持守职业良心，以实现公共利益；与此同时，学校及教师又面临市场竞争和实现自身利益的挑战，不得不注重满

足学生及家长的教育诉求。而学生及家长通常是把所选择的学校和教师能否带来个体利益最大化作为杠杆的。虽然国家在政策上反对教育产业化、市场化，但高中作为非义务教育，必须面向市场。面对生源市场和校际竞争、家长要求和社会评价的巨大压力，很多示范性高中更加注重满足学生及家长的教育诉求及满意度，致使教育公共性的式微。在我们调研中，一位高中校长的一番话耐人寻味："我们学校一年招收1000名学生，至少有500名要考上本科，至于哪500人考上并不重要，重要的是学校必须为能够考上的这500人服务。"这种价值背离使示范性高中教师在思想观念、教学过程及学生评价等各个方面，始终面临一种深深的角色冲突，行为摇摆、思想困惑，左右为难。教师只好奉行"分数第一，成才第一"，至于"成人"的教育，被认为是对那些高考无望学生的低层次教育。教师只能进行与高考相关的知识教学和应试训练，而难以对学生进行思想教育、心理交流，否则会被认为是不务正业。一位高中历史教师说："历史课具有非常强的励志和修身功能，但现在只能异化为历史知识的分解、讲解、记诵。我曾经尝试在历史课上讲一些知识点以外的历史故事、人物进行励志和修身教育，却被家长和学生戏称为'另类教师'，教务处也有微词。"

这一矛盾的解决，需要示范性高中端正办学方向，贯彻教育方针，坚持教育的公共性导向，引导和支持教师以育人为本，德育为先，把立德树人作为教育的根本目的和质量标准，纠正教育的市场化、产业化倾向。在这一过程中，努力引导、满足学生成人成才和家长合理的教育诉求。为此，学校应鼓励教师实行分层教学、分类指导，提供更多的特色教育资源和更具有选择性的教育服务，以满足学生个性化和家长多样化的教育诉求，促进学生德智体美劳全面发展和个性的健康发展。学校也应在课程评价、师德考核以及教师评价和绩效等方面，充分体现正确的价值导向，为克服教师的角色冲突创造良好的制度环境。

四、工作压力与心理压力交互叠加：示范性高中教师队伍的职业倦怠及对策

高中教师面临高考的巨大挑战，所承受的工作压力和心理压力是其他教师难以比拟的，示范性高中更是首当其冲。有研究者对山西省11个市40所高中（含完全中学）的1845名教师进行问卷和访谈，结果表明，39.9%的教师认为自

己的工作强度太大或比较大。其中，教师的职业压力主要来自升学率压力（36.2%）、同行竞争（10.8%）、学生基础差（10.2%）[1]。对于优质教育资源相对集中的示范性高中来说，教师的经济待遇、社会地位虽然相对优越，但工作压力和心理压力的交叉叠加，却使他们普遍面临职业倦怠的威胁。

一是来自教学及高考的压力。无限延长的工作时间，频繁不断的各类考试，加班加点的授课辅导、规模超大的班级管理和作业批改，使教师不堪重负。据北京师范大学对全国有关省市的抽样调查[2]，参与调查的教师每周花在各项工作上的时间，小学教师、初中教师和高中教师分别为50.79、54.13和63.89小时，每天平均分别为10.16、10.83和12.78小时，两者都是数高中教师最多。在示范性高中，教师们通常是清晨6点起床，晚上10：30才拖着疲惫的身躯回家。日常的工作状态是，周考、旬考、月考，考考不断；测验、模考、联考，监考、阅卷、讲卷，卷卷相连；班级比、年级比、校际比，样样揪心。教师始终处在考试、分数、评比的紧张、关注之中，竞争压力大，心力交瘁，很难静下心来读书、思考点问题，舒展一下疲劳的身心。一位高中教师自嘲地说："起得比鸡还早、睡得比猫还迟，忙得比牛还累。"

二是来自学生管理的压力。随着示范性高中招生规模的扩张，学生的成绩分化、家庭背景越来越多样化、成分也越来越多质化，网络世界的诱惑和社会活动空间的扩展，高中生由于生理、心理的成熟，早恋、网络沉迷、破坏学习纪律、违法犯罪等现象经常发生，给高中学生教育和管理带来更多的困难和更大的难度。很多学校要求，班主任24小时不可以关机，始终要处在工作准备状态。

三是来自教育人事制度和管理改革的压力。近年来，不少学校为了提高管理效能，提高办学质量和水平，相继进行了一系列改革，诸如全员聘任制、末位淘汰制、教学成绩评比排名、学生和家长参与教师评议考核，也使得示范性高中教师面临越来越大的压力。

四是来自工作与家庭之间冲突的压力。在调查中发现，示范性高中担任高考科目教学的教师，普遍存在工作与家庭生活上的矛盾。一位教师说："早晨离

① 常学勤.山西省普通高中教师专业发展现状调查报告[J].教育理论与实践,2006:44-47.
② 顾明远,檀传宝.2004:中国教育发展报告——变革中的教师与教师教育[M].北京:北京师范大学出版社,2004:60.

家时孩子还未睡醒，晚上回家时孩子早已熟睡。一个星期和孩子说不上几句话。"很多教师在学校工作过多尽责操心，回到家里对自己孩子的教育和管理却没有多少精力，缺乏耐心。

西安市教育局2006年7个区县21所的1759名高中教师的问卷调查显示：高中教师的工作压力感受偏高，从主观感受的角度来看，28.35%的教师感觉压力大，太累，难以承受；62.62%的教师感觉压力较大；有4.79%的教师感觉压力过大，并出现一定的心理症状[①]。广西壮族自治区百色市重点高中对本校216名教师测试分析[②]，该校教师心理健康存在轻度问题的达38.5%；心理健康存在中等程度问题的达7.7%；心理健康存在较严重问题的占0.96%。在我们开展调研的几所示范性高中，无论是与校长、中层干部座谈，还是与教师直接交流，笔者都有一个强烈感受，示范性高中教师的心理疾患较一般人群及小学、初中教师更多。

这一矛盾的解决，需要示范性高中进一步转变单纯的应试教育倾向，真正发挥示范性高中的示范功能，在积极推进以课程改革为核心的教育教学改革，树立正确的评价观和质量观同时，确立以人为本的理念，关心教师，改善教师的工作方式和生活方式，切实帮助教师减轻工作和心理压力，加强对教师的人文关怀，丰富教师的文体生活，注重教师心理健康，建立教师工作压力和心理压力监测、维护与预警机制，使示范性高中教师能有一个良好的工作状态和心理状态。

综观以上，示范性高中教师队伍建设面临的特殊矛盾，其特殊性既有质的方面，也有量（程度）的方面。加强示范性高中教师队伍建设，必须以科学发展观为指导，坚持以人为本，弥合因体制性障碍造成的教师体系分裂，改变强势课程与弱势课程分化而带来的教师生态失衡，消除公共取向与私益取向背离带来的教师角色冲突，克服工作压力和心理压力带来的教师职业倦怠。为此，应通过政府职能转变、学校自身深化改革，促进教师个体和群体的专业发展，建设一支结构合理、素质优良、生态平衡、充满活力的示范性高中教师队伍。

---

① 西安市教育局.西安高中教师半数有心疾 心理健康培训有限[J].陕西教育(行政版)，2007(4):20-21.

② 韦韧.广西壮族自治区百色市重点高中教师心理健康状况的调查及分析[J].中小学心理健康教育，2006(10):18-19.

普通高中教师政策缺位问题与对策①

随着高中普及化及新高考的深入实施，普通高中教育作为基本公共教育服务，已成为关涉人民群众切身利益的基本教育民生，也是教育改革必须闯过的一片"深水区"。随着普通高中考试招生制度、学业水平考试、综合素质评价、免除建档立卡家庭困难学生学杂费等政策相继出台，普通高中教师却存在政策缺位，面临种种现实矛盾和问题。然而，教师是立教之本、兴教之源，"有好的教师，才有好的教育"②。国际21世纪教育委员会《教育——财富蕴藏其中》报告也指出："违背教师意愿或没有教师参与的教育改革从来没有成功过。"③无论是高中教师队伍建设自身，还是高中教育普及化、新高考的实施，都迫切需要加强普通高中教师政策供给，为普通高中改革发展提供有力的师资保障。

一、普通高中教师政策缺位导致现实矛盾突出

仔细梳理不难发现，现阶段教师政策是以《教育规划纲要》为基本精神和框架的。按照《教育规划纲要》要求，中小学教师队伍建设以农村教师为重点。然而，2015年全国普通高中总计13240所，83.68%设在城区（含城乡结合区）和镇区（不含镇乡结合区），地处乡村和镇乡结合区的普通高中分别为668和1493所，仅占总数的16.32%④。因此，以农村教师为重点的中小学教师政策"阳光"主要"洒向"农村义务教育学校教师，而很难"照进"大多身处城区和

---

① 本节原载于《中国教育学刊》2017年第1期。

② 国家中长期教育改革和发展规划纲要（2010-2020年）[EB/OL].（2010-07-29）[2016-03-02].https://www.gov.cn/jrzg/2010-07/29/content_1667143.htm.

③ 联合国教科文组织.教育——财富蕴藏其中[M].联合国教科文组织总部中文科，译.北京：教育科学出版社，1996：137-138.

④ 教育部.2015年教育统计数据[EB/OL].（2016-10-11）[2016-12-02].http://www.moe.gov.cn/jyb_sjzl/moe_560/jytjsj_2015.

镇区的普通高中教师。2012年国务院印发《关于加强教师队伍建设的意见》（以下简称《意见》）及相关职能部门出台六个配套文件，标志着现行教师政策体系基本形成。然而，除《意见》提出"鼓励普通高中聘请高等学校、科研院所和社会团体等机构的专业人才担任兼职教师"，其他均未具体涉及普通高中教师。此后，随着国家重视发展学前教育，推进义务教育均衡发展，普及高中阶段教育，加快发展现代职业教育，推动高等教育内涵式发展，国务院及其职能部门出台多项教师政策，其中有多项中小学教师政策。但这些政策主要解决中小学教师的普遍性问题，重在农村义务教育教师队伍建设，而缺少普通高中教师具体政策，形成教师政策体系的"空白"地带。政策缺位导致普通高中教师现实矛盾突出。

（一）教师教育开放化政策乏力，普通高中教师供给和来源结构过于单一

虽然国家在相关政策上力图打破封闭的师范教育体系，鼓励综合性大学参与教师培养，实行开放的教师资格证书制度，促进教师来源的多元化。但由于缺乏具体政策支持，综合性大学举办教师教育的积极性并不高，普通高中教师供给仍然主要来源于师范类院校。以山东省普通高中教师来源为例，师范院校毕业生占96.5%，非师范院校毕业生只占3.5%。文化类学科如语文、数学、政治、历史、地理、物理、化学等，非师范类毕业生所占比例明显低于3.5%的均值，仅有技术类学科如信息技术、通用技术、综合实践活动等课程，非师范类院校毕业所占比例相对较高，分别为14.09%、11.05%、11.76%[①]。普通高中教师供给和来源结构单一，与普通高中多样化发展和学生全面而有个性发展的需要，明显不相适应。

（二）教师工资财政保障机制不足，普通高中教师待遇校际差别不断扩大

在现行教育投入体制下，与义务教育教师相比，普通高中教师工资财政保

---

① 周卫勇.山东省普通高中教师来源结构调查与相关政策分析[J].教师教育研究,2010
(3):61-65.

障机制显著不足。据测算，2011—2015 年全国公共教育经费总投入达到114740.1 亿元，其中用于高中阶段教师的支出约 9634 亿元，占公共教育经费总投入的 8.40%，远低于高中阶段专任教师占全国专任教师 16.98% 的比例[①]。在此之下，财政保障机制不足，诱致普通高中以追求经济效益为动力的扩张冲动和升学率竞争，以此保障教师工资发放。结果导致普通高中严重的校际竞争，升学率高的学校以此获得更高的经济效益和社会声誉，进而引来更优质的教师和更多更优质的生源，质量优势随之凸显。以此吸引来更多的择校生，取得更好的经济效益，改善教师待遇，优质教师进一步集中到这些学校；一般高中尤其是乡村和镇乡结合区的普通高中生源日渐萎缩，经济匮乏，教师待遇低，优质教师下不去、留不住，质量无法与城镇普通高中竞争，诱致优质教师和生源流向城镇学校。这种情况下，普通高中教师待遇的校际差别不断扩大。

（三）教师专业标准与初中简单同一，遮蔽普通高中教师专业发展真实需求

比较研究发现，教育部印发的校长和教师专业标准基本是按照教育层次和类型分别制定的，唯独初中教师与普通高中教师统合在一起，即中学教师专业标准。虽然初中和普通高中同属中学教育，但无论是高中生身心发展，还是培养目标和教育的基本原理、课程标准、知识体系和方法，普通高中与初中都有着层次和结构的区别。普通高中教师专业理念、知识和能力具有自身的专业性和独特性，其专业发展也有特定需求。

具言之，《教育规划纲要》要求普通高中实现多样化发展，鼓励普通高中办出学校特色，推进培养模式多样化，满足不同潜质学生的发展需要，探索发现和培养创新人才的途径。因此，普通高中教师不仅要胜任国家规定的文理等各门课程教学，而且能够开设丰富多彩的选修课，满足不同潜质学生的发展需要，促进学生全面而有个性地发展。同时，要了解和熟悉高等学校学科专业内涵和人才培养过程，发现和识别学生发展潜质，具备学生发展指导能力。然而，在一统化的中学教师专业标准下，初中和高中教师资格考试科目《综合素质》《教

---

① 孙百才.高中阶段教师队伍建设公共经费需求预测——基于实现教育投入占 GDP4% 目标的背景[J].中国教育学刊,2012(12):10-14.

育知识与能力》一张试卷，遮蔽了普通高中教师专业理念、知识和能力的专业性与独特性。同时，现行中学教师培训的主题和内容主要面向义务教育教师，满足不了普通高中教师专业发展的真实需求。限于县级教师进修学校或教师发展中心的培训能力，普通高中教师虽然完成规定学分，但难以满足专业发展真实需求；随着各地市级和省级教育学院的改制，城区普通高中普遍缺乏教师专业发展服务体系。

二、高中普及化和新高考迫切需要普通高中教师的政策供给

普通高中教师的政策缺位，不仅与教师队伍建设自身需要不相适应，也难以适应高中教育改革和发展的新趋势、新要求。尤其是高中普及化和新高考的推行，迫切要求加强普通高中教师数量、结构和能力提升等方面的政策供给。

（一）高中普及化使普通高中教师缺编的老问题更加尖锐

1999年第三次全国教育工作会议提出扩大高中阶段教育规模。同年教育部《关于积极推进高中阶段教育事业发展的若干意见》提出，重视发展高中阶段教育事业，扩大示范性高中的招生规模，公办普通高中采取多种方式与其他学校、社会力量联合举办民办普通高中。该政策在扩大普通高中招生规模的同时，并未相应增加教师编制，只是通过"返聘退休教师或以合同制的形式从社会招聘教师"的方式解决教师不足问题。此后，一直缺乏普通高中教师补充的政策供给。

2015年，全国普通高中专任教师169.54万人，在校生2374.40万人，生师比14.01：1[1]。根据统一城乡中小学教职工编制标准的政策，高中生师比为12.5：1，普通高中应配备教师189.95万人，缺编20.4万人。按照《教育规划纲要》确立的2020年高中阶段在校生4700万人的目标，按照"普职比"大体相当的要求，普通高中在校生2350万人左右，以现有教师数进行测算，缺编20万人左右。由于编制紧缺，普通高中只好通过人事代理等方式聘用教师，形成了一支

---

① 教育部.2015年教育统计数据［EB/OL］.（2016-10-11）［2016-12-02］.http://www.moe.gov.cn/jyb_sjzl/moe_560/jytjsj_2015.

数量可观的由学校自筹经费负担的编外教师队伍。学校如何在住房公积金、工资待遇、医疗保险、职称评定、校内分配等方面，保障编制外与编制内教师同工同酬、同等待遇，亟待主管部门出台支持性政策。

（二）普通高中的持续扩张使师资增量结构矛盾凸显

为适应规模扩张需求，近些年普通高中大量新进教师，导致教师队伍过度年轻化。2015年全国普通高中教师总数为1695354人，其中34岁以下青年教师占40.73%[1]。据学者研究，山东省高中教师队伍中教龄在1—5年的教师占教师总数的23.54%，接近教师总数的1/4；教龄在1—10年的占45.98%，接近教师总数的一半；教龄在1—15年的占63.14%，接近总数的2/3[2]。

高中普及化及规模的持续扩张，也凸显普通高中教师的区域、城乡结构性矛盾。国务院办公厅《关于加快中西部教育发展的指导意见》提出，将在中西部地区新建、改扩建普通高中，办好乡村高中。具体上，在没有普通高中的县，根据人口变动趋势和实际情况，因地制宜新建、改扩建一批普通高中。根据教育部规划，将在西部地区新建1000所左右的乡村高中，并要求配强师资力量。虽然该文件提出通过"推动校长、教师交流制度化，选派优秀校长、教师优先到乡村高中任职任教"等政策措施，但如果没有系统配套的政策供给，普通高中教师的区域、城乡结构性矛盾是难以真正解决的。因为，新建普通高中除通过城乡、区域交流和选派优秀教师外，主要还是要靠批量引进和补充新教师，特别是大批高等学校毕业生。这种规模性扩张不仅面临年龄结构的过度年轻化，到若干年后又会出现突然性停滞、平均教龄过长和年龄老化问题，而且过度年轻化还面临教师专业发展和业务水平提高的突出问题。这就需要系统配套的政策供给，以解决普通高中的持续扩张使师资增量结构矛盾。

（三）新高考的科目选考使普通高中教师面临学科结构大幅调整

十七届三中全会《决定》及《国务院关于深化考试招生制度改革的实施意

---

① 教育部.2015年教育统计数据［EB/OL］.（2016-10-11）［2016-12-02］.http://www.moe.gov.cn/jyb_sjzl/moe_560/jytjsj_2015.

② 周卫勇.关于高中教师队伍规模性扩张问题调查思考［J］.中国教育学刊,2010(7):12-15.

见》，在考试科目设置和录取机制上，体现了学生全面发展和个性发展的综合评价导向，增强了高校与学生相互选择的多样性和匹配度。这对高中课程设置和学生的课程修读产生直接影响，使普通高中教师面临学科结构的大幅调整。

对此，清华大学的研究人员根据教育部公布的2009—2012年统计数据分析表明，改革前，传统意义的理科生对物理、化学、生物的需求约为1：1：1，相应的高中物理教师、化学教师、生物教师的比例约为1.5：1.5：1。改革后的情况将发生巨大的变化。该研究对2014年京津地区21所高校的552个本科招生专业进行了一项高校选考科目设置调研，结果显示，超过70%的文科类（包括人文类、社科类、经济管理类、法学等）专业将不设选考科目要求，其余专业设置"历史"为选考科目的最多；理科类（包括数学、物理、化学、生物等）专业的选考科目设置比例约为物理42%、化学40%、生物12%，其中部分专业如数学专业不设选考科目的要求；而工科类（包括医药食品、信息、土木建筑、机械、材料环境等）专业中，选考科目设置比例分别为物理73%、化学18%、生物8%，其余专业的选考科目为历史和地理[1]。浙江省2017年普通高校选考要求和学生自主确定选考科目，分别为：物理91%和81%，化学83.6%和64%，技术70.6%和36%，生物66.8%和32%，历史62.8%和19%，地理60.9%和16%，政治59.7%和13%[2]。可以看出，物理教师的需求将远大于对化学和生物教师的需求；同时，地理、历史、政治等学科则出现供大于求。对此，教育主管部门应及时研判，引导高校和普通高中在教师培养和配置上进行学科结构调整。

（四）新高考的素质转向对普通高中教师知识能力提出全新挑战

新一轮高考改革在完善普通高中学业水平考试制度、建立高中学生综合素质评价制度的基础上，赋予学生更多的选择权。实行统考和学考相结合，高校确定专业选考科目及其他选拔条件要求，学生自主确定选考科目，实行综合评价，择优录取。对此，高中生如何提高学业水平和综合素质？如何结合自己的

---

[1] 于世洁，徐宁汉，杨帆，等.新高考改革下高校选考科目的制定[J].清华大学教育研究，2015(2):31-36.

[2] 2017年高考选考科目要求昨日公布[EB/OL].(2015-03-01)[2016-12-03].https://hznews.hangzhou.com.cn/kejiao/content/2015-03/01/content_5666566_3.htm

兴趣特长选择高考科目并进行合理组合？如何选择报考学校和专业？如何从高校多种考试招生模式中选择适合自己的学业发展和职业发展路径？高中生既获得自主选择的机会，也面临选择的困惑与困难。建设一支具有专业水准的学生发展指导队伍，以及建立学生发展指导制度已迫在眉睫。普通高中教师如何由只帮助学生"提分"，转向对学生成长过程的指导，不仅需要转变观念和角色，同样需要知识和能力结构的调整和重构。

具体上，普通高中教师不仅需要树立多样化的人才观与成才观，具备发现和识别学生发展潜质的能力、学生职业适应性评价与生涯规划指导的能力、课程选择和学习过程指导与管理的能力，而且应当具备大学意识①，对高校学科专业内涵和人才培养过程有初步了解，具备对学生进行理想、心理、学业等多方面的指导能力。这不仅需要教育主管部门加强对普通高中教师在职培训，同时也需要出台相关政策对教师职前培养的专业设置、课程结构和质量标准，进行相应的政策导向和调整，形成新入职教师与新高考相适应的知识能力结构。

三、加强普通高中教师政策供给的对策建议

基于政策缺位的现实矛盾以及高中普及化和新高考对普通高中教师的政策供给需求，政府及教育主管部门应当在现行教师政策基础上，通过权威工具、激励工具、能力建设工具和系统变革工具的合理有效使用，尽早出台具体政策，解决普通高中教师数量不足、结构不合理、能力不强、提前准备不足等问题。

（一）确立普通高中教师政策供给的法律依据

普通高中教师队伍的政策缺位，根本原因是普通高中教育的立法空白。"法律是由公权力强制执行的普遍性行为规范，具有其他任何政策措施所难比拟的强制、约束及规范作用。然而，非常遗憾的是，唯独在整个国民教育体系中起着承上启下重要作用的普通高中教育却呈现了法治空白，严重影响、制约了普

---

① 朱晓宏."三位高中教师"经典形象给予我们的启示[J].中国教育学刊,2011(2):11-14.

通高中教育的发展。"①由此导致"普通高中教师的法律地位并不明晰，其薪酬、福利应由谁负责支付或保障，法律并无确定性规定，特别是高中教师划分为编制内与编制外的现实情况下，薪酬、福利的保障就存在较大的差异与问题。"②因此，加强普通高中教师队伍的政策供给，根本举措是加强高中教育立法，通过法律手段确立普通高中教师的法律地位。同时，通过《中华人民共和国教师法》修订，对普通高中作为公益二类事业单位的教师权利与义务、聘任与管理、工资保障主体责任，进行具体的法律界定。以此明晰普通高中教师与政府、学校、社会的关系，确立普通高中教师身份的公共性，为普通高中教师政策供给提供法律依据。

（二）明确普通高中教师队伍建设的政府主体责任

与义务教育的公益性不断增强并全面纳入财政保障范围相比，普通高中的政府主体责任一直模糊或缺失。1999年教育部《关于积极推进高中阶段教育事业发展的若干意见》提出，鼓励民间办学，适当调整学费标准，提高高中阶段学费在培养成本中的比例。在此之下，普通高中的投入主体责任很大程度上让渡给了市场和社会。《国家基本公共服务体系"十二五"规划》将中等职业学校教师纳入保障体系，普通高中教师不在范围之内。"十三五"规划纲要将普及高中阶段教育全面纳入基本公共教育范畴，提出"加强教师队伍特别是乡村教师队伍建设，落实乡村教师支持计划，通过政府购买岗位等方式，解决结构性、阶段性、区域性教师短缺问题"。基于此，加强普通高中教师政策供给具备了宏观政策基础。

为此，政府应通过与相关政策联动，实现国务院和地方各级政府的责任分担，落实在普通高中教师编制、管理工资保障等方面的主体责任。一是合理增加普通高中教师编制。落实《关于统一城乡中小学教职工编制标准的通知》精神，按"高中教职工与学生比为1∶12.5"，解决普通高中扩招以来教师缺编的

①余雅风.论我国普通高中教育的法律规制[J].华南师范大学学报(社会科学版),2010(6):21-27.

②余雅风.论我国普通高中教育的法律规制[J].华南师范大学学报(社会科学版),2010(6):21-27.

老问题。对适合社会力量提供的工勤和教学辅助等服务，通过购买服务方式，由政府和学校按比例进行资金配套的方式解决。县级政府在编制总量内实行动态管理，为乡村和镇乡结合区的高中紧缺学科配齐教师。探索新聘教师兼具教育类专门知识或学位的途径，建立一支专兼结合的学生发展指导队伍。将乡村和镇乡结合区的普通高中补充纳入国家实施的"特岗教师计划"和"三支一扶"计划，或通过政府购买岗位等方式，为乡村和镇乡结合区的普通高中定向培养和配备教师，解决结构性、区域性教师短缺问题。二是健全普通高中教师工资保障机制。根据普通高中教育作为基本公共教育，加大公共财政投入。特别是在取消普通高中"三限"政策（即限人数、限分数、限钱数，招收一定数量的择校生）后，政府应及时在财政上补位，健全普通高中生均拨款制度，构建普通高中教师工资财政保障机制，按照隶属关系分别由省、市和县级财政执行统一的普通高中教师岗位绩效工资制度。对长期在农村基层和艰苦边远地区工作的普通高中教师实行工资倾斜政策。

（三）出台普通高中教师队伍建设的具体政策举措

围绕普通高中教师队伍建设，各级教育主管部门也应加强职能、制定出台普通高中教师队伍建设的具体政策举措。一是调整教师专业标准体系，制定普通高中教师专业标准。高中阶段教育是人的个性形成、自主发展的关键时期，对提高国民素质和培养创新人才具有特殊意义，在教师专业知识和能力上有着特定要求。为此，应将现行《中学教师专业标准》进行分化，研究制定普通高中教师专业标准，以确立普通高中教师的专业性，为普通高中教师培养、准入、培训、考核提供政策依据。二是通过有效的政策工具，构建以师范院校为主体、综合大学积极参与、开放灵活的普通高中教师培养体系，促进普通高中教师学缘结构和学科背景的多元化，适应普通高中多样化发展及高中生多样化成才的需要。积极调整教师教育学科专业结构，深化课程体系和人才培养模式改革；鼓励高校通过对口支援、委托培养、免费师范生等方式，加大对西部、农村和民族地区普通高中教师培养的力度，以调整普通高中教师供给的学科结构和知识能力结构。三是建立完善的普通高中专业发展服务体系。国家和各省区、市，应在部属及省属重点师范大学及综合性大学建立一批普通高中教师培训和研修基地，各地市应在省级示范高中建立普通高中教师发展中心。四是通过派出到海内外高校和优质高中研修、专题培训，建立专业发展共同体、名师工作室等方式，搭建普通高中青年教师专业发展平台。派出骨干教师到高校挂职或访学，为普通高中教师了解高校学科专业内涵和人才培养过程打通管道。五是出台有利于普通高中教师资源整合的政策举措。制定普通高中兼职教师管理细则，解决待遇及管理问题，为普通高中开设大学先修课及选修课提供教师资源。建立网络课程平台，发挥优秀教师和特长教师在普通高中选修课和大学先修课开设上的共享功能。

第四章　教师队伍现代化伦理进路研究

师者何以作人范①
——关于中国传统师表形象的反思

在中国古今社会，教师的基本角色和天然职责是为人师表。"学高为师，身正为范"，先哲、名家总是这样来理解和界定教师这一职业的角色规范。诚然，师尊、师德、师道最终要外化为师表并通过教师的师言、师形和师行来对全体学生乃至社会大众起到表率、范型和感召作用。因此，在还师道以尊严、弘扬中国教师传统美德的同时，有必要摒弃陈迹、除去糟粕，摆正教师在现实社会中的角色定位，使为师者以一种既受尊重、敬仰又广受欢迎、有感召力的师表形象展现在学生和公众面前，以发挥教师应有的表率作用，提高思想教育的效度，促进精神文明建设。

为人师表系指教师通过"身教"，用自己的模范言行做学生表率、为公众作范。当然，由于政治经济制度和社会文化传统的不同，不同社会、时代师表的内涵和外廓是不同的。在中国传统社会，教师以其自尊自律、敬业捐道、仁慈威严、恬淡守节、修己力行、谦和笃实、方正作范、知德并修、勤勉自强、好礼求己的优良品格和模范言行，凝合成一种神圣、崇高的师表形象，文学家们惯用红烛、春蚕、园丁来描述、歌颂。然而，这始终未能补平神圣、崇高与清苦、清贫之间的反差，精神追求与物质欲求之间的裂缝。人们除了在道义上和心灵深处向教师投来崇敬的目光，便是给教师冠之"寒儒""清高""穷酸"等一个个不雅的称号。

---

① 本节原载于《师范教育》1995年第7期。

　　这种集清高、清白、清苦、清贫于一身的传统师表形象的生成有其客观、社会的原因。一方面，在传统社会，教师作为一个特殊的阶层，虽尽智竭道为统治阶级服务，但绝大多数并不能因此而加入统治阶级，依然是政治上受奴役，经济上受剥削，生活贫寒、地位卑微。另一方面，又因他们依附于统治阶级并为之服务，传播着剥削阶级的思想意识、造就的是统治阶级的接班人。故而教师又成了不受劳动人民欢迎的"穿长衫的""喝墨水的"。

　　更直接、内在的原因则是源于凝聚在中国教师身上的以儒家道德伦理和价值观念为精髓的传统师道、师德观的影响。千百年来，世代教师呕心沥血，传承着中国古代的道德与文化，沟通了华夏文明的经脉；同时，以儒家思想为核心的中国传统道德与价值观念又深深地沁入中国教师的肌肤，积淀为中国教师的师道信条、人格特征和行为模式。可以说，"儒家哲学就是教育家的哲学"。它一方面使中国教师表现出如上所述的崇高风范，另一方面也使中国教师的价值观念和人生理想步入重重误区，如崇尚重义轻利、安贫乐道的精神，恪守"万般皆下品，唯有读书高"的信条，奉行"文不经商、士不理财"的原则，甚至把物质利益追求当成有损师道、有辱师表的霉素。这种只追求人格上的完善和道德上的崇高，以伦理人、文化人为主要特征的传统师表形象固然使教师的头上罩上一道神圣崇高的光环，但价值取向和人格特征上的缺陷加之经济地位劣势却严重妨碍了教师应有的师尊地位和师表形象。

　　如果说，在落后的产品经济和僵化的计划体制条件下，传统师道、师德观的撑持尚能使教师的角色冲突得以中和和调适；那么进入社会主义市场经济初步建立的新时期，传统的师表形象也就难以维系原本的那副形态和面容了。这是因为，市场经济的运行孕育和生发出与之相对应的全新的社会价值取向。集中表现在，对实效价值的最大限度追求，强化了人们对功利、实惠的注重；利益导向处于调控经济行为的支配地位，驱使着人们对实际利益、经济效益的关注；以主体本位为主的互利价值取向要求人们遵循等价交换的原则；自主的价值取向唤起人们更多地追求价值上的主体性、自主性和多样性。这一方面激发起社会成员的主动性、竞争性和创新意识，另一方面也使国民的心态表现出物俗化和粗俗化等不良倾向。中国教师固守的那些师道信条和师德规范因此失去了昔日的那种尊严、那般光彩；传统师表形象也失去了原有的那种感召力和表率作用，甚至被认为是假清高、假斯文。于是，教师变成了一种世俗谋生的手段。无疑，在新的价值参照系和社会背景下，师道严重失落、师德严重失范、师表也严重失态。

中国教师似乎只有两种抉择。一种是抵触与市场经济相对应的新的社会价值体系的建立，怀念过去那种安贫乐教、自我牺牲的师道信条和师德境界，慨叹世风日下、今不如昔，力图用自己的表率、垂范来唤回学生，感动公众。另一种则是随波逐流、顺合世俗，使教师成为一种普通的职业、谋生手段，复归为一般性的社会角色，可以与其他职业、成员一样去经商、兼职，甚至理直气壮地给学生开展有偿"服务"。显然，前者师道过尊，给人以清高自傲、洁身自好的印象，难以对学生、对公众起到广泛有效的表率、示范作用；后者又师道失落，附庸凡俗，还何以作则、何谈师表？

由此看来，中国教师必须作出一次严峻的两难选择，在传统美德、市场经济价值取向和社会主义价值体系三者之间寻求内在的契合点，实现师道、师德观念的重建和师表形象的改塑。

首先，教师应当在言、行、形等方面严格自我要求，加强自身修养，模范地履行社会主义道德规范，努力成为学生的典范和公众的表率。这是由教师的劳动手段具有突出的主体性、劳动过程具有鲜明的示范性决定的。他们模范的言行举止、仪态风貌、人格特征既是教育学生的重要手段，也是取得教育成效的必要前提。因此，教师在个人品格、治学精神、文明习惯、社会公德方面的率先垂范、言传身教是构建新时期师表形象的基本框架，也是不因时代和地域不同而改变的为人师表的基本内涵。

其次，教师在价值取向上应对广大学生和社会公众起到积极、正面的导向作用。这是因为市场经济及其价值取向是一柄利弊并俱的双刃剑，它能促进人们重视竞争和效益，却难保社会应有的公正与公平；它强化了自主意识、个性意识，又容易导致义务观念、群体意识和社会责任感的淡化；它驱使人们追求功利、实效，又很可能滑入拜金主义、利己主义的泥潭。因此，新时期的师表作为现实与理想的结合体，社会主义市场经济新主人的培育者、缔造者，理当改变老面孔、老观念、老腔调，率先建立起与市场经济相统一的社会主义价值观。进而用崇高的价值理想、健康的精神文明和相应的道德规范来合理导向，有力牵引，重新发挥教师应有的表率、范型作用。这是新时期师表形象特有的深层内涵。

最后，教师应当积极地赋予中国教师的传统美德以应有的时代感。时代需要奉献精神、艰苦奋斗和敬业精神。奉献精神是指不以对社会贡献为筹码，理当包括正当的物质报偿，绝非苦行僧之义。艰苦奋斗是指在艰苦条件下努力工作、克服困难，改变落后面貌，以推动事业不断前进，而不是永远停留于落后贫穷。敬业精神是指忠贞于自己的事业，全身心投入、执着追求，保持职业的尊严感和荣誉感，而不是自我牺牲、消耗和毁灭。因此，新时期的师表形象应当是谦和慈爱而不乏威严端庄，自尊自爱而又不傲、不惮，敬业奉献而又敢于争取和保护自己的正当权益，方正为范，修己力行而又显示自我价值和鲜明个性，知德并修、恬淡守节而又不再是耻于言行、甘于清贫。这样便使中国教师从脱离群众、脱离实际生活的象牙塔中解放出来，实现自我超越，焕发师表的光辉和活力。

论"名师效应"及其德性考量①

名师，是教育思想、教育经验的一座座宝库，是师德、师品和师表的统一。在名师身上，充分体现了教师自尊与受尊的正向统一。一方面他们经过自己的辛勤耕耘、无私奉献，在教育岗位上取得了杰出成就，对社会作出了突出的贡献；另一方面，他们的劳动成果又得到了社会的尊重、公众的敬慕和同行的推崇。

"名师效应"突出表现在：能够唤起社会、公众尤其是青年一代对教师职业的了解、认同，增强教师的职业吸引力；能够激发广大教师教书育人、献身教育的敬业精神，增强教师的职业自尊感和成就感；名师的高尚师德、渊博学识和精湛教艺不仅是造就理想远大、素质精良的新一代人才的坚强柱石，还能带出一批批教学能手、教坛新秀，托起更多的教育明星。

发挥"名师效应"，必须积极造就和大力推出"名师"。记得一位专家曾说过，中国并不是没有自己的苏霍姆林斯基，而是缺少发现、总结和宣传。诚然，教师的工作是平凡普通的，教师的成就是朴实无华的。造就名师，首先应确立正确的标准，名师是有级次的，而且有专业类别，我们不应求全责备，只有孔子、陶行知那样名垂千古的教育大师才算得上名师。其次，应升高名师的"名位"，政府及教育主管部门应强化名师意识，尊重和保护名师教育成果产权，实现其劳动价值与价格的应有统一，对他们的生活待遇、政治待遇和社会地位给予充分的优待和保障。最后，应铺筑名师成"名"的路径。这包括鼓励优秀学生报考师范专业，吸纳有志于教书育人的其他行业、岗位的优秀成员加入教师行列，以优化教师队伍的智能和思想素质；加强教育理论工作者与实际工作者的联系，使广大教师摆脱盲目摸索、低效劳动和重复研究，加速成功的进程；进一步加强教师教学、教研成果、实绩的评选、奖励工作，大力表彰优秀教师。

---

① 本节由《呼唤"名师效应"》和《名师评审需考虑德性》整合而成，原载于《光明日报》1995-01-09、《中国德育》2016年第3期。

然而，造就和推出名师固然是对名师业绩的承认、奖励和表彰，但更难能可贵的是，借以发挥名师的综合效应，使教坛的枝枝红杏能够唤来满园春色。发挥名师效应，首先，应利用大众传媒，大力颂扬他们的敬业创业精神、师德师表风范和工作业绩、社会贡献，使社会、公众借以了解教师、了解教育，进而产生敬师之情、重教之举。其次，应认真总结、研究名师的成才历程、成功经验和教育成果，使之通过文字、影像等形式由个体状态变为更多的人所共同拥有的社会财富，借以保存、推广和交流，在更大范围和更长时间里发挥作用。最后，应重视名师直接的辐射带动作用，如开展青年教师拜师和名教师收徒活动、各种教学方法和经验的现场示范、专门培训活动。另外，应将名师的成长道路、创业历程、工作业绩和教育成果、方法经验，通过文字读本、音像资料和名师本人的现场报告、示范等方式系统全面地介绍给未来的教师——师范生们。这将是一本活的教育学、生动的专业思想教科书。

当下教育领域"名"风盛行，"名校""名校长""名师""名班主任"，评选名目繁多、层次等级分明，从选拔、评审到表彰、奖励，无不牵动人们的眼球和神经。那么，到底什么是"名"？在社会学上，"名"代表着名望，即社会声望。它被马克斯·韦伯看作与收入、权力同等重要的三大社会资源之一，布迪厄更是用"文化资本"来阐释其在现代社会的重要价值。那么，"名师"意味着什么呢？对此，我曾在20年前一篇《呼唤"名师效应"》的短文中提出，名师是教育思想、教育经验的一座座宝库，是师德、师品和师表的统一。因此，应当造就名师，提升名师的"名位"，铺筑名师成"名"的路径。令人欣喜的是，"出名师，育英才""造就一批教学名师和学科领军人才""实施中小学名师名校长培养工程""定期开展教学名师奖评选"，被先后写进了《教育规划纲要》和《国务院关于加强教师队伍建设的意见》等重要文件。发挥"名师效应"已从理论呼唤上升成为国家层面的教育政策，以及政府及相关主管部门的政策实践。诚然，"名师"作为官方、业界或社会授予的一种荣誉，已经成为同行乃至社会普遍认同其价值的人才称号，是一种卓越教师的象征。它不仅成为众多优秀教师追求的一种职业目标，也是政府、社会、家长评价学校的一个重要指标。这对于提升整体教师职业的吸引力、美誉度和社会声望，使广大教师获得与其他行业的从业者平等享有社会文化资本的机会，是十分重要、必要和有益的。但就现实看，无论是国家"万人计划"教学名师还是省、市、县各级各类名师的选拔，评选的标准多是从教学和科研等专业层面和技术维度制定；评选的方式多是个人通过观摩课、教学大赛等申报，再逐级推荐和选拔；评审的主体多是由教育主管部门聘请、指派的同行专家。目前这种名师评选机制最突出也是最值得我们深思的问题，就是在这个过程中虚化了或忽视了对竞选教师的师德行为及修养的深度考察。而其最重要的关系人——学生，则一直处在评选的缺位状态，评选时听不到在校生及往届校友的评价。而当选者一旦成为"名师"，这种头衔又往往成为其晋升、提拔、流动的重要资本，导致其与《教育规划纲要》中对教师提出的"严谨笃学，淡泊名利，自尊自律"要求渐行渐远。师者，人之模范也。加强名师评选中的德性考量，是名师评选的根本要义。

教师何以走出职业尴尬①

　　无论从党和国家对教师队伍建设的重视度，还是社会、家长和教育学者对教师的期待与关注度，抑或教师队伍自身的质与量的现实情状，教师职业都一直处在一种期待与失望、尊敬与鄙弃、信任与批判相裹挟的尴尬境地。2004年中国科协"中国公众科学素养调查"课题组公布的一项调查报告表明②，在被调查的14种主要社会职业中，58%的公众认为教师的声望最高，超过科学家、医生等其他职业。而《中国青年报》社会调查中心的一项调查也显示③，在受尊敬的职业中，43.4%的人选择了教师，仅次于科学家（68.6%）排在第二位，远高于医生、记者、企业家、律师等职业。与此同时，56.0%的人认为与20年前相比，教师的社会声望"下降了"。造成教师社会声望下降的原因多种多样，其中，45.2%认为是教师缺乏职业道德，65.5%认为是教师过分追求经济利益，34.5%认为是教师道德上不能为人师表，22.1%认为是教师授课水平下降；35.1%认为是由于教师承担了公众对教育体制的不满，38.3%认为是由于教育的产业化变革；33.7%认为是由于公众对教育质量的期待越来越高，14.2%认为是由于媒体对教师的负面报道太多。这种职业尴尬集中体现在高校教师身上，即所谓利益的上涨与声誉的下降。一方面，是高校教师工资在20年里涨了18倍，另一方面，高校教师在整个教师队伍中受尊敬的程度忝列中小学教师及幼儿园教师末座④。从上述一系列调查看，导致教师职业尴尬有教师原因、教育原因和社会原因，但似乎主要在教师自身。教师缘何陷入职业尴尬？教师走出职业尴

---

① 本节原载于《中国教师》2006年第19期。

② 王艳群.2004中国科普报告：科学家声望位居教师之后[EB/OL].（2004-11-08）[2006-01-07].http://news.sina.com.cn/o/2004-11-08/09224172476s.shtml

③ 过分追求赚钱　教师声望下降[EB/OL].[2005-09-13][2006-08-01].https://news.sina.com.cn/c/2005-09-13/04086928161s.Shtml.

④ 木公.知识精英：利益的获得与声望的下降[EB/OL].（2005-09-15）[2006-01-08].http://zqb.cyol.com/content/2005-09/15/content_1176541.htm.

尬的路在何方？

一、势必复归的飞镖：教师职业尴尬的缘由探寻

教师职业尴尬是职业自身固有特点，还是外部因素使然？日本学者佐藤学指出，教师工作具有回归性、不确定性和无边界性。这些特征是教师的观念、意识与外在的观念、制度、文化之间互动、冲突、碰撞的结果。其中，回归性是指教师工作就像一个势必复归的"飞镖"。教师被国家、社会、学生及家长赋予各种高位的期待、崇高的使命、神圣的职责，而在教育实践中，对学生的教育一旦陷入僵局，出现困难和问题时，教师总是习惯于把责任归于学生的基础差、不听话、难教育；或归于家庭及家长的素质低、缺少管教、方法失当；或归于社会风气坏、诱惑多、法治差，以及国家对教育的投入少，教师不受尊重、待遇低，等等。然而，教师的这些批判和责备就像投掷出去的飞镖一样，很快又回归到自己手上——责任最后还是落在教师自己身上。因为接踵而来的，是各个方面、各种方式对教师的责难和批判。例如，时下一个普遍观点是，现在教师的工资、待遇及社会地位都上去了，但师德、业务水平却下来了。一位教育官员在一次"师德建设研讨会"发言时也承认，教师队伍素质关系到中国教育的整体水平和素质教育的全面实施，而当前教师队伍的主要矛盾是质量问题。

首当其冲是师德问题。以权谋私、有失公正、体罚学生、厌岗怠业、违纪违法，被认为是当前教师的几大师德顽症。一本关于教育时评著作中，作者以"归来吧，师德"为主题，一组抨击性文章直指师德问题①：《1997年的呼唤——归来吧，师德》《1998年：如花少年死于加罚作业之后》《1999年：教师暴力此起彼伏》《2000年：教师的火气有增无减》。在此之上，作者不无感慨地追问：师德，也是现代人丢失的草帽？中国教师"病"在哪里？师德沦丧岂止"暴力"二字？教师，究竟应该怎样教育孩子？当然，现实中对于师德的指责，除了体罚和教育暴力以外，还集中在乱收费、有偿家教、对学生性侵害等。近年来，媒体对教师的各种负面报道随处可见，被炒得沸沸扬扬。

其次，是教师水平和能力问题。一句广为流传的教育口号充满对教师的

---

①杨晓升.中国教育,还等什么?[M].北京:经济日报出版社,2001:180-200.

"勉励"——"没有教不好的学生，只有不会教的老师。"在如火如荼的新课程改革不断推进而又面临各种困难和问题时，有学者就这样认为，"教师即课程"，有好的教师，就有好的课程。没有好的教师，再好的课程改革文本也是一纸空文。言下之意，课程改革搞不好，全是教师的观念、素质和能力问题。并声称，按照新的教师专业标准和课程标准要求，现在的绝大多数老师都不合格。

然而，教育改革也好，教育创新也罢，以及教育现代化的实现，在很大程度上取决于教师素质和积极性。教育部时任副部长陈小娅在"亚太地区教师发展和管理研讨会"上指出："当今中国教育面临的最重大问题，就是发展高质量的教育，实施素质教育。而解决这个问题的核心和关键，就是加快建设一支高素质的教师队伍。"①可是，我们是不可能指望对事业充满着疑虑、自卑和迷茫而处于职业尴尬的教师，去理直气壮、时不我待地投身和推动教育改革与创新的。国际21世纪教育委员会在向联合国教科文组织提交的报告指出："在外部世界主要借助于信息和传播新工具越来越渗入学校的时候，我们对教师要求得太多。……不管对不对，教师有孤独感；这不仅因为他从事的是一种个体劳动，而且也因为教育激起了过多的期望，因而教师往往受到不公正的批评。"②这种发生在教师"内"与"外"之间的矛盾，需要通过教师与社会、与公共当局等方面的"对话"，进而打破这种相互指责、埋怨和批评的飞镖式的怪圈，鼓励教师与学生、家长、社会、相互间理解、沟通与对话，通过各自反思与调整，沿着螺旋式路径不断促进相互支持、改善和提高。

二、变飞镖为螺旋：走出教师职业尴尬的政府和社会支持

诚如《教育——财富蕴藏其中》在基于现代教育发展对教师抱以更高期待和要求的基础上，提出这样一组令人深思的问题：社会对教师寄予的合理期望是什么呢？向他们提出何种要求才是现实的呢？在工作条件、权利、社会地位

① 亚太地区教师发展和管理研讨会召开:专业化是加强教师队伍建设关键[EB/OL].(2007-07-10)[2006-02-01].http://www.moe.gov.cn/jvb_zzjg/moe_187/moe_410/moe_536/tnull-24347.html.

② 联合国教科文组织.教育——财富蕴藏其中[M].联合国教科文组织总部中文科,译.北京:教育科学出版社,1996:15.

方面他们又能指望得到什么补偿呢？什么人可以成为一个好教师，又如何发现此种人才，如何培养他和保护他的积极性，并提高他的教学质量呢？这一组相互关联的问题，我们可以理解为研究和解决教师问题的链条和路径。从其终端"教学质量的提高"出发，可以反推出一组相互关联、不断递进的螺旋式命题：好教师的标准是什么？如何发现和培养好教师？如何调动好教师的工作积极性？如何给好教师应有的工作条件、专业权力和社会地位？再进一步追问的问题是，我们对教师的期望合理吗？向教师提出何种要求才是现实的？可以看出，这一问题链的逻辑起点，落在对政府、社会和家长与教师双向互动所构成的一个螺旋上。一方面，"要提高教育质量，首先必须改善教师的招聘、培训、社会地位和工作条件。教师只有在具有所需的知识和技能、个人素质、职业前景和工作动力的情况下，才能满足人们对他们期望"[①]。另一方面，"教师有理由要求合适的工作条件和地位，因为它们表明他们的努力得到了承认。……反过来，学生和整个社会有权期待教师以献身精神和敏锐的责任感来完成他们的职责"[②]。

显然，这种螺旋式的反思与求证，有利于改变政府、社会、学生及家长对教师期望与失望、尊敬与鄙弃、憧憬与逃避、信任与批判的双重态度和矛盾心态，形成一种新的教师观，凸显一种崭新而又和谐的教师形象。这种新的教师观和教师形象对教师政策的制定、教师教育的制度设计、教师绩效的评价标准以及社会公众对教师的评判，将产生积极的导向和影响。例如，教育部实施的意在吸引最优秀的人来当教师的师范生免费教育政策，就获得了较高的社会认同度，录取分数线不同程度提高，生源质量总体也好过往年。应当说，与过去那种期待教师高素质、高水平，又要求教师无私奉献、安于贫困，而一旦教师有所"越轨"就大加批判和指责的传统套路相比，这一政策正体现出政府、社会、学生及家长对于教师观的超越和教师形象的更新。

新近颁布的《国家教育事业发展"十一五"规划纲要》，打出"加强教师教育与培训""完善现代教师管理制度""弘扬尊师重教的良好社会风尚"的组合

---

① 联合国教科文组织.教育——财富蕴藏其中[M].联合国教科文组织总部中文科,译.北京:教育科学出版社,1996:134-135.
② 联合国教科文组织.教育——财富蕴藏其中[M].联合国教科文组织总部中文科,译.北京:教育科学出版社,1996:146.

拳，包括：倡导教师为人师表、教书育人、爱岗敬业、关爱学生的职业精神，增强教师的责任感和使命感；推进教师教育和师范院校改革，加强师范院校建设；吸引优秀青年读师范，鼓励优秀人才当教师。制定和完善吸引优秀人才从教的政策措施；完善教师岗位分类管理、公开招聘、业绩评价和薪酬分配办法；健全教师考核评价机制，严格管理，不断优化教师队伍。各级政府要在政治上、思想上和生活上关心教师，努力改善教师尤其是农村教师的工作、学习和生活条件，解决实际困难，维护教师合法权益；切实依法保障教师的平均工资水平不低于或者高于国家公务员平均水平，并逐步提高；大力宣传优秀教师和教育工作者的模范事迹。与以往的教师政策相比，这套综合配套的组合拳集中体现了加强教师队伍建设的政府作为和社会支持。

三、变飞镖为螺旋：走出教师职业尴尬的主体责任与作为

长期以来，面对势必回归的飞镖式的批评与指责，教师往往处于一种被要求、被规范的无奈状态，倍感困惑、郁闷和迷茫，陷入一种个体或者集体的孤独和沉默。相反，教师越是丧失了自身的话语，陷入无奈、迷茫、沉默和孤独，外界对于教师的指点评论和夹杂着各种复杂的情感就越是盛行。于是，对于教师的指点评论与教师自身的沉默孤独形成一种恶性的循环链，导致教师职业深刻的价值危机。很多教师因此失却了职业尊重感、使命感和幸福感，淡化和放弃自己作为教师所应承担的公共使命，而将工作作为一种私事化的谋生手段，成为一堆无以为报的"朦胧的杂务"。

诚然，教师职业总是基于一种自我尊重的渴望和需求。这种自我尊重来源于教师对职业价值和职业形象的自我认同。只有这种内在的自我尊重感，教师才能对自己所从事的职业产生一种有能力、有信心当好教师的胜任感，一种作为教师的职业生活有意义和有确定方向的使命感，一种在教育生活中实现自己教育理想和人生价值的幸福感。教师走出职业尴尬，需要政府与社会支持，更有赖于教师主体自身的责任与作为。这种责任与作为就是教师改投掷"飞镖"——对学生、家长、政府、社会的埋怨和不满，为基于自身的同心圆式的"反思性实践"，从而实现自身的专业发展。

应当说，教师职业的回归性为教师的反思性实践提供了可能，给教师专业成长带来机遇和动力。教师立足所处的教育实践情境，面对具体的工作对象，不是依循一定教育理论的指导或对教育技术的熟练运用，一旦遇到问题、困难和僵局转而将责任"投掷"出去，而是进行一种自觉地反省、批判、探究、体悟、积累，以此形成具有针对性、实效性的教育策略。教师通过这种同心圆式的实践反思，获得教育教学的实践性知识和实践智慧，提高教育实践能力和水平，成为教育领域的专家。事实上，这种反思性实践不断提高教师专业化水平，使教师在获得专业人员应有的社会尊重和信任同时，自身也获得一种职业的胜任感、自信感和幸福感。以此摆脱"春蚕""红烛""摆渡人""园丁"一类的生存方式和生命状态，展现创造、成功和收获带来生命价值的丰富与充盈。

实质上，这种螺旋式路径是一条教师专业化建设与发展之路。它是基于政府、社会和教师各自的反思和良性互动，打破教师职业尴尬的体制和文化怪圈，形成"确立专业化的教师标准与入职机制——提供专业化的教师待遇与地位——推进教师教育专业化和教师政策改革——吸引和鼓励优秀人才从事教育工作——促进教师自身的实践反思与专业发展——教师专业素质与能力的提高——教育质量不断提高——教师职业地位和声誉提高"的良性循环。

行文至此，欣逢胡锦涛同志在全国优秀教师代表座谈会上的讲话（简称《讲话》）不仅是对中国古代尊师重教传统的继承和发扬，是对中央几代领导集体关于尊师重教思想和《中华人民共和国教育法》《中华人民共和国教师法》立法宗旨的体现与发展，更是在吸取国际教师专业化建设理论和实践成果基础上，实现我国新时期教师队伍建设的重大创新。《讲话》一方面提出加强教师队伍建设的"三个必须"，通过一系列制度设计与创新，为提高教师职业地位和待遇制定系统配套的政策措施，大大增强了教师的职业竞争力；为提高教师素质和水平提供切实可行的政策保障，大大增强了教师的职业吸引力；为提高教师职业的美誉度创造良好的政策环境，大大提升了教师的职业声望。与此同时，胡锦涛同志又满怀真情地对教师提出"四点希望"。这与"三个必须"结合起来，形成教师地位与素质水平、积极性之间一种有效的统整机制。这种统整机制是针对我国教师队伍一直处于"低地位、低素质、低水平、低积极性"状态的实际，将尊师重教与教师自尊自励并举，提高教师地位和待遇与激发教师内在成长动力结合，开拓教师职业"高地位、高素质、高水平"的螺旋式发展路径，展现一种既具有职业竞争力、吸引力和良好社会声望，又具有高素质、高水平、高积极性的崭新教师形象。

论教师的"善诲"与"廉教"①

"诲人不倦"当算孔子首倡并为世代教育家所躬行的师德传统。但当我们环顾教育实践便会发现，很多学校的领导、老师对"诲人不倦"的理解、实践和评价是存有误区的。集中表现在：认为"不倦"就是教学上投入的时间和精力、训练的次数越多越好；就是管理上事无巨细，到场、查看、监管得越勤越好。于是，"诲人不倦"便成了疲劳战、保姆式的心理动因，成了爬坡慢、低效率、高负荷的内在成因；成了教师工作低创造性、高消耗性，学生学习低积极性、高逆反性的主要原因。

虽然，这种诲之过剩、不倦有余的做法从其初衷来说是积极的、用心良苦的，但若作深入、全面的透析，它却带来了很大的负效益。更不可忽视的是，由于其用心良苦、工作辛劳，这些做法和负效应很容易被人们所接纳，进而成为深化教育改革的思想障碍。

事实上，孔子在倡导"诲人不倦"的同时，更竭力主张"循循善诱"。他自己就通过"能近取譬""叩其两端""由博返约""举一反三"来启发、诱导学生。《学记》更是一语中的："善学者，师逸而功倍，又从而庸之；不善学者，师勤而功半，又从而怨之。"这表明，教学功之倍半，与学生善学与否成正比，倒与师之勤逸成反比。那么学生善学与否又取决于什么呢？只能是善诱，而不是不倦，更不是越不倦越能诲人的。"诲人不倦"固然要求教师智力和体力的全部投入，但更主要的是表现为一种精神、一种情怀，而不是只投入不讲效益的低效劳动，不厌其烦地死缠硬磨。否则，教师纵可以不倦，学生也会懈怠、厌倦的。

我们不能只靠时间精力上的不倦来补救教育的乏术、工作的低效了；我们也不能满足于"做了工作就是贡献""没有功劳也有苦劳，没有苦劳也有疲劳的

---

① 本节由《"不倦"莫忘"善诲"》和《"廉教"与师德建设》整合而成，原载于《安徽教育报》1994-07-26、《安徽教育报》1996-01-17。

状态了"。循循善诱、科学育人、提高时效，才是教育质量的可靠保证，才是"不倦"者的明智选择。

与此同时，古往今来，"廉"字总是与"官""政"联系在一起——廉洁奉公、勤政廉政，却从来未同教师有半丝牵挂。"一支粉笔，两袖清风""清贫、清苦、清廉"，这是对教师形象的生动写照。换言之，教师职业原本就与权、与利无甚瓜葛，何谈倡廉？

近年来在商品经济的大潮冲击下，令人目眩的商品世界、市场风云，众多行业的高薪收入、优厚待遇，使教师这个原本就清贫、清苦的职业更显寒碜、窘迫。同时，社会倡行的市场经济价值取向与教师固守的那些传统的师道信条发生了冲突，集中表现在利益导向处于调控经济行为的支配地位和以主体本位为中心的互利价值取向驱使人们对功利日益注重，而中国教师的传统价值模式却是重义轻利、敬业捐道、恬淡守节、安贫乐教。再者，社会不正之风也必然在教育领域有所投射，使原本圣洁的教坛受到污染，原本清正的教风失去了社会依托和舆论支持。还有一个不可小视的社会因素在于，实行了计划生育的千家万户对孩子的教育期望普遍升温，为给孩子就学和升学筑路架桥，在"金钱开路"思想的驱动下，苦心的家长们便将期望的砝码压到了教师这一边。这一切都不可避免地影响到部分教师的职业道德、价值取向和行为方式。

在此，我们无须再去指责那些已经跳槽改行、弃教经商的昔日同行们，当引起警示的倒是不少教师虽在教书育人的岗位上，却背离师德、丢弃师尊，为改变自己的经济劣势、满足物欲需求，而利用岗位之便，开展所谓合理创收、有偿服务——进行多种形式的补习以收取补课费，或抢占课外时间甚至节假日组织辅导以收取辅导费，或向学生兜售资料、倾销物品以收取服务费、回扣费，而另一种似乎更合乎常情的是，做教师的往往心安理得地收受学生家长送来的礼品、礼金、礼单卡等，领受着这些"父母心"的番番"敬意""感谢"和"报答"。其中不乏有真心诚意的尊师重教者，但更多的家长是想以此小惠来赢得教师对自己孩子的格外照顾和特别培养。甚至还有些教师以班级划分、座位安排、作业批改、课外辅导、评优奖励为筹码向学生索要钱物，暗示家长送礼。

诚然，面对商海茫茫的现实社会，教师不是苦行僧、清教徒，同样面临物价上涨，也要操持柴米油盐。然而，殊不知，知识授受、情感亲疏、关心厚薄倘也沾上铜臭味，纳入一种交易、交换的轨道，势必导致师道失尊、师德失范、师表失态。更为严重的是腐蚀学生纯洁的心灵，污染原本圣洁的师生关系，助长社会不良风气和腐朽思想的蔓延，也毁坏崇高美好的师表形象。

　　市场经济的健康发展、精神文明的建设繁荣和教育事业的自身特点，都在强烈呼唤广大教师积极适应改革开放的新形势、新要求，努力加强师德建设，做到自尊自爱、廉教自律、敬业奉献，不辱人民教师的光荣称号。当然，廉教不等于教师就该廉价劳动，固守清贫，耻于言利。在社会主义市场经济新形势下，廉教应该是中国教师的传统美德与市场经济的价值体系的统一体，即自尊自爱又不固守老腔调、老面孔，敢于争取和保护自己的正当权益又始终恬淡守节、方正作范，更不能以对社会的贡献为筹码一味索取。教师职业地位的提高和经济待遇的改善，应当是国家行为、政府行为，绝不应成为教师直接的个人行为。廉教的倡行有赖于政府部门和各级领导反腐倡廉的进一步落实和加强，有赖于社会风气的进一步转变和净化，有赖于广大家长的支持和配合，有赖于学校领导的率先垂范和科学管理，但最重要的还是在于加强师德建设。只有广大教师的共识、共举，才是廉洁自律、重塑人民教师光辉形象的根本保证。

弘扬教育家精神风范①

翻开浩瀚的中国教育史册，我们会强烈感受到，华夏五千年文明代代传承、发扬光大，是与世代教育家的殚精竭虑、无私奉献密不可分的。他们似红烛春蚕、渡船人梯，传递着中华民族的文明圣火，培育出一代又一代人才，塑造着民族的精神和灵魂。在师范院校的教育学课堂教学中，虽然也频频引用历代教育家的名言，介绍他们的业绩、思想，但毕竟是零星点滴的，满足不了加强爱国主义教育和专业思想教育的需要。为此，我们设计并开展了这样一组系列教育活动。

（一）树心中形象

当代青年人普遍有一种偶像崇拜心理。师范生该崇拜什么样的形象，关系到未来教师的理想追求和价值取向。为此，我们精心设计了一组特殊的校园文化景观：在教学大楼的走廊上悬挂着一幅幅古今教育家画像，从孔夫子到陶行知、徐特立。画像的上方题录着这些教育家的一段名言。如孔子的"学不厌，智也；教不倦，仁也。仁且智，夫子既圣矣"，荀子的"国将兴，必贵师而重傅……国将衰，必贱师而轻傅"，陶行知的"捧着一颗心来，不带半根草去"，等等。画面的下方介绍教育家们的生平事迹，并用最简洁而醒目的一句话概括其历史贡献，如摩顶放踵利天下的教育家——墨子，无产阶级革命教育的拓荒者——徐特立，中国幼儿教育之父——陈鹤琴。每天，同学们从教育家画像前面走过，总是要驻足瞻仰，默念他们的业绩和精神。

（二）学宗师风范

在同学们对教育家有了直观、感性的了解，并有深深的敬仰之情的基础上，我们又适时举办了"中外著名教育家系列讲座"，使他们通过系统学习更加深入全面地认识自己心中的"偶像"，了解他们艰苦奋斗、不懈追求的人生道路，安

①本节原载于中国教育报编辑部《中小学爱国主义课外活动100例》，1996年出版。

贫乐道、敬业捐道的崇高风范，勤业自勉、报效国家的理想追求……我们还重点宣传介绍了陶行知、徐特立、陈嘉庚、陈鹤琴这样一些伟大的现代教育家如何心系国运，怀着"教育救国""教育立国""教育兴国"的美好愿望，为国育才的光辉事迹，如组织陶行知教育思想研究会专家、"学陶师陶"先进单位和陈鹤琴教育思想研究会的同志来校做专题讲座和事迹报告，在学生中引起了强烈共鸣。在他们的心中，这一位位教育家的形象变得愈益明晰、丰满、鲜活起来，显得有血有肉、有人格力量了。接着，我们又在同学当中开展起"教育家这样说过"教育格言竞抄、竞背活动；"教育家小故事"说讲活动，并与同学们一道收集整编出"历代教育家论师为师"系列材料。这样，众多教育家的生平事迹、教育主张、抱负追求、方法经验、师德人品、爱国节操，广泛地被同学们所谙熟、认同，深深地植入他们的情感、信念和人格中。

（三）立报国之志

引导师范生学习、崇敬教育家，是为了激励他们每天走教育家之路，创教育家业绩，共同托起21世纪的中国教育大业。为此，我们在同学中举行了"从师范生到教育家"座谈会。大家在会上热烈讨论，踊跃发言，纷纷谈自己的教育理想和人生旨趣：

"教育家应当是一个杰出的爱国者。他总是心系国家民族，扎根教坛，把自己的全部心血和毕生精力都献给国家、献给人民，献给教育事业，而不是为了个人成名成家。"

"教育家应当有远大的理想抱负、高尚的思想品德、渊博的学识、精湛的教育艺术、锐意探新的改革精神。他总是在教育实践探索中，创造出闪光的教育思想和实践经验，把教育事业推向前进。"

"走教育家之路，就应当像陶行知先生倡导的那样，志存高远，'敢探未发明的新理，敢入未开化的边疆'，敬业爱教，服务于国家和人民的需要，以高度的社会责任感，献身桑梓，为农村教育发展和经济振兴竭诚尽力。"

"成为21世纪的乡村教育家，必须从现在开始发奋努力，刻苦学习，不断提高自己的师德修养和业务水平，做到学而不厌、自强不息，为明天献身教坛，振兴家乡、报效祖国做好最充分的准备。"

通过这组课外活动的开展，我们体会到，教育家的教育思想和业绩有着鲜明的形象性、历史的真实性和特有的人格力量，是对师范生进行爱国主义教育的好典范、专业思想教育的活教材。

关注教师行动研究的专业伦理①

20世纪90年代以来，我国教育理论与实践领域开始引入教师行动研究的相关理论与经验，并在中小学教育研究中逐渐推广。然而，当前研究者和实践者对行动研究的关注与应用仅限于技术层面，而忽视了其伦理追求与规约，导致教师在做研究的过程中面临不能合理把握改革与风险、难以与研究人员进行合作等问题。为有效开展教师行动研究，促进教师专业发展，需要关注行动研究中的伦理问题，依循一种符合专业品性、基于专业知识和原则的伦理来调节和引导教师的研究活动。具体而言，教师行动研究中需要关注以下四方面伦理原则：

第一，在师生关系上，教师应以尊重、理解和保护学生为道德基准，以学生发展为本。在行动研究中，学生既是行动的参与者又是"被试"，教师应当慎用研究方法和工具，提高研究的效度与信度，避免学生受到伤害；教师应当充分尊重和保护学生的人格尊严、个人隐私和发展权利；研究目标的确定、课题的选择、结果的反思与总结等，应以促进学生发展为根本目标和最高准则。否则，教师的行动研究及专业发展就有可能偏离正确方向，造成对学生的不利影响。

第二，在与学校管理者关系上，教师应坚持平等合作、民主参与和专业判断的行为准则。教师行动研究会涉及对学校既有教学观念、行为规范和某些规章制度的合理性、合法性与有效性的反思、质疑与批判。这要求教师在赋权基础上民主参与学校管理与建设，按照一定的专业标准进行自主独立的专业判断与决策；学校管理者也应放弃对学校制度的权力的管控，改变科层本位的"官僚文化"，形成一种理解、支持性的"服务文化"，将学校还原成为教师民主参与的过程。为此，教师应增进与学校管理者的沟通与协作，实现平等合作、民主参与和决策分享，而不至造成相互对抗、隔阂与冲突。

第三，在自我探究与实践反思中，教师应保持勇于改进、敢于创新的自觉

---

① 本节原载于《教育发展研究》2009年第18期。

性与责任感。教师既是行动研究的发起者、组织者和实施者，又是反思和改进的对象。在行动研究中，教师通过自我知觉、自我揭露、自我解构、自我批判，对日常生活中被认为理所当然的内隐知识、信念、价值、行为方式进行自我观察、反思、挑战和质疑。这一过程孕育着专业发展和行动改进的巨大可能性，教师可以实现自我超越、更新和重建。然而，这一过程也可能导致自我怀疑和伤害，面临自我批判的危机，难免造成教师内心的矛盾、困惑。正由于此，很多教师宁愿停留在现实的"舒适地带"，而不愿开展自我揭露和反思活动。因此，教师行动研究需要有创新的态度、责任感和意志力，以及教师间的相互理解、支持和促进。

第四，在与同行及专业研究者合作中，教师应秉承民主开放、信任合作和专业自主精神。教师行动研究不是个人化、孤岛式的，而是要在民主、平等、开放和合作中寻求视界交融，获得经验分享。因此，教师在行动研究中需要得到同行的理解、接纳、信任、合作、鼓励、支持等；同时，教师在自我知觉和揭露的反思性活动中，需要同行之间制订并遵守一种平等积极的互动规范，建立彼此理解、信任的"批判性朋友"关系，形成专业发展共同体。教师还可以在安全、接纳、积极关注和相互支持的情境下，消除自我防卫，坦诚地交流各自的教育生活体验，并进行深刻的自我反思与解构，达到个人知识、信念、价值观和行为方式的重建以及与他人的分享。

此外，教师在与其他专业研究者的合作上，由于使用的话语系统不同，会有一定距离感。为此，教师行动研究需要在明确双方权利与义务的同时，建立起民主沟通与交互批判的合作关系，形成平等、自由沟通的氛围。教师对专业研究者的意见和建议要有自主的思考，有独立的专业判断与决策；同时，教师要与专业研究者保持专业对话，发表自己的思想见解和研究成果。

教师行动研究的专业伦理不只是遵守道德义务以及相关伦理规范，而是要发挥主体的作用，强调德性伦理的功能。在教师行动研究中，教师将自己的职业理想、生命价值和行为准则内化为具有自主、自律乃至自动功能的专业荣誉、专业尊严、专业责任与专业精神，进而整合形成充满内心道德自由的专业生活方式。在德性伦理的调节下，教师会基于学生发展、教育价值以及人类的终极关怀，以高度的专业自律来处理行动研究的伦理关系，并保持一种内省性思维和反思习惯。在此基础上，教师专业伦理内化为一种充满自由与善的道德实践智慧。教师行动研究的专业伦理不是外在赋予和嵌入的，而是通过教师主体不断地道德认同、承诺与践履而生成的道德实践智慧。

教师行动研究的专业伦理及其建构①

作为教师专业发展的重要方式——行动研究，正在我国基础教育领域得到广泛提倡和推广。诚然，教师行动研究包括技术和伦理两个相辅相成的层面，但就现实而言，人们更多关注行动研究的技术层面而普遍忽略它的伦理层面。正如麦克南认为，行动研究中的伦理问题，一直以来很少有人讨论。此种局面着实令人担忧，因为对于伦理问题的关注，是一项实践够得上专业水准的标志。而且，教育实践固有的道德属性，使专业伦理规范建设在教师专业化过程中具有独特意义②。如何建构教师行动研究的专业伦理，不仅可以弥补教师行动研究的专业伦理缺位，也是提升教师专业道德水平、更新教师道德形象，促进教师专业化的核心内容和重要途径。

一、教师行动研究面临的伦理缺位问题

不待言，教师参与和开展教育研究，需要遵循学术研究的基本道德规范，以及教育研究的一般伦理标准。因为教育伦理是保障教育科学良好社会形象和内部声誉的重要力量。不受严格的教育伦理规范的科研活动，常因其目的、手段的不正当性而遭到社会的非难。教育伦理是保证教育科研尊严的有力武器，是发挥教育科研功能的重要条件③。然而，教师行动研究是一种基于行动、在行动中、由行动者开展的旨在改进行动的教育研究。行动研究的伦理关系不同于一般学术研究及其他范式的教育研究；反之，一般学术研究及其他范式的教育研究道德规范难以解决行动研究的伦理问题。这使教师行动研究面临一系列伦理缺位问题。

---

① 本节原载于《安徽师范大学学报(人文社会科学版)》2010年第1期。
②刘捷.专业化:挑战21世纪的教师[M].北京:教育科学出版社,2002:70.
③王本陆.教育伦理建设:教育现代化的跨世纪课题[J].中国教育学刊,1999(2):10-13.

（一）行动研究的实践导向面临的伦理缺位

实践导向虽是教师行动研究的一大特点和优势，却潜存着自身的伦理难题：教师行动研究需要指向特定的教育实践问题，打破既定常规，也面临失败的风险与代价。具体说来，教师如何担负研究与行动的双重责任，却又不因开展行动研究而对学生的学习与成长带来任何不利影响呢？教师行动研究是以日常教育生活作为研究的"问题域"，以研究者——教师作为研究焦点，又将研究结果转化为自己的实际教育行动。教师如何让学生知道并同意其研究目的和计划，又避免这种沟通和解释对研究的客观性与有效性带来不利影响呢？教师行动研究是一种系统公开的探究过程，教师如何在研究过程中与合作者交流合作以及在研究结果的发表与分享中，保证研究过程的公开性又不对学生的隐私产生侵害呢？这些问题的处理都需要特定的专业伦理规范。

（二）行动研究的协同合作面临的伦理缺位

协同合作是行动研究的一个基本要求。教师作为"一线研究者"，具有特定的价值取向、思维方式和话语风格，在与掌握更多资源、享有更多权利的大学或专门机构的研究人员即"二线研究者"合作研究中，如何避免再度陷入被研究和被操控的境地，在协同中进行自主研究，保持态度与话语的平等，而不至于陷入角色关系冲突和"介入的尴尬"呢？教师在与同事共同开展合作研究中，如何在一般的尊重、团结和互助式的道德关系基础上，进一步基于行动研究需要，相互开放各自的教育生活世界和内隐的教育信念与体验，相互反思、批判和辩证，进行深入有效合作探究与经验分享，既不会感到过分焦虑、沮丧，也不造成相互戒备与伤害？这都需要一种专业道德规范来加以调节与保障。

（三）行动研究的批判反思面临的伦理缺位

教师行动研究总是在教育主管部门及所在学校领导的管理下进行的。教育主管部门和学校的重要旨趣是确立规章制度及管理措施的合法性，形成一定的秩序和权威；相反，教师行动研究则要对既定教学制度规范、意识形态的合理性及具体的教育实践进行反思与批判，发现一定的问题并通过自己的研究产生一种变化与革新，达到"改进"和"促进"的目的。在这一过程中，教师如何在与教育主管部门以及学校管理者之间的不对称关系中，保持反思与批判的态度而又不会与他们产生冲突，进而得到组织的支持和促进呢？这不只是一个管理的问题，也不是一般的道德规范能够调节，而需要建立一种专业伦理。

（四）行动研究的自我探究面临的伦理缺位

教师开展行动研究总是要确立一定的价值标准，对自己"日常生活"保持一种反思省察，进行深刻的自我反思与揭露，以达到一种价值澄清与行动改进。具言之，教师内在的伦理价值与信念体系是教育行动研究中探究、反思与实践的核心，而教师在行动研究过程中，他本身的信念与价值体系会持续受到反思、质疑、辩证、解构以及再建构，并逐渐统整、成熟而趋近于教育的理想与价值。教师如何保持这种自我反思与探究而不致产生自我怀疑与挫伤，以及情绪沮丧和自尊心被伤害呢？同时，教师如何在自我揭露和反思解构的过程中，重新建立与同事的关系，相互合作、深度沟通、集体反思，以激起更敏锐的专业知觉和强健的改革动力，形成崭新的学校文化和专业发展共同体呢？

诸如此类问题的处理与解决，虽然具有一定的技术因素，但更重要的是一种基于一定价值判断和伦理标准的道德实践活动。没有一种基于专业知识、原则和品性的专业伦理来调节和支撑，教师行动研究就难以真正开展起来。换言之，只有确立与教师行动研究相适应的专业伦理并在此指导和保障下，教师才得以超越日常经验和生活环境的桎梏，使惯常的教育实践真正跃升为"行动"与"研究"有机结合的专业实践，以促进教师专业化发展。

二、教师行动研究的专业伦理规范

教师行动研究的伦理缺位问题，显然已经超出现行"教师职业道德"的调节范围。1991年颁行和1997年修订的《中小学教师职业道德规范》提出"严谨治学""团结协作"。2005年教育部在《关于进一步加强和改进师德建设的意见》中明确提出：大力提倡求真务实、勇于创新、严谨自律的治学态度和学术精神，团结合作、协力攻关、共同进步的团队精神，努力发扬优良的学术风气。坚持科学精神，模范遵守学术道德规范，潜心钻研，实事求是，严谨笃学，成为热爱学习、终身学习和锐意创新的楷模。2008年修订发布的《中小学教师职业道德规范》进一步提出教师应当"团结协作，尊重同事""潜心钻研业务，勇于探索创新，不断提高专业素养和教育教学水平"。但总体而言，这些原则要求基本上囿于一种抽象、模糊、未分化的师德规范，对教师行动研究这种具有高度专业性的专业实践难以发挥具体的调节和指导功能；反则，伦理缺位又会进一步导致教师行动研究的目标、过程和结果的伦理失范。基于此，本节根据行动研究的特点及其特定的伦理关系，来确立教师行动研究的专业伦理规范。

（一）在师生关系处理上，教师行动研究应以尊重、理解和保护学生为道德基准，以学生发展为本

教师行动研究固然要促进教师自身专业发展，但其根本意义和价值必须见之于学生发展。2001年第三届国际教育组织世界大会《关于教师职业道德的宣言》提出的教师职业道德标准，核心是"为所有学生提供高水平的教育""尊重所有儿童（特别是他们的学生）的权利"。美国"全美教师专业基准委员会"制定的《教师专业化基准大纲》，首要一条也是"教师接受社会的委托负责教育学生，照料他们的学习"。可见，教师行动研究的最高伦理原则是以尊重和保护学生的权利为基准，以促进学生发展为最高道德标准。

这是由于教师行动研究总是基于真实的教育实践活动，指向具体的学生。在行动研究中，学生既是行动过程的参与者，又是研究活动的"被试"，而且，学生不大能够自由参与或退出教师所开展的行动研究过程，这就要求教师行动研究应当制定并遵守相应的专业伦理。麦克南为行动研究制定的13条伦理标准中包括：在研究的目标上，所有受到行动研究影响的人都享有知情的权利、商议的权利和获取建议的权利；如未获得家长、管理人员和其他相关人员的许可，不应进行任何行动研究；研究者必须对资料的机密性负责；不得进行任何可能对所涉及的人员造成身心伤害的研究；等等。具体说，教师行动研究应当慎用研究方法和工具，提高研究的效度与信度，避免学生受到伤害与影响。在行动研究过程中，教师应当充分尊重和保护学生的人格尊严、个人隐私和发展权利；研究目的、课题选择、措施、结果反思与总结，应当以促进学生更好发展为根

本目标和最高准则。否则，教师的行动研究及专业发展就有可能偏离正确的方向，违背教师专业道德规范，对学生造成不利影响。

（二）在与学校管理者关系上，教师行动研究应坚持平等合作、民主参与和专业判断的行为准则

教师行动研究总是在学校情境中进行的，具有明显的校本性质。表面上看，教师行动研究是为了"改进"某些教学观念或行为，而一旦深入开展起来，不仅会涉及学校既定的教学观念、行为规范，还会触及有关的规章制度与教育政策。正如埃利奥特提醒人们，在制度化情境中，教学改革并不是一种简单的个人创造。它总是受到制度的限制，而个人的力量无法超越制度去引起有效的变革。行动研究突出的"批判"和"解放"色彩，势必对学校的某些规章制度要求以及教育政策的合理性和有效性提出一定的反思、质疑与批判。行动研究的目标计划、责任承诺、研究过程以及对结果的反思、总结和交流，都应当是教师个体或志愿者组合的自主决定与自觉行为，而不是附庸和盲从于科层组织的权威。一方面，这要求教师行动研究是在赋权基础上的民主参与过程，是按照专业标准进行自主独立的专业判断与决策；学校管理者也应放弃对整个学校制度的权力管控，改变科层本位的"官僚文化"，形成一种理解、支持性的心理气氛和促进教师民主参与变革的"服务文化"，把学校建设成为学习型组织，将学校还原成为教师民主参与的过程。另一方面，教师应在与学校管理者平等合作和民主参与的过程中，对现行教学制度和意识形态进行的反思与批判应当是建设性的、合作的，以共同研究制订行动研究的计划方案，推动学校教学制度和观念的变革。教师应增进与学校及其管理者的沟通与协作，实现平等合作、民主参与和决策分享，共同促进学校的变革，而不致造成相互对抗、隔阂与冲突。

（三）在自我探究与实践反思中，教师行动研究应保持勇于改进、敢于创新的自觉性和责任感

行动研究以研究者——教师自身为焦点，教师同时作为研究主体与客体。教师既是研究的发起者、组织者和实施者——研究主体，同时又将自己的思想观念和行为的过程与结果，作为观测、反思和加以改进的对象——研究客体。

教师的自我知觉与反思不仅是行动研究的精神特征之一，而且被认为是教师专业发展与成长的核心动力。然而，反思不只是一种技术与方法，它需要逻辑思维的积极参与，是人的理智、情意和价值观的交织活动。自觉性、责任感和意志力（全心全意和坚持不懈）是反思性行为的有机组成部分。具言之，习惯性思维常常使教师不加批判地接受现实法则，处在一种无问题或"去问题化"的日常生活世界之中。教师往往注重教学方法和技巧的掌握而不去关心教学的原理，沉溺于实践经验和墨守成规的习惯之中。在行动研究中，教师作为反思性实践者，通过自我知觉、自我揭露、自我解构、自我批判，对日常生活世界中被认为是理所当然的内隐知识、信念、价值、行为方式进行自我观察、反思、挑战和质疑。从理论上说，教师这种对教学实践的不满，以及对自我专业知识技能和价值观的怀疑与挑战，孕育了专业发展和行动改进的巨大可能性，教师由此实现自我超越、更新和重建。然而，教师的自我揭露与批判反思很可能导致自我怀疑和伤害，面临自我批判的危机。这一过程难免造成教师内心的矛盾、困惑、冲突、焦虑、紧张和不确定感，进而会有一种情绪沮丧、自尊心被伤害的感觉，存在着自我破坏的风险性。正由于这些原因，很多教师更愿意停留在现实的"舒适地带"，沉迷于日常生活世界而不愿开展自我揭露和反思活动。

对此，美国"全美教师专业基准委员会"制定的《教师专业化基准大纲》第四条就明确提出，教师系统地反思自我自身的实践经验中学到知识，具体包括：验证自身的判断；不断作出困难的选择；征求他人的建议以改进自身的实践；参与教育研究，丰富学识。我国学者朱小蔓也指出，创新应当成为教师职业道德的新规范和新吁求，是教师教育教学的基本活动，教师职业的新道德[①]。这意味着，对于教师来说，创新不仅是一种方法和能力，而且是一种专业道德的重要内容，包括一种创新的态度、责任感、意志力，以及教师之间的相互理解、支持和促进。只有这样，教师的实践反思才能经常、持续、深入地进行下去，成为一种日常的专业工作方式。而只有这种充满实践反思的专业工作方式的形成，才能促进教师不断变革与创新，在实现自身专业发展过程中，推动教育实践不断变革与改进。

---

①朱小蔓,等.教育职场——教师的道德成长[M].北京:教育科学出版社,2004:144-146.

（四）在与同行及专业研究者的合作中，教师行动研究应秉持民主开放、信任合作和专业自主的精神

　　教师行动研究不是个人化、孤岛式的研究，而是在民主、平等、开放和合作中寻求同行之间的视界交融，获得经验分享，通过相互反思与批判以提高研究的信度与效度。因此，教师行动研究又被称为"合作的行动研究"。教师行动研究的合作首先存在于教师同行之间。在行动研究中，当教师通过反思个人习以为常的知识经验、价值观和行为模式而陷入自我批判和自我破坏的危机时，需要得到同行的理解、接纳、信任、合作、鼓励等情绪性支持。同时，教师在自我知觉和揭露等反思性活动中，经常存在自我蒙蔽的视角盲点，受到日常生活经验、价值观和行为模式与习惯的束缚，需要同行之间制订并遵守一种平等积极的互动规范，建立志愿者组合和彼此理解、信任、平等的"批判性朋友"关系，形成专业发展共同体。以此，所有成员从自我解构到教学观念和经验的重建，都能维持一种开放、平等、信任与自由的沟通情境，形成支持性的和积极关注的心理氛围。教师在安全、接纳、积极关注和相互支持的情境下，消除自我防卫机制，坦诚地开放各自的教育生活世界并进行深刻的自我反思与解构，达到个人知识、信念、价值观和行为方式的重建及同行之间教学经验的分享。

　　行动研究的合作还存在于教师与其他介入的专业研究者之间。牛瑞雪在作为专业研究者参与学校及教师的行动研究过程中发现，行动研究搁浅的重要原因，是专业研究者（学者）与教师之间的沟通障碍[1]。专业研究者与教师使用两套不同的话语体系，无形中加大了两者的距离，信任感随之下降。两者认同各自的制度文化，造成放权与依赖性之间的反差。即专业研究者试图保持研究过程中参与的平等、民主，主张研究过程的自主和开放性，而教师则希望得到学者切实具体的策略性指导。由此，不仅造成专业研究者在行动研究中"介入的尴尬"，也使教师的"研究者"地位和角色在专业研究者面前的退缩、转让。为此，行动研究不仅要在制度上明确专业研究者与教师各自的权利与义务，建立一种合作的运行机制，同时也面临研究伦理的重建。行动研究强调教师与专家

---

　　① 牛瑞雪.行动研究为什么搁浅了——大学与中小学合作研究的困境与出路[J].课程·教材·教法,2006(2):69-75.

研究者之间的民主沟通与交互批判反省的关系，他们之间互为信赖的朋友和批判性的朋友，研究者以协调者的身份，在交互反省、辩证批判的历程中，与教师共同反省研究行动策略中的各种内外因素，建立并维持民主平等与自由沟通的氛围。在此过程中，教师应尊重专业研究者的意见和建议，汲取专业研究者的专业智慧，又保持自主性思考，进行独立的专业判断与决策，尊重自己的实践性知识和实践智慧，分享同行之间的经验和情感；同时，在与专业研究者的合作中，教师有勇气和信心保持与专业研究者的专业对话，加入话语共同体，发表自己的思想见解和研究成果。这种专业自主既是教师与专业研究者平等对话的必要条件，也使教师获得专业权力，进而"专业地工作着"。

三、教师行动研究的专业伦理建构策略

教师行动研究的专业伦理建构，在理论基础和实践策略上面临多种选择。一般来说，专业伦理的建构存在着效益论伦理学、义务论伦理学和德性论伦理学等三种策略[①]。本节结合行动研究以及教师专业化的特点，对这三种建构策略进行分析评述，提出教师行动研究的专业伦理建构策略。

（一）效益论伦理学的建构策略

效益论伦理学认为，道德规范本身并无纯粹的义务性和善恶之分，只要能够最有效得到最大效益，评价一个行为的善恶好坏的最主要标准是能否达到最大的效益。按照这种策略来建构教师行动研究的专业伦理，追求的是时间、精力投入的最小、最少化与产出、效果的最大与最优化，以此来处理行动研究的伦理关系并进行行为、措施的评判与取舍。这似乎能达到行动研究的最高目标，也似乎意味着能够提高教师的专业化水平。然而，追求效益最大化与最优化的后果有可能是动机、过程以及结果的不道德甚至反道德。例如，虽然教师通过行动研究的开展达到了某种教育"效果"，如学生成绩上升了，班级秩序好转了，或是学生违纪现象减少了，但事实上，教师采取的措施和手段可能是规避了教育政策和教育伦理的走捷径、投机取巧与功利主义。因此，基于效益论伦

---

① 沈清松.伦理学理论与专业伦理教育[J].湖南大学学报,1996(4):83-89.

理学来建构教师行动研究的专业伦理，教师专业水平可能是提高了，教育教学效果也可能得到某种改善，但并不能使教育走向理想的目标，缺乏教育的正义、公平、崇高与自由精神。

（二）义务论伦理学的建构策略

义务论伦理学对于专业活动应当遵守的伦理规范，进行明确具体的规定，建立一定的制度和条例，强调制度伦理的作用。诚然，行动研究作为教师的一种专业实践活动，其伦理关系的调节与维系不是建立在教师个人道德尤其是传统的观念道德基础上，它更多的是建立在一定道德义务基础上的制度伦理，或者说，它主要表现为一种制度道德。因此，行动研究的顺利开展，需要基于教师专业知觉、专业精神和专业权力，确立一种合乎行动研究特点的制度规约，搭建便于教师进行行动研究的制度框架——可以做什么、怎样做和不可以做什么、怎样做。英国20世纪90年代推行学校改进运动所提出的"反思性行动计划模式"中，就制定出一整套"道德指导策略"和"合作策略"[①]。前者包括：（1）小组或指导教师间的讨论必须被视为绝对机密的；（2）对任何人而言，将小组讨论的事情泄露出去都是不道德的；（3）每一份个人档案都应被视为个人财产，其使用权完全属于本人；（4）尽管小组成员被要求定期为专业读者提供相应的文章，但他们没有义务将所有论文对校内读者公开；（5）在撰写评价性材料时，小组成员应避免识别个人成员或学生；（6）一旦个人因其背景而被识别出来，作者就应在资料生动性和公开性方面达成一致；（7）小组成员有权对当今事实和政策提出批判性分析。后者包括：（1）给成员提供道德上的支持，它"坚定决心，允许分担彼此的脆弱，并帮助人们经历那些在改革起步阶段相伴而生的错误与沮丧"；（2）提供支柱性力量，它帮助我们战胜职业和个人生活中每况愈下的生活情境；（3）提供管理改革的方法，在经验和资料共享的情况下，允许批评性观点。不过，对伦理义务的过分强调，也容易背离教师在行动研究中对自由、信任和创造的追求，甚至会将教师推向无德的境地。如教师因批评同事的方式不当却未受到同事责备而内心窃喜，或因泄露学生隐私没有受

---

① 胡洪伟，刘朋．英国教师主导型反思行动计划模式及其启示[J]．外国教育研究，2002（7）：60-64．

到相关方面的追究而心存侥幸。这种一次次逃避制度伦理责罚而获得的"快乐",却侵蚀着道德原则,扭曲教育伦理精神。

(三) 德性论伦理学的建构策略

德性论伦理学认为,专业伦理不只是遵守道德义务以及相关的伦理规范,而是重视人本有的能力发挥,并在发挥自我过程中保持与外界良好的伦理关系。德行论伦理学的教师专业伦理建构策略,更加强调德性伦理的作用。比较而言,制度伦理主要靠所确立的制度中蕴含特定的伦理精神来规约教师的行为,而德性伦理则是主体对自身的生存意义、精神归属、处世方式以及对某种伦理精神体认后所形成的精神品质和道德境界。与前者相比,德性伦理具有个体性、自觉性、相对独立性和超脱性的特点[1]。在教师行动研究中,德性伦理是教师将自己的职业理想、生命价值和行为准则内化为具有自主、自律乃至自动功能的专业荣誉、专业尊严、专业责任与专业精神,进而整合成充满内心道德自由的专业生活方式。在德性伦理的调节下,教师根植于学生发展、教育价值以及人类的终极关怀,以高度的专业自律来处理行动研究中的伦理关系,并保持一种内省性思维和反思习惯。在此基础上,教师专业伦理内化为一种充满着自由和善的道德实践智慧。

综上,教师专业伦理不是教师行动研究自身的必然产物,也不是外在赋予与嵌入,而是在必要的制度规约下,教师主体不断的道德认同、承诺与践履,实现制度伦理与德性伦理的整合与同构,生成道德实践智慧的建构过程。

---

[1] 杨清荣.略论制度伦理与德性伦理的关系[J].道德与文明,2001(6):15-18.

第五章 教师队伍现代化专业进路研究

中国当代教师发展研究的理论创新[①]

新时期以来，教师发展已成为我国教育研究的一个重要主题。从赋予教师"发展"的可能性与必要性，到教师发展变成人们研究、思考和探究的认识对象，进而形成一定的教师发展观，彰显中国当代教师发展的理论自觉。对此，叶澜教授领衔的"新基础教育"探索及其创生的"生命·实践"教育学派，从学派意识的萌发到学派观点和理论体系的确立与完善，自始至终充满着对教师发展的理性求索[②]。有研究者曾对该学派的教师发展观内涵及突破性进展作过概括，得出很有意义的研究结论[③]。然而，我们不能止步于此，还需将该学派的教师发展观置于中国当代不同取向的教师发展研究整体背景下进行比较和辨析。这不仅有利于深度发掘和准确把握"生命·实践"教育学派教师发展观的内核与特质，而且有利于各种取向的教师发展研究相互对话与沟通，进一步促进中国当代教师发展研究的理论创新。

---

① 本节原载于《课程·教材·教法》2012年第10期。

② 叶澜.让课堂焕发出生命活力：论中小学教学改革的深化[J].教育研究,1997(9):3-8.

③ 元涛.对教师发展的新理解——解读《"新基础教育"论》之"教师发展"观[J].中小学管理,2007(3):54-55.

一、新时期我国教师发展研究的理论取向

（一）教师发展内涵：专业取向与生命取向的分野

国内学术界关于教师发展内涵的理解与追求，大致呈现两种不同取向，一种是专业取向的教师发展，即教师专业发展；另一种是对教师专业发展的反思与批评，进而确立一种生命取向的教师发展。

专业取向的教师发展，是近些年来随着学术界对发达国家教师专业化的理论与经验的介绍与引进，进而带动我国教师专业化建设的进程，将专业发展作为教师发展的目标取向。有学者对近年国内教师专业发展研究进行总结概括，归纳出这一研究的基本脉络和趋向：关于教师专业发展内涵的研究、关于教师专业发展阶段的研究、关于教师成长促进方式的研究[①]。细察下去，专业取向的教师发展又存在现代主义与后现代主义的分野。现代主义注重教师的技术理性、系统理论知识的授受，通过理论知识学习以及专业技能的训练，来促进教师的专业发展。教师通过对专业知识的系统学习，获得一种高深的、用特定符号表达的具有封闭性、垄断性的"围内知识"，以掌握专业自主权，促进教师的责任性和积极性，实行专业自治，树立专业权威，提升专业地位和权利。后现代主义则认为，这些客观、系统的理论知识与教育实践缺乏应有的密切联系，而教师知识的形成具有经验性、现场性，源于教师的临床实践。教师在教育实践中通过反思、探究、交流、合作、沟通、参与，相互之间的开放、批判、求证与澄清，以此达到经验分享、情感支持和认识提高与完善，实现一种生成式发展。

生命取向的教师发展，对教师专业发展持一种反思与批判的态度，认为专业取向教师发展偏于教师"专业"方面的发展，教师被抽象成干瘪的技术"操作"。教师专业化步履维艰的重要原因，是过于注重工具理性，生命的丰富内涵在"专业"中被消融了，教师生命也为此遭遇了空前的困境[②]。教师不仅仅是一

---

① 季诚钧,陈于清.我国教师专业发展研究综述[J].课程·教材·教法,2004(12):68-71.

② 徐生梅,王文广.关爱教师生命:生命教育的另一视角[J].内蒙古师范大学学报(教育科学版),2007(2):138-141.

项技术性的工作，还在于职业道德、人格和知识的整体素质及其所绽放出的魅力。有学者基于教育与生命的哲学思考提出教育人生的教师发展观[①]，认为教育者只有将自己的生命真正投入科学与人文事业中，将自己的人生变成诸如"科学人生""艺术人生"或"哲学人生"的时候，人们才有可能真正体悟到人自身的意义。为此，教师要有"教育人生"的精神境界，将自己的生命投入教育事业中去，从中去实现人生的意义和价值。而要达到"教育人生"的精神境界，关键是教育者要切入自身的生命，用生命去"教书"和"育人"，展开生命与生命之间的交流和对话，不断提高学生的思想境界和精神境界，培育和激发学生的创造力。

（二）教师发展价值：外在取向与内在取向的对峙

教师发展为了什么、为了谁，这是教师发展研究关注的一个焦点。对此认识和追求不同，便形成教师发展价值的外在取向与内在取向之间的对峙局面。

外在价值取向的教师发展源远流长。无论是中国古代，还是近现代以来西方兴起的教师专业化运动，教师职业更多指向一种外在价值。不同的是，中国古代教师的价值追求指向一种外在于教师的"道"。西方教师专业化无论是起初的工会主义，还是后来的特质主义，都旨在争取合法权利、提高待遇地位，促进教师职业实现集体的向上流动。此后兴起的教师赋权增能、"教师即研究者"，以及教师专业发展等种种呼声与努力，开始注重教师自身的价值，但仍然包含着提升教师的知识地位、专业权力等外在的价值诉求。

所谓内在价值取向的教师发展，是一些学者在对工具主义、功利主义倾向的教师发展进行批判过程中提出的。有学者提出，"教师"不再仅仅是一种职业，而应成为其生命存在的形式，与学生共同成长和发展，获得一种生命的体验与满足、生命的创造与成长。只有当教师为"我"的生命提升、价值实现、人格完善而不断追求生命成长时，教师主体生命意义的动力源才能具备，教师职业实现真正意义上的主体价值才成为可能，才能摆脱被工具化的命运，才能在教育生活的每一天中，传播和创造人类文明，同时也创造自己丰富多彩的生

[①] 孟建伟.教育与生命——关于教育的生命哲学的思考[J].教育研究,2007(9):3-8.

命①。有学者认为，教师的自我需要与自我发展的可能性相适应并达到自我和谐，才能促进教师的主观幸福感。虽然现实中部分教师生活拮据、清苦，甚至有捉襟见肘的寒酸，但这并不排斥教师从职业中获得快乐、充实人生、实现自我。当教师超越纯粹物质欲望的追求，把自己所做的平凡工作与学生成长联系在一起，与个人收获的快乐、自我价值的实现联系在一起时，他就获得了精神的自由，感受到幸福和美的存在②。

（三）教师发展路径：客体取向与主体取向的歧化

教师是作为客体由外在力量促进其发展，还是通过主体自身活动实现其发展，由此形成教师发展路径的两种不同取向。

客体取向的教师发展，是基于客观主义的知识观、被动的人性观和结构功能主义的专业观，认为教师职业对教师素质提出一系列外在的客观要求与标准，与之相比，教师存在着某些方面的缺陷和差距，需要弥补、矫正和补充。教师要成为专业人员，应掌握这种客观标准所规定的一整套系统性、确定性、普遍性、高深性的教育专业知识和技能体系。为此，教师要学习和掌握的知识和技能，是一种外在于教师的客观存在，需要"由外而内""由上而下"加以训练、塑造。赫尔巴特就曾指出：建立教育学的目的，正是在于"为教育者提出了如何处理各种事物的无穷无尽的任务，并给教育者提供了取之不竭的材料。凭借这些材料，教育者可以不断地推敲和审查他能够取得的一切知识和著作，乃至一切需要不断给学生安排的活动与练习。有鉴于此，我们需要一系列教育学专著"③。泽兹纳根据知识的维度将美国的教师教育分为四种不同的范式，其中的行为主义就是客体取向教师发展的典型形态。国内一度流行的微格教学训练，教师资格考试和教师专业标准，都反映出教师发展的客体取向。

与之相反，主体取向的教师发展基于主观主义的知识观、主动的人性观和符号互动主义的专业观。它强调教师的知识不是外在授予和学习的结果，而是个人对教育实践的知觉、思考、反思、体验、探究、交流和共享的结果。这种

① 覃兵.论教师主体生命意义的消解与重构[J].教师教育研究,2005(3):39-43.

② 曹俊军.论教师幸福的追寻[J].教师教育研究,2006(5):35-39.

③ 赫尔巴特.普通教育学·教育学讲授纲要[M].李其龙,译.北京:人民教育出版社,1989:12.

知识具有实践性、情境性、个体性、缄默性和经验性。这种知识的合法性一经确立，教师便由依靠外在知识的武装与指导，转向通过自己的行动研究、案例研究、叙事研究，进行知识的自我发现与建构。在此之下，教师发展通过一种"自下而上""由内而外"的方式和路径得以实现。即教师在自主探究、参与和平等协作过程中，通过自我激励、自我调控、自我促进、自我更新和自我超越而实现发展。

综上，中国当代教师发展研究的理论取向呈现多质、多向、多维并存的局面，既有对古代教育传统的继承、反思与超越，也有对西方哲学思潮、教育思想的引进与借鉴。

二、"生命·实践"教育学派教师发展观的基本内涵

与上述各种取向的教师发展研究相比，"生命·实践"教育学派的教师发展观更多体现一种整合、汇通与统一，并形成该学派自身的核心价值和话语风格，完成了一项富有挑战性的理论建构。

（一）教师发展内涵的整全取向

相比之下，"生命·实践"教育学派既提倡以专业化来促进教师发展，同时又超越教师专业发展的范畴，确立一种不同于专业取向亦区别于生命取向的整全取向的教师发展内涵。该学派认为，教师对学生的教育影响是通过人的整体实现的，其中包括人格、情感、意志等因素，而这些并不是"专业发展"所能涵括的。因为标准主义专业化策略，通过教师教育机构所规定的统一的培养目标和标准、基本划一的教学计划和课程，按工业化、批量化生产的模式"塑造"符合规格的教师群体，这是对教师生命意义与价值的忽视。教师专业发展注重教师个体的教学知识、教学能力的形成过程，集中于教师个体的教学专业素质的养成，强化教师的工具价值，却忽略教师在"成事"中"成人"的生命成长价值。"生命·实践"教育学派的教师发展观……关注的是作为具体而丰富的人（而非工具）的整体发展问题。专业发展是人的整体发展的重要并且与其他方面

的发展相关的构成，但不是全部①。为此，教师发展需要寻求突破——重新确立教师发展的价值追求、研究思路和视角，探讨教师发展的新途径和新策略。"生命·实践"关怀下的教师发展研究在反思教师专业化、教师专业发展的基础上，展示了一种全新的教师发展研究。在这种创造人的精神生命的职业活动中，教师成为教育事业和人类精神生命的重要创造者。"这项工作所面对的是成长中的、充满生命活力的青少年，教师若把'人的培育'，而不是把'知识的传递'，看做是教育的终极目标，那么，他的工作就不断地向他的智慧、人格、能力发出挑战，成为推动他学习、思考、探索、创造的不息动力，给他的生命增添发现、成功的欢乐，自己的生命和才智也在为事业奉献的过程中不断获得更新和发展。"②为此，需要确立一种整全意义的教师发展目标，克服技术化与工具化的专业取向，将教师作为一个整全的生命实践主体，来认识教师发展的外在价值和内在意义。教师作为教育实践中的生命个体，其自身也面临着生命能量的积聚、转化、释放、生成等人生课题，在这个意义上，重建一种新的教师发展观。

（二）教师发展价值的二元统一取向

应当说，"生命·实践"教育学派在其创建过程中，基于生命立场和生命意义，十分注重教师发展的内在价值，但这与单纯追求内在价值的教师发展还是有很大区别的。叶澜教授在"历史的反思"与"现实透析"基础上，冲破外在价值取向的局限，从现实教育发展需要和马克思的择业观出发提出，仅仅从个人的经济来源维持和改善生活，获得社会地位，抑或从职业的社会贡献和社会使命的角度去认识职业价值，都是远远不够的。教师职业的个人价值还包括对人的内在力量的挑战与激发，在促进个体使命发展的同时享受由此带来的内在尊严与欢乐；教师职业的社会价值还包括人的生命本质和高级需要得到满足，进而使人的生命力得到焕发，生命价值得到彰显。中国当代教师角色是朝着社

---

① 叶澜."新基础教育"论——关于当代中国学校变革的探究与认识[M].北京:教育科学出版社,2006:358.

② 叶澜,白益民,王枬,等.教师角色与教师发展新探[M].北京:教育科学出版社,2001:16-17.

会给予更大的重视和更关注教师专业发展的方向演进，没有涉及教师职业对于从业者的内在价值，缺失了职业应有的内在生命价值的重要维度。基于此，叶澜教授提出：要求教师培养具有创造精神和能力的人和对教师工作中创造性的要求，让我们找到了教师职业对于社会而言的外在价值与对于从业者教师而言的"内在生命价值"之间统一的基点，找到了教师可能从工作中获得"外在"与"内在"相统一的尊严与欢乐的源泉，那就是两个赫然的大字——创造！它预示了教师职业未来的重要品质①。

可见，"生命·实践"教育学派的教师发展观与其他不同取向的教师发展研究保持沟通与对话，同时又充分体现该学派的核心理念与灵魂。正如叶澜教授认为，教育学说到底是研究造就人生命自觉的教育实践的学问，是一门充满希望、为了希望、创生希望的学问。在这种造就人的生命自觉的实践中，教师是"在场"的，既"育人"又"育己"，既促进学生的生命发展，又实现自身发展，在"独立地创造"中释放自身的生命光华，获得"内在的尊严与欢乐"。

（三）教师发展路径的实践取向

相比以上两种教师发展路径的取向，"生命·实践"教育学派重视教师发展的自主性，认为"自我发展的内在追求"是教师发展的内动力，表现在教师的事业心、责任心、爱心等价值—动力系统和敏于探究、善于策划、强于反思和重建、敢于开拓的实践创生的思维能力等基础性素养上②。甚至认为，基础性素养是教师一辈子自养自怡的过程③。然而，以此将"生命·实践"教育学派教师发展观归为主体取向则会有所偏颇。叶澜指出：教师的发展是不能脱离其教育实践来实现的。因此，从逻辑上讲，教师的教育实践是其实现发展的最为基本的途径。当代中国新型教师队伍的建设只有在学校变革的实践中才能最终完成。也只有通过学校实践，才能使教师的综合素养转化为真实的教育力量，转化为教师新的行为能力、习惯与专业生存方式④。这种实践不是一般的教育教学实

---

① 叶澜，等."新基础教育"研究史[M].北京:教育科学出版社,2010:77.
② 叶澜.教育学原理[M].北京:人民教育出版社,2007:292–295.
③ 叶澜.教育学原理[M].北京:人民教育出版社,2007:295.
④ 叶澜.教育学原理[M].北京:人民教育出版社,2007:297.

践，而是一种"研究性变革实践"。它并非教师纯粹的主体活动，而是内含一种外在赋予的变革理论，进而在教师身上完成由矛盾、冲突到内化、统一的过程，实现对自己实践的评价框架的整体更新。这种研究性变革实践既需要理论的学习和外在的唤起，又是教师在实践中对自身经验的反思、再实践与重建，走向自我更新，体现了主体与客体的统一和交汇。

三、"生命·实践"教育学派教师发展观的特质分析

立足马克思主义唯物史观和人学思想，以及中国当代经济社会和教育国情，我们可以对"生命·实践"教育学派教师发展观的特质做进一步深入分析。

（一）教师发展是教师作为"具体个人"的发展

诚然，教师发展作为人的发展，建立在一定的社会基础和生命基础之上。在马克思看来，人不是黑格尔主义的"抽象的人"，也不是费尔巴哈的那种形式现实而内容抽象的人，而是从事物质资料生产的现实的人，即以一定的方式进行生产活动的一定的个人。个人是什么样的，取决于他们进行生产的物质条件，离开生产及与生产相适应的物质条件去谈论人的问题是不可思议的。马克思和恩格斯在《德意志意识形态》中提出："我们开始要谈的前提不是任意提出的，不是教条，而是一些只有在臆想中才能撇开的现实前提。这是一些现实的个人，是他们的活动和他们的物质生活条件，包括他们已有的和由他们自己的活动创造出来的物质生活条件"。[1]教师作为"现实的人"的社会价值和生命价值，总是受制于一定的社会条件和历史条件。"生命·实践"教育学派对教师发展的认识正是基于马克思关于"现实的人"基本立场而提出的"具体个人"之上。叶澜教授指出：就中国目前教育学理论的现状来看，在有关"人"的认识上，主要缺失的是"具体个人"的意识，需要实现的理论转换是从"抽象的人"向"具体个人"的转换。在现实社会条件下，"具体个人"作为教育学的一个基础性观念，对教师发展将意味着"要承认人的生命是在具体个人中存活、生长、发展的；每一个具体个人都是不可分割的有机整体；个体生命是以整体的方式

---

① 马克思,恩格斯.马克思恩格斯文集:第一卷[M].北京:人民出版社,2009:516-519.

存活在环境中，并在与环境一日不可中断的相互作用和相互构成中生存与发展；具体个人的生命价值只有在各种生命经历中，通过主观努力、奋斗、反思、学习和不断超越自我，才能创建和实现，离开了对具体个人生命经历的关注和提升，就很难认识个人的成长与发展；具体个人是既有惟一性、独特性，又在其中体现着人之普遍性、共通性的个人，是个性与群性具体统一的个人"①。诚然，教师作为"具体个人"的"生境"（系指教师的生存、发展环境，详见叶澜《改善发展"生境"提升教师自觉》一文，《中国教育报》，2007年9月15日第3版），对教师发展具有重要的客观制约作用。离开所处的一定社会历史条件和社会关系谈教师发展，只会陷入"抽象的人"的迷窟。教师发展不能只局限于专业发展，首先需要重新认识的是教师作为一个真实、具体的人，他的生命价值实现与自己所从事职业的关系，涉及的层次是教师作为个人的发展问题。只有当教师感到自己是一个真正自主而又理智、积极向上的人的时候，他才能够以这样一种心态去直面学生、关注和培养学生②。显然，这种基于"具体个人"的教师发展，跳出教师发展的专业取向与生命取向、客体取向与主体取向、外在价值与内在价值的分割，进而实现教师作为"具体个人"发展目标和价值的整全性。

（二）教师发展是教师作为社会角色的人的丰富与完善

马克思主义唯物史观强调，人作为"现实的人"，不是一个孤立的相互封闭的主体，而是一个承担特定社会角色的"关系的存在"，其发展取决于和他直接或者间接交往的其他一切人的发展。通过人与人之间的交往，人们以一定方式结合起来共同劳作并相互交换其活动，交往本身成为人的需要和能力的源泉，促成生产者在社会分工基础上的合作与交换。人所处的历史和社会条件不同，人在社会活动中所处的不同地位、交往方式、生活方式不同，人的需要的性质、指向及层次也不相同，由此而产生人的需要，从而通过相应的交往和实践活动来满足和实现。这种交往和实践活动是人的存在的基本条件，更是实现人的发展的基本途径。

---

① 叶澜.教育创新呼唤"具体个人"意识[J].素质教育大参考,2003(4):6-7.
② 叶澜,等."新基础教育"研究史[M].北京:教育科学出版社,2010:77.

以此说来，教师发展是教师作为教育者和从业者等社会角色的丰富与完善。亦即，教师不仅是知识人、道德人，而且也是利益人、权利人；教师既是社会的存在，生命的存在，既具有社会价值，也具有内在的尊严与欢乐。教师发展既是手段，又是目的，是"手段与目的的统一体"。教师发展状况及其水平是基于这一系列现实关系的建立、形成与改善而实现的。这种"关系的存在"包括与教师直接或间接相关的政治关系、经济关系、法律关系、道德关系以及心理关系等，表现为权利与义务、责任与待遇、付出与报偿、承诺与信用、自主与他律等多种形式与形态。教师发展包括教师作为社会"人"的全方位的发展。因此，教师发展内涵及其水平，应从惯常的知识、能力、道德等方面发展，拓展到教师权利、待遇、工作环境等方面的发展，以实现教师作为"关系的存在"的全面发展与改善。正如叶澜教授指出，当前中国教师队伍建设存在两个相互锁定的关键问题：一是党和政府、社会应该如何尊重教师，为教育事业发展提供切实保障和支持；二是教师应该如何提升自己方方面面的修养，以承担起教书育人的伟业。这是一种生态学的思维方式。这种生态学的思维正是要实现教师作为"具体个人"在特定历史条件下的社会关系不断调整、优化与完善。以此可以认为，教师发展既不是社会要求及外在塑造和培训的结果，也不单是教师个人的"自主"活动或生命活动，而是教师在与其他职业劳动以及社会成员的交往和实践活动中实现的。教师发展路径应当是在政府和社会重视下，教师的基本物质层面的利益诉求得到满足的同时，不断升腾一系列更高层次的需要，摆脱一种谋生的职业状态和专业的某种技术规定和道德要求，达到一种作为、自觉和自主，实现自己的专业发展和生命发展的统一，外在价值与内在价值的兼重。从而将党和国家对教师的重视与关怀，与教师自觉自励承担教书育人的社会使命，由"双向锁定"的问题变成双轮驱动教师发展的动力。

（三）教师发展是教师作为承担具体教学、教育的人在教育实践活动中实现的

在"生命·实践"教育学派的学术原点和话语体系中，"生命"与"实践"是一个双峰式螺旋结构。叶澜提出："'发展'作为一种开放的生成性的动态过程，不是外铄的，也不是内发的，人的发展只有在人的各种关系与活动的交互作用中才能实现。因此，不能只从孤立个体的角度来设定对发展的要求，而应以'关系'与'活动'为框架思考教育应以学生的'什么发展'为本的问题。"①无论是学生发展还是教师发展，大而言之，是基于社会转型时期中国当代教育实践土壤之上；中观而论，是基于学校转型性变革实践；微观而论，是在师生互动生成的课堂教学等转型性实践中实现的。教师所从事的不同于其他任何职业或专业，是教师承担学校具体教学、教育任务并开展相应的教育实践活动。这种教育实践活动是一种有意识、有目的的能动性活动，它既改造了其实践对象及实践本身，促进学生发展、学校发展以及课程、教学和班级活动的改进与创新，也不断改造着其自身，促进了教师发展。"只要是真实的、有质量的、有力度的学校改革实践，就会在改变、发展学校的同时，改变、发展教师。这种学校与教师在实践中产生'同期互动'的改变与发展效应，是解决创建新型教育缺乏新型教师这一难题的不可缺少的基本方法。"②由此可见，教师发展不是脱离学生的需要、学校的需要和社会的需要而去进行所谓的自主发展、自我超越，而是植根于教育实践活动并在这一过程中实现发展的。

教师作为个体的人，作为社会角色以及作为承担学校具体教学、教育的人，在学校转型性实践中实现教育观念与行为的转型、实现自我更新③。通过将"生命·实践"教育学派教师发展观与其他不同取向的教师发展研究比较，我们不难发现，它在教师发展目标、路径和价值上的整合、汇通与统一，并不是折中主义或调和论。因为，教师发展的不同目标、路径与价值取向，其哲学、社会学、教育学基础各不相同甚至是对峙的。消解不同取向之间的对峙和沟壑，形成一种思想和逻辑上内在一致的教师发展观，"生命·实践"教育学派做出了重要的开创性工作。

---

① 叶澜.重建课堂教学价值观[J].教育研究,2002(5):3-7,16.

② 叶澜.在学校改革实践中造就新型教师——《面向21世纪新基础教育探索性研究》提供的启示与经验[J].中国教育学刊,2000(4):58-62.

③ 叶澜,等."新基础教育"研究史[M].北京:教育科学出版社,2010:78.

论师范生素质教育观念的建构与形成①

　　概观目前关于素质教育与教师教育素质的大量论述，人们多是热衷于对教师的德性素质和智性素质尤其是职业技能、教育能力的探讨，却有意无意地或缺了对教师所应有的理性素质的关注。这种理性素质是指教师对其教育实践目的、价值、过程、方式方法等的正确理解、判断和把握，表现为教师的教育理念、思维模式亦即教育观念体系。它是教育实践的出发点和立足点。实施素质教育要从观念抓起。观念的变革才是最高层次上的变革。唯有建构起素质教育观念体系，形成实施素质教育所应有的理性素质，教师才会将其德性素质和智性素质有效运用和深化到教育实践中去。本节试图探究中等师范学校今天的受教主体、小学教育未来的施教主体——师范生素质教育观念的形成机制和建构方式，为其树立和形成适应小学素质教育需要的教育观念体系构筑路径和桥梁。

一、关于教育观念的哲学思考

　　教育观念和教育思想一样，是主体在一定社会实践中所形成的对教育问题的基本认识和总体看法，又反过来影响和支配主体的社会实践。正确的教育思想、教育观念能够推动教育事业健康的发展；不正确的教育思想、教育观念会给我们的教育事业带来损失，会给学生的身心健康造成损害。教育思想是一个社会、时代在特定历史背景下对教育问题所持的根本看法和价值取向，它基于对一定社会政治、经济、文化等综合分析把握之上，从客观上反映了社会的、历史的需要，为社会的上层建筑所吸收，成为特定历史时期的教育方针政策和理论。教育观念则以个体和群体的状态存在。个体教育观念指个人在与教育直接或间接接触中所形成的对教育问题的认识与看法。个人对教育的认识看法一旦为别人所接纳与认同，便转化为一种群体教育观念。其中，群体教育观念以

---

　　① 本节原载于《师范教育》1998年第7期。

个体教育观念为基础，又是个人教育观念形成的强化剂。可见，教育观念与教育思想处在不同水平的两个层次和状态。教育思想作为一种社会意识而存在，表现为一个国家、时代的教育方针政策、指导思想和主流教育理论，具有自觉性、确定性和规范性。教育观念作为一种社会心理，表现为个体或群体的教育理念、信条或习惯意识，具有一种零散性、自发性和不确定性。当然，两者又不是相互隔离和分立的，当个体或群体的教育观念作为一种社会心理适应和满足社会需要时，就有可能转化为社会意识，提升为一种教育思想、教育理论，甚至成为一定的教育方针政策。反之，一定的教育思想和教育理论只有为个体、群体所接受、内化，注入社会心理结构之中，成为直接指导和支配其教育行为的教育观念，才能真正物化到具体的教育实践中去。

目前，在转变教育思想、更新教育观念过程中，人们常常将这两者混同，偏重在教育思想、理论层面上的转变，而未深入到个体、群体的社会心理层面，促使其思维方式的转换和思想观念的更新。目前，素质教育在教育方针政策、办学指导思想和学术理论研究上可算是强令急呼、大张旗鼓，但还远未内化为广大教育管理干部、校长、教师、家长及公众的教育理念、主张和观点进而指导其教育实践。据黑龙江省鹤岗市教育学院干训部对40所中小学校校长、教师关于素质教育的认识所做的调查，40名校长对素质教育认识明确的6人，认识一般的22人，认识片面的11人，观点相反的1人。对其中38所学校的176名教师的调查反映出问题更为严重：其中对素质教育含义认识明确的54人，一般者65人，不清楚者竟有57人①。由此可见：无论是教师的职前培养或职后培训，都应积极改进和重建其学习与进修的模式，以使广大教师和师范生开阔视界，转变思维方式，确立新的教育观念，这是实现由应试教育向素质教育转变的思想先导和实践前提。

二、师范生素质教育观念的形成机制

师范生作为一种具有特定角色期待和社会定位的个体和群体，是今天的学

---

① 鹤岗市教育学院干训部.40所中小学素质教育调查报告[J].现代中小学教育,1996(6):6-9.

生、明日的教师，是一名"学变先生的学生"。他们的理性素质亦即教育观念体系的形成有其客观的过程及内在机制。

（一）自发的生成机制

可以说，就教育而言，每一个教育实践主体乃至一般社会成员对教育都存有一定的理解和认识，不同程度地形成自己的教育观念。它以一种人人皆知的"常识"、公认的"常理"等"自然的真理"状态存在，并极容易被他人认同和接受，进而形成一种普通的、流行的群体教育观念，如"教就是讲述、传授，学就是背诵、接受""精讲多练、熟能生巧""不打不成才，一打分数来"等。事实上，师范生对教育问题同样不是无所知觉的，他们在进入师范学校接触教育理论之前或同时，已经或正在接受来自家长、教师、社会舆论、风尚等直接或间接的熏染和影响，形成了关于教育的一定的认识、理解和信条。这种自发生成的潜存于社会心理层面的教育观念带有以下特征：普遍性，作为个体的师范生可能不尽了解现时代的教育方针政策和主流教育理论，但无不在与教育直接和间接的接触中形成并持有一定的教育观念；直接性，它来源于主体对教育实践的理解认识又直接支配和指导人们的教育实践行为；深层性，它沉积于社会心理的底面，渗透在个体的思维方式和心理结构深处，时刻支配和影响着主体教育行为而不被觉察；稳固性，它对于社会政治、经济发展变革的反映不像教育思想那样直接、敏感，透射出一股顽固的惰性力，因而转变、变革和更新起来相当艰难。

（二）自觉的接受机制

师范生进入师范学校后，在接受系统的职前培养过程中，除养成一定的职业道德、职业技能外，还要通过教育理论课的学习形成对教育工作的规律性认识，接受现时代的教育思想，形成一定的教育观念体系。但是，这种将教育思想内化为师范生教育观念的过程不是一种简单地搬运和移入，而是要经历一个复杂的接受过程，即对外来教育信息进行反映、选择、整合、内化多环节构成的连续、完整的认识过程。师范生首先以其感官系统将教育理论课所包含的概念、观点和语义"移入大脑"，并在意识中形成与之相应的表象和概念（即反映）；然后再运用既存的思维方式和思维方法，依据一定的评价标准对这些表象和概念进行判断和取向（即选择）；接着对经反映和选择进入认识场的思想信息进行加工，使之与原有的认知结构和观念体系对接，进行建构（即整合）；最后，师范生通过反复多次的实践（直接或间接）活动，对建构过程所形成的思想观念进行检验，使之最终固化和积淀为能指导其教育行为的相对稳定的教育观念体系（内化）。

在实际过程中，这两种机制交互作用、相辅相成，生成机制是接受机制天然的前提和基础，接受机制则是对既已生成的教育观念的修正、改造、更新和完善的过程。其中，自发生成的既有教育观念往往处于一种"前科学"水平。正如美国心理学家林格伦指出的，其中不乏许多合理因素，但很多是既不正确，又没有用，而且实际会妨碍对教学过程的更科学地理解和发展。因为如果我们以为早就知道了学习是怎样发生的，我们就不可能去学习任何关于学习过程的新东西，特别是在新概念与我们早已"知道"的东西相矛盾的时候。对于师范生来讲，他们基本上是在传统教育尤其是在"应试教育"的物质环境（教育体制）和精神环境（教育思想、观念）中成长和接受教育的，传统教育思想通过生成机制渗透到师范生的思想意识和心理结构中。相反，在素质教育尚未成为社会、家长、教师和教育行政干部普遍认同和接纳的教育思想和模式的社会心理背景下，师范生的素质教育观念是很难通过生成机制自发形成的，而必须主要依靠外在的输入和自觉的接受形成。然而，由于师范生在传统的"应试教育"背景下形成的教育观念（前科学概念）与其所要接受的素质教育思想、理论相去甚远，加之目前教育理论课教学方式方法的缺陷，这给素质教育思想、理论顺利内化为师范生素质教育观念造成程度不同的接受障碍。这正是我们要认真研究克服的。

三、师范生素质教育观念的有效建构

既然素质教育观念不能只靠自发的生成（至少是在当前条件下），我们就须得认真研究并充分发挥接受机制的主导作用，以确保师范生素质教育观念的有效建构。师范生对素质教育思想的接受水平、效率和方向在本质上取决于主体既有的接受图示及其运作状态。接受图示是存在于主体神经结构之上，由多级心理、意识要素构成，能加工和整合信息，形成人的观念和认识的微观机能系统。它一般是由驱动调节系统（主体的需要、动机、情感、意志等）、导向选择系统（主体固有观念和心理定势等）、运演加工系统（主体的思维方式和知识经验等），相互联动、构合而成。其中，师范生对素质教育思想、理论的接受需要、动机的强弱影响接受活动的起止，提高或降低接受的效率；其固有观念和心理定势即已形成的前科学概念影响对进入其认识的素质教育思想理论的接受方向；而原有的知识经验和思维方式影响其接受（加工、理解）的能力，进而决定着主体接受水平的高低。为此，在促成师范生素质教育观念的形成与建构过程中，我们应当抓住以下环节：

（一）激发主体需要是师范生素质教育观念有效建构的驱动力

按照奥苏伯尔的观点，接受学习可以是被动的也可以是主动的。主动接受的动因正是主体的教育信息的需要和动机。由此，中师教育首先应当在宏观上通过对国内外教育改革发展走势的分析，驱使师范生认识到实施素质教育是历史发展的必然趋势、社会变革的客观要求；通过对传统的"应试教育"的理论透析和实际调查使之切实产生一种转变教育思想、更新教育观念的责任感、使命感和紧迫感；通过对素质教育成功经验和优秀范例的介绍与观摩，使之充分认识到实施素质教育的优越性、先进性，从而迸发出更新教育观念的巨大热情和动力。在微观上即在教育理论课教学中，应通过素质教育思想与传统的"应试教育"巨大差别和根本对立性的对照与分析，引起其新旧观念的冲突和情感心态的失衡，进而引发师范生学习新概念，接受新观念，形成素质教育观念的动机与需求。

（二）以原有观念为固着点进行有效的选择与整合是接受过程的关键所在

中师教育理论课系统地概括了现时代的教育指导思想和主流教育理论，是师范生接受素质教育思想、树立素质教育观念的主要途径。然而，反观目前的教育理论课教学，多习惯于师范生既已形成的教育观念这个固着点的影响作用。

这使得师范生对教育理论的接受多停留在知性水平而难以顺利通过选择、整合和内化，进而转化为主体的教育观念。相反，教育理论、观点只是当作空泛的知识条条被"接受"、贮存、支配，指导其思想和行为的往往还是那些"前科学"水平的原有教育观念。有鉴于此，中师教育理论课教学应紧紧立足于师范生的原有观念，以此作为固着点，通过同化和顺应这两种重要的建构方式，促使师范生改变、突破那些处于个体、群体状态的陈腐落后的教育观念，树立科学的素质教育观念。所谓同化，是指教育理论观点进入师范生的认识场后，主体就会运用一定的思维方式，依据一定的价值标准对此进行判断、取向和筛选。那些符合主体需要和价值取向、与主体原有观念同质相容的原理、观点即被内贮、吸纳，顺利发生契合，实现同化，纳入主体的观念体系。所谓顺应，是当新的原理、观点与主体原有观念指向不同、异质矛盾时，应当把准教育理论、观点与主体原有观念之间的差距、矛盾或冲突所在，促使师范生打破原有观念，实现观念的重建或更新，从而将素质教育思想、理论纳入主体心理结构，形成素质教育观念。反之，新的教育思想观点便会被其原有观念所同化，主体教育观念的更新转变也就无从实现。应当强调的是，顺应的顺利实现，关键在于以原有观念为固着点，建立通向新思想观点的认知桥梁。

（三）转变教育思想，推动素质教育进程，为师范生素质教育观念的形成提供土壤和氛围

师范生通过教育理论课的学习所形成的素质教育观念还是初步的、不稳固的，还需一个内化过程，即通过反复多次的实践（直接或间接）活动，对所形成的思想观念进行检验，使之最终积淀和固化为能指导主体教育行为的思想观念。为此，教育主管部门、广大教师、家长和公众要真正转变教育思想，形成一种全新的社会心理氛围。同时，应积极推进素质教育进程，尤其是中师教育（包括实习、见习基地）应率先进行素质教育。这样使师范生所见所闻与其所学所思相互印证、达成契合，他们初步确立起来的素质教育观念才会真正扎根，成为坚定执着的教育理想、教育信念。

教师专业实践的生活意义及实现方式[①]

"在很久很久以前，你拥有我，我拥有你。在很久很久以前，你离开我，去远空翱翔。外面的世界很精彩，外面的世界很无奈……"齐秦这首《外面的世界》吸引多少人去求索、探寻"外面的世界"的那份精彩，但同时，歌中也透着对家园、对故人、对本体"回归"的召唤与等待。外面的世界很无奈，里面的世界更精彩。以此观照专业化进程中的教师，我们不难发现：教师专业化的实现途径，同样也经由"外求"转向"内求"的回归。即从探寻和建构一个独立于教育实践之外的"科学世界"，回归教育"生活世界"，通过课程教学、专业合作、行动研究等方式，实现教师专业实践的生活意义。这是教师提升专业实践水平和专业生活质量，进而实现专业化的重要途径。

一、体认教师专业实践的生活意义

传统上，教育是作为一种生活的预备，为学生未来生活做准备。教育本身不是生活，甚至远离日常生活。为了给未来生活做准备，学生必须能够"吃得苦中苦，方为人上人"。相应的，教师角色总是定位在为学生"摆渡""铺路"，处于一种"燃烧""抽丝""铺垫"的生存状态，成为一个超然生活的"圣人"，而不具有本体的生活意义。自教育科学形成发展和教师专业化勃兴以来，教师一直被要求通过培养、培训和参与教育科学研究，掌握和遵循外在的"原则"，运用专家提供的"科学"方法、技术和模式。"科学化"成为教师专业化发展和教育实践追求的至高目标和实现途径，即所谓"外面的世界很精彩"。同时，教师开展教育研究，也是以"局外人"的身份对教育进行观察、调查、实验和文献研究，形成一种"去生活化"、缺少研究意义的研究论文、课题报告等。以此，教师的教育实践被抽空为一种理性化、技术化的操作活动，甚至蜕变为一

---

① 本节原载于《美中教育评论》2006年第2期。

种简单灌输、机械训练和硬性管束。与之相应的是很多教师的教育生活单调疲乏、压抑倦怠，甚至产生职业枯竭。质言之，教师的教育实践缺少自身本体的生活意义。"考不完的试，做不完的活，操不完的心"，正如一位教师发自内心地呼唤："教师也是人呀！""我们尊师重教，首先更应该将教师回归到一个现实的层面上来，而不是布满神圣光环的不食人间烟火的群体。"[①]

有鉴于此，20世纪末开始，世界各国都将教师发展的注意力开始集中在教师的自我体验与自我发现方面，开始从教师的内部需求进行研究。这种转变意味着教师的发展不再是一种社会的需要，而是一种自我实现。这就意味着教师的工作不再仅仅是他们谋生的手段，而是变成了他们的一种生活方式。就这一点而言，教师的质量首先取决于教师的生活质量。只有提高教师的生活质量，才能提高学生在学校中的生活质量。只有提高教师和学生的生活质量，才能提高我们的教育质量。也就是说，提高和改善教师的教育生活质量，是促进学生发展和提高教育质量的内源动因。就教师专业化而言，教师并不是要脱离课堂生活、学校生活而另搞一套、去做另一件事，甚至以漠视和牺牲教师的生活意义为前提和代价。教师专业实践不应窄化为一种专业知识、专业技能或是道德水平提高的技术化过程，也不光是为了技术层面的改进和完善。相反，教师专业化的一个重要取向，是教师回归教育生活世界，以一种专业知觉、专业情意和专业自我，去实现专业实践自身所蕴含的丰富的生活意义。这是改变教师"红烛""春蚕"式的生活境况和人生归宿，焕发精神动力、实现人生价值和获得生活幸福的关键。

所谓生活意义，是指事物或对象对人的生命存在、对人生过程以及对人的价值生命实现具有的内在价值。教师所从事的教育实践是一种与教师的生存状态、生活方式、生活质量紧密相关的价值活动，是教师生命存在的基本形式，其本身就是实现教师生命价值的重要环节，具有本体的生活意义。教育回归生活，意味着教育既是学生生活也是教师生活。更为准确地说，教育是由教师与学生交互作用所建构的生活世界，它应当成为教师的一种生命活动和生命旅程，是一种教育意义的探寻、理解、创生与实现。范梅南对自己作为教师的生活经历回顾后指出，当我对自己的生活经历描述进行反思时，我尽力去探查其中总

---

① 王欣梅.赞美教师 更应关爱教师[J].中国报道,2007(10):8.

的主题性的意义，我意识到了孩子们在一个教师生命中所具有的特殊意义。我还意识到，如果一个孩子知道他（她）在老师心目中的"特殊"地位，这对他（她）的成长和学习将产生极其重大的教育意义。做老师的经历也就体现在心里常常想着孩子们，并时时关注着、期盼着他们长大成才[①]。

诚然，教师作为专业实践的主体，身处教育现场，贴近教育的本身，就应当去感受、体验和探寻发生在校园、课堂、师生、生生、师师之间以及教师内心的各种教育事件、教育故事、教育问题和教育现象的丰富意义。在这种专业实践中，教师感受着来自学生、来自环境、来自时代的种种机遇和挑战，感受着成功的喜悦和失败的沮丧，感受着学生成长所带来的欣慰和幸福；同时，教师因自己不断探寻、发现自己专业实践的生活意义，会产生一种由衷的自尊感、成就感和胜任感，生命价值更加充盈。

二、发掘教师专业实践的生活意义

应当说，自从有了教育就有了教育实践。然而，一般的经验性实践和技术性实践对于教师而言，缺乏本体的生活意义。教师专业实践之所以具有生活意义，是由这种实践活动的性质特点决定的。

（一）教师专业实践是一种反思性实践

一般的经验性或技术性教育实践，更多地表现为在一定教育目的支配下教师的固定化、例行化行动。这种固定化、例行化行动往往形成一种惯性的自动反应模式，使教师进入一种日日如此、年年如此的惯常的日常生活世界，而不必对复杂的教育情景因素逐一加以探究、考量和控制，降低了教师对教育实践认识和理解的敏感性、深刻性。当教师获得这种经验之后，就会以习惯的方式去分析和解决所面临的新的教育问题和任务，无须再去思考和探索。因而，一般的教育实践总是表现出一定的保守性、封闭性和常规性。

教师专业实践是建立在一个系统的、专门的学科理论基础之上。教师一方

[①] 范梅南.生活体验研究——人文科学视野中的教育学[M].宋广文,等译.北京:教育科学出版社,2003:71-72.

面要系统学习教育科学的基本知识和理论，提高自己的教育科学素养；同时，教师专业实践的"不确定性"又使得教师不可能实现教育理论与实践问题的一一对应，而是要在教育科学理论知识和专业技术基础上，通过自身的实践反思、交流和合作，获得实践经验，创造形成解决教育情境所面临问题的实践知识和智慧。这使教师专业实践成为一种行动（行）和思考（思）于一体的综合过程。在专业实践中，教师过着一种"反思的生活"，将日常教育实践提升为一种"融思于行""以思促行"的行动研究过程。教师通过"健康地"怀疑、反思，省察教育实践活动的背景、目的、价值、过程、结果和问题，又将这种反思和探究的结果转化和体现到教育实践过程中。在专业实践中，教师超越日常生活状态而进入"非日常生活状态"，将反思、探究、批判渗透、贯穿到教师日常教育生活的整个领域和始终。这使教师不断超越经验的限制，摆脱习惯的束缚，以寻求各种教育事件和问题的解决和改进，告别单调、寂寞、沉闷、枯燥和乏味，经历探险与发现、挑战与成功、创造与欢乐，体验教育生活的丰富意义。

（二）教师专业实践是一种主体间性实践

与其他职业或专业相比，教师一直处在一种孤立、封闭的实践环境下。教师专业实践凸显教育的交往性，以主体间性为基础，师生通过广泛多样的交往活动，促进生命意义和价值的生成。

在教师专业实践中，主体间性体现在各类主体之间，包括教师与教师、教师与学生、教师与学校管理者、教师与教育研究人员、教师与学生家长、教师与其他社会部门和人员之间，以及教师的"他我"与"自我""旧我"与"新我"之间。一方面，教师不再各自为政、孤军奋战，而是加强合作、沟通，形成专业共同体。教师学习研修、课程教学活动和行动研究的展开，充满着协同、沟通、对话与合作。这种交往促进主体之间开放各自的教育生活世界，交流各自的教育信念、感受、体验、困惑和问题，分析成功与失败的经验和教训，消解各自的焦虑、压力并在相互勉励和团体互动中激起奋斗的动力和创造的激情，建立一种合作与宽容、沟通与坦诚，建立一种支持性、分享式的同事关系。另一方面，教师专业实践由单调乏味的知识授受、控制与服从，转变为师生通过对话实现经验的生成与共享，凸显师生丰富的生命意义和内涵。教师作为引导者，既要形成和保持必要的权威，又要以一种伙伴态度与学生平等交流。在这一过程中，教师的作用不再是通过要求学生"注意""仔细听""认真观察"等以达到精确性，而是学会倾听学生的意见、观点和感受，接受学生的质疑和不同意见，宽容学生的"错误"，引导学生成为具有自主精神、自由表达和参与对话的交往主体。

（三）教师专业实践是一种伦理性实践

教师作为专业人员，向社会提供的是具有一定独特性的公共服务，以造福服务对象为职志，而不是作为谋生和营利的手段。朱小蔓教授在"全国师德论坛"上指出：教师职业的专业性首先在于其工作有一套不同于其他职业的伦理标准，也就是说教师必须践行教育道德誓言，要承诺在教育方面的道德责任。一个教师是否有道德责任，与其专业化水平、德行品质密切相关。教师专业伦理包括教师的专业精神及专业规范，如在与专业活动的关系上，保持对所从事专业的忠诚；在与学生的关系上，要尊重学生人格、保护学生的个人隐私和秘密，保持对学生的诚信，以普遍的标准对待所有的服务对象，最大程度地实现和保护服务对象的利益；在与同事的关系上，既敢于"自我揭露""自我解构""自我实现"，又能够接受来自同行、专家和管理者的观察、挑战、批评和质疑，尊重各自独立人格和专业判断，成为"批判性朋友"，形成一种理解、接纳、信任、开发、合作、支持和共享的同事关系。教师专业实践的伦理性，使得教师更深切地感受到教育生活的人文精神和生命意义。教师在这种自我实现、自我超越又互尊互容、共处共享的教育生活中，可以感受到生命意义与人生价值，体验一种内在的幸福与欢乐。

三、实现教师专业实践的生活意义

教师专业实践的生活意义往往是潜在的、蕴藏其中的，教师通过哪些方式和途径，回归教育生活世界，以实现专业实践的生活意义呢？

（一）课程教学

"课程"与"教学"通过杜威的初步努力，以及20世纪60年代以来现象学、后现代主义、阐释学和批判哲学的推动逐步走向整合。美国学者韦迪提出"课程教学"的概念①，进一步形成区别于传统的"课程"与"教学"的教育实践形态。它彻底改变了教师的传统角色，成为一种具有生活意义的专业实践。

（1）师生对话在课程教学中。课程作为教师和学生交互主体不断创造、解释的教学事件和不断生成的经验系统，教学也改变了传统的独白方式，由知识传授、复制发展成为师生通过对话而实现经验的创生。在师生对话过程中，教师的作用不再是通过要求学生"注意""仔细听""认真观察"等以达到精确性，而在于对教育资料的选择与加工，对选择的教育内容进行有效激活，使其显现出丰富意义和趣味；同时，倾听学生的意见、观点和感受，接受学生的质疑和不同意见，宽容学生的"错误"，引导学生积极参与。师生通过对话，打开思路、沟通信息、感受思想，增进相互间的理解，形成精神上的共通感和愉悦感。

（2）创作生成在课程教学中。师生对话不是预先规定的"剧本""台词"，而是一个共同参与演绎的、充满开放性和不确定性的"故事"，以诱发、鼓励和鞭策读者去阐释并与文本进行对话。这种充满开放性和不确定性的课程教学活动，有一定的计划性和目的性，但课程教学目标、内容和方案又是不确定性的。它要求教师及时感知、体悟和辨别当下教育情境，如课堂上的突发事件、学生的质疑或出现的"错误"，进行"即席创作"，动态生成和建构预料之外的知识经验，培养学生创造力和想象力。师生在这种充满悬念、探究、挑战、发现和成功的喜悦中不断地自我发现、超越，产生生动的生命体验。

（3）经验共享在这种对话和经验生成过程中。师生、生生通过积极的交往活动，打破各自的界限和局限，尊重和承认他人的经验、感受和智力成果，在自我不断开放和更新过程中，实现与他人、与社会的理解、沟通和融合，实现成果共享和共同发展，即这种发展不只是学生，同样有教师，这才是真正的教学相长。

（二）专业合作

专业合作已经成为专业工作的一种基本方式。迈克·富兰在《变革的力量——透视教育改革》中指出，孤独是一个问题，因为它给你造成局限，影响

---

① 张华.课程与教学论［M］.上海：上海教育出版社，2001：88.

了探索和学习。解决的办法也局限在具体某个人的经验。对于复杂的变革，你需要许多人自觉地工作、解决问题并且投入共同的集中的行动中。为此，他提出教育变革需要教师去做的七项新工作，就有三项与"合作"有关。

专业合作的开展，一是形成团体动力。即教师同事间的合作，可以形成教师相互支持、信任、互助、参与的关系，相互交流吸收经验和教训，形成集体"愿景"，建立学习型组织。二是促进集体反思，通过相互批判和相互沟通，以消除个人认识和经验的盲点和局限性，有利于实践性知识和实践智慧的形成和发展。三是促进理解和共享。在合作过程中，每个教师都是平等的受尊重和有话语权的主体，他们可以充分表达心声，消除偏见、陈见与隔阂，减轻工作中的焦虑、压力，增强信心和动力，获得一种情感上的支持，实现经验和成果的交流和共享。这是教师专业实践的重要方式，也是提高教师专业生活质量的重要条件和途径。

（三）行动研究

在斯腾豪斯、埃利奥特、萧恩、凯米斯、卡尔等人的积极推动下，行动研究历经变革和兴衰，终于成为一种内涵丰富、具有独特功能的研究范式和教师的专业生活方式。它是教师以"探究—介入"的方式改进和重构教育生活世界的一种专业实践。所谓"探究"，就是教师通过反思，系统探讨教育实践问题的意义、原因及其改进策略；所谓"介入"，是教师将反思所得出的结果运用于课程教学实践中去。这种反思既可以是实践前后的"驻足观望""三思后行"或"反躬自问"，也可以是实践过程中实时进行的即兴思考，即日本学者佐藤学提出的实践性思考方式[①]。教师通过行动研究，实现对传统的以教学为核心的技术性教育实践的彻底改造，透过系统深入的反思探究深刻地理解其意义和蕴涵，并寻找改进策略或形成一定的实践智慧，达到变革教育实践、提高教育实践水平和质量的目的。这种研究，与其说它是一种研究，不如说是教师的一种专业态度和专业生活方式。

---

① 佐藤学.课程与教师[M].钟启泉,译.北京:教育科学出版社,2003:229.

整合与分化：中小学教师教育专业化的比较研究①

在启动和推进教师教育专业化过程中，教师作为一个整体概念是必要的。但不同层级和类别的教育及其服务对象各具特性，教师教育专业化的基点、目标、内涵和取向也各有质的规定性。中小学教师之间有着许多重要的分野。这种分野是外部造成的还是职业自身规定的？应当是水平层次（量的）之别，还是性质类型（质的）之别？这种分野的合理性和依据何在？对世界师范教育发展的研究发现，各国中小学教师教育普遍经历了"分化—整合—整合基础上分化"的过程。正是通过这种整合和分化的交互递进，中小学教师教育专业化水平实现了整体性提升。随着我国小学教师逐步纳入高等教育和教师专业化的不断推进，以及基础教育新课程改革对教师素质提出新的要求和挑战，中小学教师教育有必要进行重新整合和分化。因此，从历史的和逻辑的、事实的和价值的多角度进行比较研究，这对于中小学教师教育专业化沿着正确路径和取向健康发展不仅开始具备了现实条件，而且具有重要的理论和实践意义。

一、由分化走向整合：中小学教师教育专业化的历史进程

在"前学校"阶段，教师的层级和类别界限模糊且不确定。随着义务教育的兴起和现代学校制度的建立，中小学教师职业及其养成开始分化。"中等学校教员由大学培养，初等学校教员由师范学校（normal school，ecole normale）培养的方式。前者强调学术性，后者强调初等教育内容的掌握、教授技术的领会以及教职伦理。"②中学教育作为大学的下延，中学教师及其培养机构属于精英教育范畴：小学教师及师范学校是与初等教育相伴的，属于大众教育范畴。这

---

① 本节原载于《比较教育研究》2002年第11期。
② 筑波大学教育学研究会.现代教育学基础[M].钟启泉,译.上海：上海教育出版社，1986:452.

种制度化"分工"造成中小学教师在专业水平、地位的差别，进而导致性别构成、家庭背景、收入水平和社会声望诸方面的差别，形成两种等级界限分明的培养体系和职业团体。以至于使用"教师"这一词汇来指称以教育年轻一代，甚至一部分成人为主要职责的各个级别的专业人员，这在法国是始于20世纪60年代的新现象①。同样，国际教育大会对于教师地位和培训方面的政策建议，直至20世纪60年代也还是将小学教师与中学教师分开制订的②。皮亚杰认为，小学教师由于与大学教育相隔离，无论是从技术或科学的创造性上来说都不是一个专家，而只是一个知识的传递者，这是任何人都能做到的事。中学教师在大学中训练，完全是从他将来要教的学科出发，至于教育学训练仅有最少的一点点，使得未来的中学教师根本不知道有从事教育科学研究的可能。小学教师成了一群单独的具有内向性的知识阶层，得不到社会公正的承认③。随着义务教育的延长和教育民主化的发展，中小学教师教育开始由分化走向整合。尤其是1966年联合国教科文组织和国际劳工组织编写的《关于教师地位的建议》，首次确立教师应作为一门专业的理念，提出：一切教师都应在大学或相当于大学的培养机构或专门培养教师的机构内，学习普通教育科目、专业科目和师范教育科目；应考虑不同种类的教师，无论是初等教育、中学教育，都应在相互有机联系的培养机构或地理上邻近的培养机构内接受教育④。1972年联合国教科文组织进一步明确提出："小学教师、技术学院教师、中学教师、大学教授之间的区别不应含有等级差别"；"教学职能，无论是在小学或中学一级执行的，从意图和目的来看，都是相同的。"⑤

　　中小学教师教育由分化走向整合的进程大致有三种方式：

　　① 杜里－柏拉，让丹.学校社会学[M].汪凌,译.上海：华东师范大学出版社,2001:144.

　　② 全球教育发展的历史轨迹——国际教育大会60年建议书[M].赵中建,译.北京：教育科学出版社,1999.其中,从第4、5号建议(1935年)到第62号建议(1967年),一直将小学教师与中学教师分别开来,之后开始使用"教师"的概念.

　　③ 皮亚杰.教育科学与儿童心理学[M].傅统先,译.北京：文化教育出版社,1982:14.

　　④ 联合国教科文组织,国际劳工组织.关于教师地位的建议[J].外国教育资料,1984(2):2.

　　⑤ 联合国教科文组织国际教育发展委员会.学会生存——教育世界的今天和明天[M].北京：教育科学出版社,1996:258-259.

（一）归并式整合

以法国、德国为代表。法国最早建立双轨制教师培养制度。小学教师由师范学校培养，中学教师由大学培养，两者在待遇和社会地位上悬殊。直到20世纪中后期，经过数轮改革，中小学教师教育趋于一体化。1989年，法国的《教育方向指导法》将原先各级各类教师教育机构归并为大学教师学院，使整体的法国教师第一次完全在大学墙内进行。中小学教师在招收对象、学制年限、专业水准和待遇地位上才真正实现了统一。19世纪初至20世纪初，德国中小学教师培养也是双轨制的，在学术性与师范性上各执一端。1919年魏玛法首次提出德意志全境的师资训练，须一律采用高等教育的原则组织之，成立师范专科学校培养小学教师。1965年起，师范专科学校陆续升格为教育学院，1970年又归并为综合大学，实现了中小学教师教育一体化。

（二）升格式整合

以美国、日本为代表。美国小学教师自19世纪40年代起由师范学校培养；中学教师没有专门培养机构，由大学文理学院进行。19世纪90年代起，师范学校开始升格为师范学院，扩展为培养中小学教师，以师范性为主。第二次世界大战后，这种定向型师范教育受到批评。19世纪60年代起，师范学院升格为综合性大学教育学院或教育系；一些综合性大学也纷纷成立教育学院或教育系，培养学者型教师。日本自1872年成立师范学校培养小学教师，后成立高等师范学校培养师范及中学教师。1947年《关于培养教员的建议》决定将师范学校合并升格为学艺大学或综合大学学艺部、教育学部，从而建立起开放型教师教育体系，各级各类教师均由大学培养。我国台湾地区也是通过升格实现中小学教师教育整合的。

（三）互通式整合

以苏联为代表。十月革命后苏俄逐步形成中师和高师两级师范教育体系，并长期存在（20世纪30年代后成立的师专在50年代被撤销或升格为师范学院）。1992年，俄罗斯打破原有的单一、僵化的教师培养体制，建立多层次的师范教育体系：第一层师范教育（高中毕业生修业三年）培养九年制普通学校教师；在前者基础上进入第二层师范教育，继续学习2年培养高中教师；第三层是在第二层基础上修业1~2年，培养高中、中专教师及大学助教。不同层次之间递进、互通，中小学教师教育融为了一体。

中小学教师教育由分化走向整合是以小学教师教育水平的提升为主要线索和标志的。这种提升以师范教育制度的上构（由下而上的升格）为主，辅之以高等教育机构的下构（由上而下的延伸），在专科、本科层次上多次汇合，并逐步走向体系的开放化。从中可见，中小学教师专业程度和职业团体的分野主要是由历史文化原因造成的，是一种制度化的产物，而不是教师职业的固有特征，其合理性只是相对的。中小学教师教育逐步走回整合，是在义务教育年限的延长、教育民主化和教育体制并轨的推动下，初等教育与中等教育成为性质完全相同的国民基础教育情况下实现的。同时，这也是教师职业专业化的结果。对于小学教师而言，只有跳出单纯职业训练和知识传递者角色，受到良好的个人教育并获得研究、发现、创造的机会，不断提高学术水平和专业化水平，增强职业的不可替代性，才能从根本上提高社会地位和声望。显然只有高等师范教育才具有实现这一目标的综合条件和优势，因为大学是教师能够学会成为研究者而把自己提高到超出一个知识传递者水平的唯一场所[①]。相反，中学教师培养虽然是在大学进行的，但只有在学科专业学习和研究的基础上同时加强教育科学的学习和研究，形成具有复合性和边际性的专业结构，才能越出普通知识传递者的栅栏，完成教师职业的社会化过程，成为具有专业特质的教学专业人员。

二、整合基础上分化：中小学教师教育专业化的价值取向

经过一个世纪的努力和奋争，20世纪80年代中小学教师教育的整合进一步由形式阶段（学制升格、体制并轨）进入了实质阶段。首先是教师教育体制结构的一体化，即在大学或大学后阶段及多元开放的体制平台上整体提升教师教育专业化水平。1986年，美国卡内基报告和霍姆斯报告共同提出，要将教学建设成一门真正的专业，把文、理科学士学位作为教学专业的前提条件；在教育

[①] 皮亚杰.教育科学与儿童心理学[M].傅统先,译,北京:文化教育出版社,1982:129.

研究生院为攻读教学硕士学位制订新的授课计划，该计划以系统学习教育理论、见习和在中小学实习为基础。英国《1988年教育改革法》提出设置"研究生教育证书"（PGCE课程），在本科基础上设置一年的教育专业理论课程和现场实践。法国大学教师学院则通过"3+2"培养模式，使未来教师在3年大学普通教育证书的基础上接受2年教育专业和学科专业教育。其次是专业结构的沟通和趋同。中小学教师教育得以在大学多学科平台上实现师范性与学术性的整合，专业性程度得到整体提升。正如卡内基报告指出的：小学教师和中学教师一样需要扎实的本科知识。和中学教师相比，小学教师开的课程多，但这并不能成为他们对所授的课程掌握不扎实的借口。小学教师必须对他们所讲授的每门课程做到真正的理解。另一方面，中学教师的培养也突破学科专业本位的窠臼，在大学普通文理教育的基础上进行教育理论和实践专业化训练，建立具有硕士和博士水准的中等教育专业。最后，中小学教师教育模式呈现一系列共同的发展趋势：教师教育目标由培养"作为技术员的教师"转向培养"作为专家的教师"；教育过程由行为科学为基础转向以认知科学和质量研究为基础；教育空间由大学为本转向大学与中小学的伙伴合作，高度重视教育实践环节和实践工作者在教师养成及专业发展中的作用；教学模式由传递—训练模式转向了反思性实践模式。此外，教师教育正努力将职前教育与职后教育、大学的理论教学与中小学教育实践整合为贯穿教师职业生涯的专业发展。

　　然而，中小学教师教育专业化在进行深度整合的基础上又进行着新的专业分化。这种新的分化使中小学教师教育由职业性质和水平不同的两种教育成为专业方向和特质各异的两类教育。无论是在心理学、生理学还是社会学意义上，中学生和小学生都处在生命发展的两个不同成长阶段。皮亚杰认为，按照教材本身而不从学生吸收这些知识的难易来确定中小学教师教学的难易和水平的高低是错误的。他在对中小学生吸收知识的难度和这些知识对其发展的作用考察后指出：事实许可我们主张，儿童愈小，对他们进行教学就愈难，而对于幼儿的教学未来的后果就愈有影响①。鉴于此，中小学教师专业化不应是以量为主的差别，而应是以质为主的区别。小学教师的专业性在于对儿童心理结构和发展水平的适应和对知识的心理学化；中学教师的专业性在于对知识结构和个体社

---

① 皮亚杰.教育科学与儿童心理学[M].傅统先,译.北京:文化教育出版社,1982:130.

会化水平的提升，实现文化知识的内化和转化。故小学教师需要掌握与儿童成长发展广泛联系的基础性、启蒙性知识；中学教师则要求掌握与学科体系相联系的专门性、系统性知识。中小学教师专业结构有着各自的独特性和不可替代性。正因为如此，各国中小学教师教育在培养目标、专业设置、课程结构、培养模式及证书类型等方面都进行了相应的分化。

首先，为适应小学教师以多科教学甚至全科教学而中学教师以分科教学为主的要求，各国在大学设置初等教育（也有称小学教育）和中等教育专业，下设不同的子专业及一些特设岗位的专业（如心理咨询、教育督导等），进行本科、硕士、博士多层次的教师培养和培训。法国提出，小学教师是一种综合性的职业，教师应该有能力教授各个学科，并承担从幼儿园小班至小学中级2班（CM2，即小学的第5年）的教学工作，同时他也要认识到所从事的职业处于不断的发展之中[①]。大学教师学院在第一学年选择培养类型，确定做小学教师还是中学教师。小学教师应具有多科教学能力，设计、实施、分析教学情境的能力，课堂行动和了解学生间差异的能力，教育责任和职业道德。其次，是课程结构的分化。美国本科水平的师资培养方案中，初等教育和中学教育专业学生在一起学习大量的必修课程（占1/2～1/3不等）的同时，小学教师被作为通才来培养，要求全面掌握小学所有科目，并与各科的教学法交织在一起。中等教育以在中学担任一至二门学科为原则，实行主辅双修制。其中，学科专业与教育专业课程的比例，初等教育专业为2∶4，中等教育专业为4∶2[②]。日本小学、初中、高中教师教育的课程结构也大不相同。以1997年日本教育职员养成审议会对师资培养课程修改方案中"一级许可证"学分为例，也可明显看出中小学教师教育在课程结构上的区别（见下表1）[③]。英国要求中学教师选择国家课程中（英语、数学、科学）的一门作为主修学科，其他学科选作主修的应达到相应学位的水平；小学教师对三门国家课程应有完整的理解和掌握，其他学科则应达到"高级水平普通教育证书"标准。

---

① 李其龙,陈永明.教师教育课程的国际比较[M].北京:教育科学出版社,2002:82.
② 陈永明.国际师范教育改革比较研究[M].北京:人民教育出版社,1999:387-388.
③ 李其龙,陈永明.教师教育课程的国际比较[M].北京:教育科学出版社,2002:280.

表1 1997年日本中小学教师教育课程结构比较

学段	小学	初中	高中
学科	8(18)	20(40)	20(40)
教职	41(41)	31(19)	23(19)
学科或教职	10(0)	8(0)	16(0)
合计	59	59	59

注：表中括号内为1997年前的学分数。通过修改大大增加了中学教师的教职学分，增设了各级教师的学科或教职选修学分。

此外，中小学教师在培养机构和培养模式上也出现了新的分化，以凸显不同教育阶段教师教育上的专业特点。以1990年为例，日本新录用的小学、初中、高中教师从教育学部毕业的分别为73%、50.7%、15%[①]，即初中、高中教师多毕业于一般学部，小学教师多毕业于教育学部。英国也相应建立了中小学教师教育各具专业特色的培养模式，中学教师以"研究生教育证书"（PGCE）为主，小学教师以教育学士（BEd）为主。

三、我国中小学教师教育专业化的整合与分化问题初探

我国师范教育机构产生于19世纪90年代。1904正式施行的癸卯学制以法律形式确立了我国近代师范教育体系。新中国成立后，1951年第一次全国师范教育会议提出建立中师、师专、师院（师大）三级师范教育体系，培养小学（幼儿园）、初中、高中不同层次教师，有力地保障了庞大的教育体系对教师的数量需求和基本质量。20世纪90年代以来，随着"普九"任务的基本完成、素质教育的全面实施和教师专业化的有力推动，我国教师队伍建设开始由数量满足型向质量提高型转变，小学教师高等教育化和师范教育结构整合开始进入政策研究视野，成为我国面向21世纪教育振兴行动的重要目标和举措。诚然，师范教育结构调整不单是重心上移、层次提升等量的改变，它需要通过层次、机构、专业及课程等一系列整合和分化，实现质的转型和跨越，切实推动我国教师教育的专业化。

---

① 饶从满,等.当代日本小学教育[M].太原:山西教育出版社,1999:170.

（一）学历层次的整合与分化

我国一直沿用的三级师范教育体系是由高师和中师分别承担中学和小学教师的培养任务。1993年，《中华人民共和国教师法》对各级各类教师合格学历的规定进一步将其合法化。这种层级性师范教育虽然没有双轨制师范教育体制下中小学教师的阶层性和等级性，但专业标准不同带来中小学教师专业性程度和职业声望的渐次降低也是不争的事实。早在20世纪60年代初，教育家林砺儒对高等师范与师范学校应否分成两级就提出过质疑。诚然，这反映了长期以来我国教师培养一直处于数量满足状态的客观现实，与计划经济体制相适应，同时也与人们普遍持有中小学知识水平应该有高低之分的传统观念有关。应当看到，这种层级性师范教育的体制保障和对中小学教师合格学历的法律规定在一定历史阶段是对教师队伍建设的一种有力保障和促进，但另一方面又对教师教育层次结构整合和教师专业化起着一种延缓和滞碍作用。目前，由"旧三级"的师范教育向"新三级"的教师教育过渡是一次历史性进步。但中小学教师教育的一体化和大学化，才是学术性与师范性实质整合和教师专业化的必要前提，这也是发达国家教师教育的发展道路。同作为发展中国家、与我国国情相近的印度也已取消了中师，1992年师专的在校生仅占2.6%，大学本科的师范在校生已达90.1%；埃及的大学本科师范在校生占88.2%，中师建制虽然保留但比例很小（且无专科层次）[1]。现阶段，我国教师的培养与供给如何从过去的体制保障转向功能保障，采取积极的教师教育和管理政策，着力推进教师教育的开放化进程，鼓励更多的综合性大学参与教师教育，势必将有力推动我国教师教育的层次整合和水平提高。据调查，目前综合性大学对教师教育尤其是初等教育教师培养反应迟缓（无一所综合性大学单选小学教师培养，愿意参与包含小学教师在内的教师培养也只有18%）[2]。这说明只要政策改进，教师教育的大学资源还潜力巨大。同时，改革教师资格证书制度，如对学历基本达标的中小学教师发

---

① 陈桂生,胡惠闵,王鉴君.世界各国小学教师培养制度的启示[J].课程·教材·教法,1997（8）:58-60.

② 丛立新,梁丽莎.我国综合大学参与师资培养的可行性及条件的调查及结果[J].高等师范教育研究,2001（1）:68-72.

给短期证书或初级证书，在此基础之上设立更高等级的资格证书，也能有效地鼓励高学历者从事中小学教育、促进在职教师提高学历和专业发展，从而推动中小学教师学历水平的整体提升。

（二）教育机构的整合与分化

三级师范向二级师范的过渡，目前存在两种不同的话语：一种主张通过独立升格和改造、扩充，以中师为主体来培养专科学历小学教师；一种则主张取消中师，改由高师院校（含中师并入）来培养专、本科学历小学教师。升格与取代，反映两种不同的价值取向。前者强调小学教师专业特性和价值分化，但难以真正提升小学教师学术水平和实现教师教育的一体化；后者强调学术水平提升和价值统整，但面临探索初等教育规律和建立小学教师文化等难题。在这方面，法国和日本的经验和动向很值得我们认真学习和借鉴。法国建立了世界上最早的师范学校，但中小学教师教育由双轨向单轨的整合却进展迟缓。1989年法国教师教育实现归并式整合建立的大学教师学院，既充分利用了大学优势，实现对教师教育学术水平和品质的实质性提升，又兼容了各种教师教育资源尤其是师范学校长期以来在培养小学教师方面形成的某些优势。整合后的师范学校作为大学教师学院的分院或教学点，既接受大学统一领导和管理，又有较大的独立性，专门进行小学教师的培训，建立具有初等教育专业特性的课程体系和小学教师文化。这很好地体现了教师教育机构整合与分化的并重。20世纪70年代以来，日本小学教师教育在经历开放式的大学培养之后又重新走向分化，创建新教育大学进行定向式培养。鉴于此，我国应积极通过升格和合并，将中师优秀的教师教育资源纳入高等教育体系，同时通过体系开放和资源重组，鼓励高等院校积极参与中小学教师的培养，加强高等教育对中小学教师教育的整合进程。从而建立以师范院校为主体、具有开放性和专业化的教师教育体系，尤其是高起点、高水平的小学教师高等教育平台。但在整合过程中又要充分体现小学教师的专业特点和专业化水平的整体提升，实现大学文化与小学教师文化的兼容与同构，避免"中师化"和"中学教师化"两种偏向。

（三）专业及课程的整合与分化

教师教育新一轮的专业整合既是一项急迫的现实任务，也是推动教师专业化进程难得的历史机遇。长期以来形成的单一、僵化、陈旧的师范教育专业结构已不能适应现代社会及青少年发展对教师专业化提出的要求。尤其是基础教育新一轮课程改革对传统的师范教育专业结构提出严峻挑战：小学以综合课程为主；初中综合课程和分科课程相结合；高中以分科课程为主，综合实践课作为所有年级的必修课程。这需要对教师教育专业的内涵和外延进行重新界定，即中学教师的分科教育是在综合背景下的分化，小学教师的多科教学更需要综合性知识和能力。为此，应加强不同学科知识、能力和技能之间、理论知识与实践环节之间、学校教育与社会生活之间、职前教育与职后教育之间、中学教育与小学教育之间的重组和整合。以此实现对师范教育传统专业模式的改造和更新，形成一批具有综合性、先进性的教师教育专业。与此同时，中小学教师教育还应在专业设置、目标规格、课程结构和培养模式等方面进行合理的分化。在教师专业化视野中，中小学教师教育专业建设首先面临的是，根据中小学教育各自特点和基础教育新课程的要求，重新进行专业的分化和设置。经过近些年的努力，我国已逐步确立了"小学教育"在高等教育中的专业地位。小学教育专业要不要进一步分化若干专业和方向，设置哪些专业方向为宜？首先，我们应当在借鉴发达国家经验的同时，结合我国国情实际和教育传统，作科学求实的论证和研究。其次，在大学多学科平台上，小学教师与中学教师应在学习一系列通识性课程及形成共有的基本素质基础上，确立各自的专业结构优势，即中学教师应在综合的基础上寻求学科专业的精深和可持续发展性；小学教师则应立足于综合并在广延性、汇通性和统整性上形成专业优势。此外，中小学教师教育还应在课程结构和培养过程上加强沟通和交流，形成紧密的逻辑联系。最后，中小学教师在通识性课程、学科专业课程和教育课程三方面应进行合理配置，改变长期以来中学教师培养偏重学科专业、小学教师培养偏重从教技能的格局。这对于中小学教师教育专业化的合理分化和整合无疑是十分重要和必要的。

共生合作：教师教育课程开发的体制平台①

透过近年来教师教育研究的大量文献，我们不难发现这样一种普遍的取向和趋势，即由传统上的大学本位和以理论知识为中心，朝着以大学和中小学合作、以教师反思性实践为中心的方向发展。这种取向和趋势的实质，是教师教育由大学单一主体向大学和中小学共同参与的合作主体转型，由"去实践化"向"趋实践化"方向发展，进而使教育理论和教育实践由两极走向中介，由分化走向整合，实现教师教育人才培养模式的创新，为教师专业化发展提供新的制度保障。我国近年来教师教育改革和发展的主要内涵之一，也是加强大学与中小学伙伴合作关系的建设。

大学与中小学发展成为教师教育的合作主体，给教师教育课程开发创造了一种崭新的体制平台和实践空间。例如，在师范教育下，教育类课程虽然也进行了一系列改革，但总是局限于"老三门"的课程改革、"老面孔"的教材改革和"老腔调"的教学改革。教师教育合作主体的形成和确立，教育类课程改革将从"改什么"（What）、"如何改"（How）等教材和教学微观领域，转而深入"从哪里获得知识"（Where）以及"谁的知识"（Who）等对教师更有价值的问题上，进行教师教育体制结构和人才培养模式等宏观领域的改革与创新，使大学与中小学发展成为教师教育课程开发的合作主体，教育理论和教育实践整合成为教师教育课程的共生资源，共同奠定教师专业化的知识基础。这就是教师教育课程开发的"共生合作模式"。

一、教师教育课程的共生资源及中介

教师专业化的一个重要条件和标准，是教师经过系统长期的专业教育和训练，形成本专业所特有的知识基础。以往建立在工业化基础上的师范教育，一

---

① 本节原载于《教育学研究》第5卷第6期。

直是在科学主义和技术理性主导之下，认为教育理论具有"客观性""普适性""确定性"，有着指导教育实践的巨大力量。相反，教育实践则是教师在教育理论指导下的行动和操作过程。这样，教师专业化的知识基础就是教育学、心理学的科学原理和技术。相应地，教育学、心理学的科学原理和技术成了师范院校教育类课程全部的课程资源。虽然教育实习是师范教育的重要环节，但只是作为教育理论的检验和合理运用。进而言之，师范院校总是试图以系统的教育理论传授，使教师获得一套教育原理、原则、技术和方法，以指导并运用于教师的教育实践，教师成为有效地运用这些教育原理、原则、技术和方法的"操作者"。

然而，自20世纪60年代以来，在后现代主义思潮激荡下，当代社会正在发生一场深刻的知识转型。教师专业化的知识基础转变为教师通过自主探究和实践反思而形成的"实践性知识"（也称"个人知识""缄默知识""隐性知识"）。这种不同于"理论话语"的实践性知识，是一种经验性、特定（案例）性、综合性、隐性化、个性化的知识。教师是以经验反思为基础进行研究和创造的"反思性实践者"。基于这种模式的教师教育课程的开发是将探讨教师职业所固有的一种思维方式——以实践性研究（"行动研究"或是"案例研究"）为核心组织的。在现实中，是培养"技术操作者"还是"反思性实践者"，这两种不同的教师专业化模式，其各自的知识基础及相互的价值冲突，造成教师教育课程开发的"两难"问题——是加强师范教育环节，还是重视教育实践环节？是理论性知识重要，还是实践性知识重要？

近年来，我国教育学术界在反思和解决教育理论与教育实践相脱节的问题上，试图通过教育中介的建立，来促进两者的相互联系和转化。比较一致的观点认为，教育理论是有不同性质和层次的，教育理论向教育实践的转化需要经过许多中介环节；不同性质和层次的教育理论实现向实践的转化，其中介环节也不同。教育中介的研究，就是要填补从教育理论到教育实践两者之间广阔的"中间地带"，架设过渡和转化的"桥梁"。因此，教育中介是多类型、多层次的连续体[1]。中介思维及教育中介的探讨，为解决教师教育中教育理论脱离教育实践的痼疾提供了一种新的方法论和实践模型。我们应从哲学的高度反思我国教

---

① 宋秋前.行动研究：教育理论与实践相结合的实践性中介[J].教育研究，2000(7)：42-46.

师教育课程存在的弊端，运用中介思维来突破教育理论与教育实践二元分离的两极思维，实现教师教育课程开发的理论与实践创新。因此，我们认为，当下时兴的教师教育从培养"技术操作者"向"反思性实践者"转型的观点，仍然停留在一种两极式思维。教师专业化以及教师教育课程开发应当运用中介思维，在教育理论与教育实践、理论性知识与实践性知识之间形成一个中介平台，进而使教育理论与教育实践整合成为教师教育课程的共生资源，理论性知识与实践性知识共同成为教师专业化的知识基础，以实现"技术操作者"和"反思性实践者"两种教师形象的整合。

（一）教育理论实践化——教师教育课程的理论性中介

教育理论是从具体的教育实践抽象和概括而来，对教育实践具有一种认识功能、解释功能、指导功能。由于对实践的取向不同，教育理论反映教育实践的抽象和概括水平也是不同的，有基础理论、实践理论以及连接两者的中介——中间理论。所谓中间理论，是介于教育基础理论（哲学层次）与教育实践理论（经验层次）之间的起中介和转化作用的应用性、开发性的教育理论。我们认为，强调教师的反思性实践和实践性知识的重要性，并不是要否定和降低教育理论的重要作用，而是要促进教育理论的实践化。因此，在教师教育中，我们应当下决心放弃编写一本"百宝箱"式教育学教材，改变传统的以教育基础理论和一般原则为主的体系结构，重视中间理论的开发和建设，并以此形成教育类课程的理论性中介，在源头上为教育理论的实践化创造条件。陈桂生教授在反思当前"三栖式"公共课教育学的基础上曾提出，由于教学—教育工作是教师的基本职责，所以，我们应放下"教育学"的架子，从教师工作实际出发，在教育学中着重解决教师工作中有待解决的问题。

在进行教育类课程的实践探索中，我们应注意改变传统思路，力图形成教育理论通向教育实践的理论性中介，如介于教育原理与教育实践之间的《教师学——理论与实践》，介于教育学与教学法之间的《学科教育学》，介于课程论和教材研究之间的《课程编制与开发》，介于教学论与教学法之间的《教学设计与运用》等。以《教师学——理论与实践》为例，我们试图打破传统的教育学体系框架，以教师为主体和出发点，分析和解读现代教育思想、制度、结构、对象、目的、过程等，基于对教师专业化的系统认识，引导师范生正确认识和解决教师在专业生活（课程和教学、班主任和学生指导、德育工作、教育研究和专业发展等方面）中的理论和实践问题。实践表明，抓住"教师"这个中介，有利于教育理论的实践化，使教育理论能够解放和启蒙师范生的思想，走进教师的专业生活，开发教师的教育智慧，促进教师的专业成长。

（二）教育实践理论化——教师教育课程的实践性中介

教师专业化的重要知识基础是教师的实践性认识，它不是师范院校"学院化"培养模式及系统的理论学习所能够完全掌握和形成的，而是存在于教育实践之中，必须通过师范生临床实践的亲历、探索、反思、体验。舒尔曼认为："培养专业人员不能只是简单地把他们所学知识应用于实践，而是在不可避免的、不确定的情况下学会运用判断，即学会变化、适应、融会贯通、批判、发明，把学校所学的理论知识，变成职业工作所需的临床知识。"[1]因而，教育实践不是单纯的教育理论应用领域，也是实践性知识形成的领域。重视实践性课程开发已成为当今发达国家教师教育专业化的一种主要趋势。美国在20世纪80年代中期兴起的"专业发展学校"，正是通过大学教育学院与有关的中小学合作创办的一种新型学校，为师范生和在职教师临床实践和专业发展提供机会。2000年，美国全国教师教育鉴定委员会颁布的《教师教育专业标准》中，标准3"现场经验和临床实践"，要求教师教育机构及中小学合作设计、实施和评价师范生的现场经验和临床实践，以使师范生养成并表现出帮助所有学生进行学习的所必要的认识、技能和意向[2]。英国在20世纪90年代也提出了"伙伴关系学习"，开展以学校为中心的教师培养和培训。培养小学教师的教育学士学位课程，4年中有32周的教育临床实践；培养中学教师的研究生教育证书课程，有2/3的时间是在A、B两所不同学校进行教学实践和专题研究。中小学基地学校实际上充当了教师职前教育的主角[3]。

---

① 舒尔曼.理论、实践与教育的专业化[J].王幼真,刘捷,编译.比较教育研究,1999(3)：36-40.

② 许明.美国教师教育专业标准概述——美国教师队伍质量保证机制研究之二[J].课程·教材·教法,2002(11)：64-68.

③ 李其龙,陈永明.教师教育课程的国际比较[M].北京：教育科学出版社,2002：71-72.

　　然而，并非所有的教育实践都能成为教师教育课程的共生资源。这是因为，现代学校制度是工业化的直接产物，一直追求标准化、统一化、效率最大化。学校成了教师的"工作坊"，教师成了国家教育课程标准的传递者、教育方法技能的操作者。显然，这种教育实践只是一种"例行化"的重复性劳动，教师因而失去了自主探究、反思以及创造的机会，被"无产阶级化"，沦为了"教书匠""技术员"。因此，对于有效培训的挑战就在于如何设计一种课程，这种课程鼓励师范生把不同形式的专业知识与其在学校中的实践统整起来，理论研究必须与学校中的实践经验密切结合起来。具体而言，要使教育实践成为教师获得实践性知识的课程资源，必须将教育实践理论化，使教育实践成为一种反思性实践。它基于教育实践，但又是对教育实践的超越和提升，是教育实践与教育理论相结合的中介，主要包括：（1）实践反思。师范生通过与指导教师在临床实践中的对话和反思性思考，形成和获得具有实际作用的实践性知识。（2）审察探究。师范生在教育实践情境中反思和审察所学习的教育理论概念和原理，通过亲历体验、行动研究和问题解决，使教育理论得到重新解释、表达和实际运用，转化成为具有现实指导意义的实践性知识。（3）交流分享。师范生在与指导教师以及同伴相互之间的教学观摩、交流和合作过程中，进行集体反思和专业沟通，实现经验的分享，以获得实践性知识。（4）概念重构。师范生运用所学的教育理论对自己既有的缄默的教育知识进行揭示、分析和批判，实现教育观念和认识的改造与提升。

　　比较而言，我国当前教师教育课程不仅教育实习时间短，组织和指导缺乏有效的机制和体制保障，更深层的弊端在于师范生只是跟着原任教师或在原任教师指导下，进行一种模仿性、适应性实习。这种教育实践是一种常规的、例行化的活动，师范生缺乏实践反思、审察探究、交流分享和概念重建等理论化的中介环节，教育理论与教育实践完全是"两张皮"，难以相互转化和提升成为教师教育课程的共生资源。这恰恰是当前教师教育课程开发模式创新要着力突破的。

二、教师教育课程开发的合作主体

教师教育课程共生资源的整合形成，要求课程开发由大学单一主体扩展成为大学与中小学共同参与的合作主体。1997年，美国国家教学和未来委员会强调：高质量教师教育方案最重要的特征包括：（1）对良好教师教育课程与临床教学实践有共同的看法；（2）有明确的专业行为标准以指导和掌握课程教学和临床工作；（3）严格的核心课程；（4）广泛运用以问题为基础的方法，包括案例学习、教学研究、教学行为评价、教案评价等；（5）与当地具有强烈改革意识的中小学的密切联系，大学教师和中小学教师共享教师教育的新理念。这个方案的核心和主旨是"合作"，并由此实现一种功能互动和资源共享。所谓合作，是指互动的参与者为了执行某一任务或达到某一目标所作的持续的、共同的努力。我国近年来教师教育的发展，是以学校规格、学历层次和学制年限的提升为主流的。这实际上是进一步突显大学在教师专业化中的作用，却很少作一种横向的探索，重视发展大学与中小学的伙伴合作关系，发挥教育实践对教师专业化发展的重要作用。为此，教师教育应打破大学本位的人才培养模式，形成以大学与中小学伙伴关系为核心的课程开发合作主体。

（一）确立大学与中小学在教师教育课程开发中的合作主体地位

教师教育课程的合作主体，虽然消解了大学在教师教育中的绝对权威和垄断地位，却不意味着大学在教师教育中责任的减轻和作用的削弱，更不是对教育类课程重要性的质疑和动摇。麦克·F.D.扬认为，教师职业包括"教育学"和"科目"两种"视角"，教师的科目和教育学视角构成了他们专业化知识的主要部分[①]。因此，大学在教育科学的理论研究与创新和提高教师的教育学素养方面应负有主要责任。林崇德教授等人对我国当前中小学教师的知识状况的调查表明，无论是职前还是在职教师的教育学、心理学知识掌握情况都不令人满意。另外，没有教学经验的职前教师的条件性知识匮乏，反映了师范教育传授的条

---

① 麦克·F.D.扬.知识与控制——教育社会学新探[M].谢维和,朱旭东,译.上海:华东师范大学出版社,2002:133.

件性知识还不能适应教育教学实际的要求。师范生的教育学、心理学基本理论知识要在相当长时间的工作后才能达到在职教师的水平。在我国日渐开放的教师教育体制中，大学应当成为提高教师的教育理论知识和素养的主要责任者。为此，教师教育应努力摆脱传统的师范教育中"老三门"的窠臼，以专业化为导向，在教育类课程的课时比例、课程设置和建设等方面形成教师教育的专业优势和学科特色。目前，国内在这方面的研究已取得一定的突破和进展，并有望进入教师教育课程政策和实践领域。

与此同时，中小学应当发挥在教师教育和教师专业化发展中不可或缺的作用，并担负起重要责任。需要指出的是，要使学校成为教师教育的重要基地，具有教师发展功能，必须对现行的学校组织及其功能进行改组和重建。这正是20世纪80年代以来英美等国家积极推进学校改组和重建运动的重要动因。学校改组和重建就是要改革现行科层化的学校组织机构和价值导向，建立富有针对性和实效性的教师专业发展制度和环境①。霍姆斯小组在《明日的学校》中提出了设计和组织"专业发展学校"的六条原则，其中包括：为了使这种为了理解的教学能够顺利进行，把学校建成一个学习的社区或团体也就成为教师的一大责任；学校中的所有人（成年人和儿童）都是学习者，学习的团体是一个人人参与学习、人人都获得提高的团队；教师应该能够进行教学研究，成为研究型教师或反思型教师；教师教育改革始终是整个教育改革的组成部分，教师素质的提高必须放在教学这个特殊的环境中来实现。师范生只有在这样的学校环境和教育实践中进行系统的实习和学习，才能有机会与指导教师进行交流、实践反思和探究，形成实践性知识，实现教育理论与教育实践的整合与提升。

（二）建立大学与中小学合作开发教师教育课程的运作机制

教师教育课程开发合作主体的形成，需要大学与中小学建立一种相互依存的伙伴合作关系。一方面，大学应抛弃传统的"师范院校+教育实习"的人才培养模式，将中小学作为教师教育不可或缺的合作伙伴：与中小学教育工作者一起研究、制订教师教育课程计划，加强对中小学教育改革实践的关注和中小学教育资源的整合；加强教师教育的实践课程和实践基地建设，为师范生提供优

---

① 阮成武.教师专业化发展与学校组织的功能重定[J].教育评论,2002(5):34-37.

质的临床实践机会；改变凌驾于中小学和实践工作者之上的现状，充分尊重中小学教育工作者的话语权和创造性，大学教师和中小学教师组成"合作指导小组"，共同负责师范生的培养；积极参与和介入中小学的教育改革实践，与中小学教师一起学习理论，研究教学中遇到的问题，找出下一步的行动方案，进行实验，相互交流、提升和分享成果。与此同时，作为合作伙伴的中小学也应将教师教育和教师发展纳入学校组织目标和发展战略中去，作为"科研兴校"的重要依靠力量，作为建立学习型组织和高效能学校的重要动力。中小学应加强对大学文化的吸收，在大学教师的积极参与和促进下，开展校本培训和行动研究，培育以学习、交流、研究和创新为核心的新型学校文化，促进教师的专业化发展。

大学与中小学作为教师教育课程的合作主体，可望在互动中实现一种"双赢"，推动大学教师和中小学教师的共同发展。大学的新思想、新理论和新的研究成果与中小学教师的教育实践以及学校各项工作的有机融合和交汇，为教学改革注入了活力。大学教师也得以深入了解教育实践，增强教育理论研究的针对性和实效性，为教师教育课程开发引来源头活水。

（三）建立大学和中小学合作开发教师教育课程的管理体制

大学与中小学合作进行教师教育课程开发，需要建立一种旨在合作的领导机构和管理体制。大学和中小学作为主要合作者，应打破原先的职能分工和学校界限，共同制定教师教育的目标和方案，进行工作分工与资源共享，确定指导教师和成立工作组，共同制订活动计划和进行课程开发，并负责各自的工作及相应的管理和协调。而且，这一课程开发模式的运行和组织实施，还需要一系列支持性合作者的参与和配合，如教育主管部门在宏观上的政策导向和体制创新、经费分配、资源配置、人员配备、评估督导等，进而为教师教育课程的合作开发提供一种体制保障。朱小蔓教授提出，我们应该采取以国家级教育教学研究机构和高水平的大学为先导，师范院校和省级教科院（所）及其他高校为主体，区域教师学习与资源中心（含市县教科所、教研室）为基础和纽带，社会力量积极参与等方式，逐步形成职前与职后教育相沟通，学历教育与教育科研能力培养培训相结合，教师教育系统与卫星及因特网相结合，办学、培训、管理和支持系统有机联系的新型教师教育体系。目前，"全国教师教育网络联盟"以及"区域教师学习和资源中心"已进入建设和实施阶段。

这种多主体的合作及其运行机制的建立，可以促进教师教育课程资源的共生、共建和共享，使教育理论与教育实践实现功能的整合和平衡，共同奠定教师专业化的知识基础。

小学教师养成方式变革与初等教育学课程使命①

　　进入21世纪以来，搭建初等教育（或称小学教育）专业平台，将小学教师培养纳入高等教育体系范畴，正在成为我国高等师范教育一项战略性的任务和课题。这不仅会带来师范教育结构重心上移和小学教师学历层次的提升，同时也将带来小学教师养成方式的变革和素质结构的重构。如果说小学教师高等教育体系的建立为新型小学教师的培养提供一种框架，那么养成方式变革则为之建立起一种内部运作机制。本节旨在探讨小学教师培养进入高等教育所引发的养成方式变革给传统师范教育的重要标志——教育学课程带来的挑战和机遇，以此提出高师初等教育专业相关学科——初等教育学应对挑战和机遇的课程使命。

　　教师养成方式是指教师社会化的实践形式，即社会成员习得教师专业特质，由非专业人员成长为专业人员的培养方式和实现路径。一般认为，教师养成方式的演变分为三个阶段：经验——模仿阶段、封闭式定向培养——师范教育阶段和开放式非定向培养——教师职业证书阶段②。相比之下，小学教师培养随初等教育制度的建立而最先进入师范教育阶段。然而自20世纪60年代，日新月异的社会变革使过去那种旨在传授一劳永逸、终身受用的知识和本领的传统教育走向尽头。各国纷纷按终身教育理念对教育进行改革和创新，教育的重心由原先"教"的一头转向了"学"——学会认知、学会做事、学会共同生活、学会生存，这四种基本学习能力成了每个人的一生及未来教育的四大支柱③。这将使原先作为预定课程标准传递者的教师角色发生转换：由传递既定知识为主转向指导学生学习，帮助学生获得、组织和管理知识；由作为知识权威、主宰教育

---

　　① 本节原载于《课程·教材·教法》2002年第2期。

　　② 成有信.教师养成方式的演变和21世纪我国师范教育发展的宏观走向[J].教育研究，2000(1)：8—11.

　　③ 联合国教科文组织.教育——财富蕴藏其中[M].联合国教科文组织总部中文科,译.北京:教育科学出版社,1996:75.

过程的"独奏者"转向与学生互动互喻、共同参与和创造的"伴奏者",成为学生知识学习和人格发展的引导者、促进者;由官方意图、专家方案和权威教育理论的执行者成为教育活动自觉的决策者、实践者和创造者。社会发展和教育变革强有力地推动着教师的专业化进程——教师必须成为一名名副其实的教育工作者①。有鉴于此,各国在不断提升小学教师学历层次的同时冲破传统师范教育樊篱,实现小学教师养成方式的根本变革。我国小学教师培养是自20世纪初建立师范教育制度开始的,并长期稳定在中师教育层次上。在21世纪初,小学教师培养开始进入高等教育体系,此时应在推进师范教育结构重心上移的过程中有效地实行养成方式的革新,以顺应师范教育改革的国际趋势,培养适应社会发展和教育改革需要的新型小学教师。

小学教师养成方式的变革给作为传统师范教育标志之一的教育学课程带来的挑战是全面、深刻和根本性的。现实的挑战也是发展的机遇,反思的勇气能化作革新的动力。初等教育学理当积极应对,以期走出长期存在的"厚望而薄待""任重而效微"的困境。

一、现代小学教师教育体系从完成型走向终身化,要求初等教育学重新确定课程功能和目标

长期以来,传统师范教育力图通过职前教育,以"造就'十全十美的教师'为目标来设置课程,即希望教师从进学校承担责任的那一刻开始,就在所有领域中表现出高水平的能力"②。由此出发,传统教育学课程谋求编写一本完美、全能的教育学教材,试图通过一门课、一本书将小学教师所应具备并能管用终身的教育理论、思想、模式和方法"灌输"给师范生,使之具备一个合格小学教师的全部教育素质。其结果只能走向大包大揽而浅尝辄止、相互偏重而钟摆摇荡的误区。现代教师理论揭示了教师专业发展是一个持续其职业生涯的复杂过程③。现代小学教师教育将职前教育与职后教育沟通起来,形成以教师专业发

---

① 联合国教科文组织国际教育发展委员会.学会生存:教育世界的今天和明天[M].北京:教育科学出版社,1996:26.

② 戈培尔,波特.教师的角色转换[M].万喜生,译.长沙:湖南教育出版社,1991:116.

③ 傅道春.教师的成长与发展[M].北京:教育科学出版社,2001:115-120.

展为目标的终身教育体系。作为职前教育的一门重要课程，初等教育学不能包打天下，而应转换角色，在终身化教育体系中正确定位，承前启后，恰当地发挥其特定的课程功能。

（一）内化与建构功能

处在职前教育阶段的师范生很难有对现实教育问题的困惑与敏感以及对教育理论的内发性需要。教育学课程应努力唤起师范生的专业意识，将系统的现代教育理论、思想和智慧内化为个人的教育理念、专业精神，形成对教育情境的理解判断能力、对教育问题的敏感性和正确的教育思维方式。与此同时，切实加强未来工作所必备的教育技能的训练和培养，全面提高师范生的教育学素养，为他们步入职业生涯提供必要的专业支持。教育学素养是师范生对于教育科学理论与技能的知、情、行、信的有机结合体，表现为学会教育、学会研究、学会学习等方面，从而与小学教师集服务者、研究者、学习者于一身的专业角色相对应。具体可分为三个主要系统。

（1）教育认知系统通过教育理论教学，在引导师范生对教育工作本质充分理解的基础上，使其内化成师范生所认同的教育理念，为其专业行为提供一个理性支点。在此过程中，以教育理论知识和教育实践活动为背景，引导师范生反思、研究、实践，以培养师范生运用教育理论解决教育问题的思维敏感性、理解判断能力和正确的教育思维方式。

（2）教育行为系统教育改革的核心环节在于不同程度地"改变"和"重塑"教师的教育行为。但教育的理论与实践、理念与行为之间有着复杂的关系。一方面，理论指导实践、观念支配行为不是直接实现的，而是要通过一个复杂的转换过程才能使教育行为得到实质性改善[①]。另一方面，教育行为的实践性、操作性也存在并非与理论完全对应的技术性、技艺性的一面。我们应将中师重视教育教学技能方法训练与培养的优势和传统带进高师初等教育学，并努力加强和完善。但那种以行为科学为基础的能力分解和训练的技术理性主义，近年来正受到以认知科学为基础的重在反思和研究的专业模式的挑战。如何培养师范生对教育问题的反思能力、研究能力，使之成为具有专业自主和理性自觉能力

---

① 庞丽娟,叶子.论教师教育观念与教育行为的关系[J].教育研究,2000(7):47-70.

的教师，应当成为初等教育学努力的新目标。

（3）教育情境系统在师范生对教育、对学生、对职业、对人生、对国家等多重价值关系正确认识的基础上，进而引导其形成一种正确的价值取向和人生态度，表现为一种积极的专业动机、良好的专业伦理（含专业精神、专业规范、专业人格）和对学生深厚博大的"教育之爱"。

这三个系统在实际过程中是相互渗透和伴生的。当它们得到充分发展并与教师的个性系统整合时，教育学素养便进一步提升到更高的水平和境界，即教育信念（在教育认知、情意基础上形成具有动力和统摄作用的教育理想和教育信念）、教育智慧（教育理念与教育行为能力和教育艺术的结合体）、教育精神（教育主体的内在教育理性与外在教育气质的统一）。但这些高水平的教育学素养一般需要在教育实践的锻炼熔铸和教育主体的体悟追求中逐渐提升，作为职前教育的初等教育学不能盲目攀高，而应脚踏实地、循序渐进。

（二）奠基与引领功能

在终身化教师教育体系中，初等教育学应在完成职前教育特定任务的过程中，转移重心，强基固本，引领导航，重在培养师范生终身学习、研究教育理论，促进自我更新发展的意识和能力，培养学习的方法和毅力、创新发展的精神与能力，使之始终保持对教育新知识、新观念的渴求与悦纳，对教育新问题、新挑战的敏感与探究，以主动适应不断发展变化的教育情境和社会要求，实现自我更新和持续的专业发展。

二、现代小学教师教育体制从定向型走向混合型，要求初等教育学重建课程体系与结构

近代封闭定向的师范教育制度发轫于小学教师的培养机构——师范学校。我国更是将这一制度沿袭至今，并以中等师范教育最为典型和完备。从发展看，这是一种巨大的历史进步。但随着我国小学教师教育纳入高等教育和教师资格证书制度的全面实施，小学教师势将突破封闭定向的培养体系而步入高等教育这个开放、多元、宽阔的平台。但从历史经验和国际情况看，小学教师教育完全走向开放弊端甚多，尤其是综合性院校并无多少优势。因此，将定向与非定

向融通混合，走并存竞争、扬长避短的路径可能更适于小学教师专业特质和专业成长。为此，应在多元混合的体制环境和教师资格证书的法治环境下重构教育专业课程（包括初等教育学）的体系结构。

（一）合理确定教育专业课的课时比重

目前国际通行的小学教师教育课程包括三个模块：普通教育课程、学科专门课程和教育专业课程。无论是初等教育专业抑或其他专业学生要取得小学教师资格，都必须学习教育专业课程并通过考试认证。这在我国《教师资格条例》中也有明确规定。但就我国目前而言，学什么？学多少？学多深？尚无明确的法规性界定和标准。我们不妨将部分国家与我国小学教师教育中教育专业课时比重情况进行对比研究，如下表1所示。

表1 中国与日本、法国教师教育专业课课时比较

日本(1998年)	法国(1989年)	中国	
本科、硕士	大学级学院(硕士)	专科(2001年)	本科(个案)(1999年)
普通课程外进修师资培养课程，计59学分（教科8学分、教职41学分，教科或教职选修10学分）	大学三年级后进校学习两年师资课程（1200课时用于理论教学，其中第一年的60%和第二年的50%用于教育理论课程教学；教育实习为500课时）	普通教育课程占40%，学科专门课程占24%，教育专业课程占22%（不含教育实习10周），其他为14%	通识课程占40%，学科课程占30%，教育课程占30%（不含教育实习12周）

从上述比较可见，我国小学教师教育课程正趋向国际一般趋势和水平，但差距仍很明显。鉴于我国小学教师培养是在大学及短期大学（专科）进行（不像一些发达国家在大学或大学后进行，学生进入教育学院或师范学院主要学习教育专业课程和教育实习），且普通文化课中要抽出大量时间进行"两课"教学和英语过关，因此，我国小学教师教育课程中普通课程、学科专门课程和教育专业课程比例分别为35%、30%、30%为宜（另5%用于其他教育活动）。

（二）科学制定教育专业课的课程标准

近年来世界各国的教育家、政府主管部门及有关国际组织愈益接近的观点是：小学教师教育的教育专业课程应当包括基础学科（如学校卫生、教育心理学、教育社会学、教育哲学）；方法论学科（如科研技术、实验教育学、比较教育）；对教育的分析研究（如学校行政、评估、视听手段、学科教学法、学业职业方向指导、职业教育）；对教育的整体研究（如教育理论、交流、矫正教育学）等①。当然各国具体开设门数及科目不尽相同。近年来，国内高等学校开设的初等教育（小学教育）专业课程方案中不再单开"教育学"，而是设置与此相关的学科群（系列）。这是一次巨大的突破与跨越。但相比之下，似有将"教育学"分解与扩充的痕迹，仍囿于原"教育学"框架之内。我们应当从国际经验中得到进一步改革与拓展的启示，妥当地确定既受师范生欢迎又有利于其专业成长的教育专业课科目、课程目标。因此，为确保教育学科课程和教学质量，国家或其委托的中介机构应对教育专业课的课程结构、课程标准及教材定期进行严格的评估认定，以利于课程内容的不断优化。

（三）恰当构建教育专业课的课程结构

从国际上看，小学教师教育课程的组成结构有三种模式：共时（态）/平行模式，即学术性培养与专业性教育同时或平行进行；整合模式/一体化模式，即指学术性培养与专业性教育不仅同时进行，而且相互配合，力求使理论教育与实践培养一体化；历时态/继时性模式，即指对学生先进行学术性培养，再进行专业性教育②。我们应突破长期以来采用的单一的共时（态）/平行模式，积极开展整合模式/一体化模式和历时态/继时性模式的课程开设试验，以探索建立学科专业与教育专业结构耦合关系的有效途径。从实际情况看，国内相关高校开设的初等教育（小学教育）专业课程方案中，教育专业课和教育实习的课时已超过总课时的1/3，且课时排列顺序可由学校自定，具备了进行历时（态）/继时性模式课程试验的条件。

---

① 苏真,邢克超,李春生.比较师范教育[M].北京:北京师范大学出版社,1991:381.
②张贵新.欧洲教师教育的现状与改革方向[J].教育研究,2001(1):60-65.

就教育专业课自身而言，在打破"老三门"的基础上，应建立由教育原理性课程、技艺性课程和实践性课程等学科群组成的纵向一贯、横向相关的立体课程体系，并合理配置必修课与选修课、国家课程与地方课程和校本课程、理论教学与教育实践的结构比例。这有利于打破教育专业课程单一的体系结构，及时有效地吸纳地方及学校教育科研成果和资源，发挥教育学科教师的积极性和创造性，展示师范生的个性特长，进而形成富有生机和活力的教育专业课程体系。

三、现代小学教师教育方式从传递型走向反思型，要求编制初等教育学课程内容，重建教学模式

传统师范教育习惯于以传递、告知、训练的方式来造就行动型的小学教师——课程内容的传递者、课程方案的施行者、专家意见的执行者。从这一目标出发，传统教育学力图以权威的姿态、"先知"的口吻、显性的方式给师范生呈示和传达"应该如何"的权威式的定论、规律化的原则、规范化的模式。这种"理论决定实践"的乐观假设使教育学与师范生之间形成一种"传递—接受""权威—服从"的单向关系，师范生由此失去与之对话互动的机会、自主探索和独立判断的动力，也失去了作为生命主体的个性活力和创造灵性。教育学由此显得单调、僵化而缺少兴味。正如杜威所说，不幸的是，这种专业性知识有时被看成一套固定的行为程序和规则，而不是个人观察和判断的指导和工具——这是基本的作用。如果专业的知识无助于教师对情境的感知，无助于他们的工作，那么，它只能成为纯粹机械的手段，或者是一堆未经消化的材料①。

现代教育充分认识到教师主体在教育改革中的决定性作用，同时教师专业化运动也赋予教师更大的专业自主权。这使教师角色从知识的供应者转换成学习活动的组织调停者，并要求教师具备以下一些新的能力：判断能力、反应能力、评估能力、人际关系能力、课程开发能力、社会责任感和管理能力②。为此，现代教师教育改变传统以传递、造就为特征的培养模式，采用以对话、参与、反思、探索、开发为特征的养成模式，以凸显未来教师的自主性，使之成

---

① 杜威.我们怎样思维·经验与教育[M].姜文闵,译.北京:人民教育出版社,1991:229.
② 戈培尔,波特.教师的角色转换[M].万喜生,译.长沙:湖南教育出版社,1991:51.

为适应现代教育需要的教育过程决策者、课程方案开发者、学习活动调停者（判断、反应、协调、评估、管理）。着眼于这一目标，初等教育学应对课程内容和教学模式作相应变革。

（一）革新教育理论的话语方式

近年来元教育学的反思研究发现，上述问题存在的一个重要原因在于我国目前大多数教育学教材都基本属于"实践教育学"性质，其传达的多是教育实践的"价值规范"（应该怎样做）和"技术规则"（怎样做），而忽视了诉诸人的理性、给人的行为提供理性指导的"理论规范"，往往带有较多的理想成分，把"当为"之举当作"必为"之举实际又是"难为"之举的硬性规定，进而丧失其应有的权威[①]。初等教育学应当吸取教训，减少应然形态的定性的规定性命题，增加实然形态的定向的描述性命题，理性引导学生分析判断而非代替和强制其接受，引导学生思考选择而非规定、指示其执行，改变"话语霸权""知识压迫"的倾向，进而形成课程知识与学习者之间平等的"对话""互动"关系，为师范生自主学习、反思探究和理性自觉创造条件。

（二）构建以反思实践为核心的教学模式

20世纪80年代以来，以培养反思型教师为目标的教师教育已成为一种国际性运动。它不满足于对教育方法的运用和教育技能的掌握，而是重在引导师范生对教育理论的真理性和合理性、教育行为的理论背景进行质疑、研讨、反省和重构。因为再好的教育理论、思想、方法和技能，直接的"告知"和"给予"是难以实现真正的内化和建构的。师范生在长期的生活和经验中已形成了丰富的缄默（隐性的）教育认识和观念（即教育常识、习俗，也就是美国教育家布鲁纳形象地称之为"民间教育学"[②]），其对于外显形态的教育理论的内化与建构有着一种不可逾越的中介影响。当教育理论以授受方式进入师范生认知世界时便受到缄默教育认识的过滤和排斥。他们虽然在表层上习得了许多新的教育理论、思想，但其实际思想和行为仍受到缄默式的"民间教育学"支配，造成

---

① 陈桂生."教育学"辨——"元教育学"的探索[M].福州:福建教育出版社,1998:133.

② 石中英.知识转型与教育改革[M].北京:教育科学出版社,2001:249.

学用、知行脱节[①]。反之，当外显的教育理论与师范生内在的缄默教育认识实现"联接"和"对话"，形成一种相互支持、相互融通的关系时，这种缄默教育认识就会成为外显的教育理论进入师范生认知世界并实现内化和建构的"人"和"向导"[②]。关键是在阐释、呈示教育理论时不应将师范生看成是对教育一无所知而简单灌注充塞，而是从师范生已有的缄默教育认识出发，引导他们运用教育理论来反思检验这种缄默教育认识的合理性和局限性，以自己的缄默教育认识来反思检验教育理论的真理性和适用性，从而形成以"反思"为核心的教学模式。

如图1所示，反思型教学过程使师范生的缄默教育认识与教育科学理论形成了一种相互支持和转化的良性关系：在教育科学理论的促进下，缄默教育认识得以澄清、改造、修正和提升，教育科学理论则在缄默教育认识的支持下实现内化和建构。正是通过这种对话和互动，师范生的教育学素养才能真正提高，并为将来成为专业化水平较高的反思型教师奠定基础。

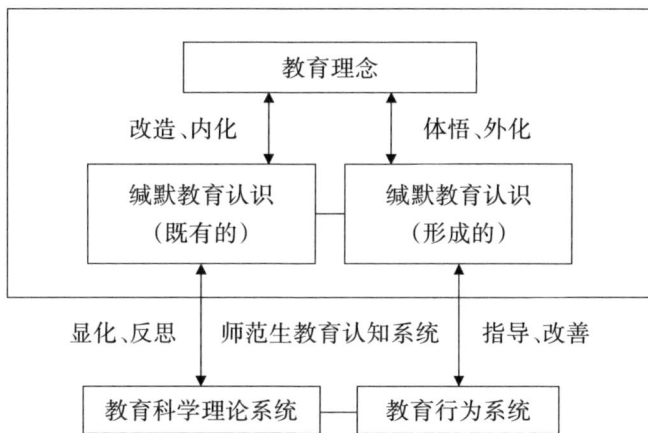

图1　师范生缄默教育认识与教育科学理论的良性关系

---

① 石中英.知识转型与教育改革[M].北京:教育科学出版社,2001:248.

② 石中英.知识转型与教育改革[M].北京:教育科学出版社,2001:253.

主要参考文献

1.著作类

[1] 邓小平.邓小平文选：第二卷 [M].北京：人民出版社，1994.

[2] 谢维和.镜子的寓意——网络社会与教育变革 [M].北京：教育科学出版社，2020.

[3] 褚宏启.教育现代化的路径 [M].北京：教育科学出版社，2000.

[4] 邓金.培格曼.最新国际教师百科全书 [M].教育与科普研究所，编译.北京：学苑出版社，1989.

[5] 阮成武.主体性教师学 [M].合肥：安徽大学出版社，2005.

[6] 李其龙，陈永明.教师教育课程的国际比较 [M].北京：教育科学出版社，2002.

[7] 叶澜，白益民，王枬，等.教师角色与教师发展新探 [M].北京：教育科学出版社，2001.

[8] 中共中央关于全面深化改革若干重大问题的决定 [M].北京：人民出版社，2013.

[9] 厉以贤.现代教育原理 [M].北京：北京师范大学出版社，1988.

[10] 联合国教科文组织国际教育发展委员会.学会生存——教育世界的今天和明天 [M].华东师范大学比较教育研究所，译.北京：教育科学出版社，1996.

[11] 赫尔巴特.普通教育学、教育学讲授纲要 [M].李其龙，译.杭州：浙江教育出版社，2002.

[12] 联合国教科文组织.教育——财富蕴藏其中 [M].联合国教科文组织总部中文科，译.北京：教育科学出版社，1996.

[13] 吴康宁.教育社会学 [M].北京：人民教育出版社，1998：196.

［14］教育部师范教育司.教师专业化的理论与实践［M］.2版.北京：人民教育出版社，2003.

［15］江泽民.江泽民文选：第三卷［M］.北京：人民出版社，2006.

［16］于漪.现代教师学概论［M］.上海：上海教育出版社，2001.

［17］吴忠民，刘祖云.发展社会学［M］.北京：高等教育出版社，2002.

［18］马克思恩格斯全集（第三十三卷）［M］.北京：人民出版社，2004.

［19］马克思，恩格斯.马克思恩格斯文集：第八卷［M］.北京：人民出版社，2009.

［20］顾明远，檀传宝.2004：中国教育发展报告——变革中的教师与教师教育[M].北京：北京师范大学出版社，2004.

［21］檀传宝.教师伦理学专题——教育伦理范畴研究［M］.北京：北京师范大学出版社，2000.

［22］陈桂生.学校教育原理［M］.长沙：湖南教育出版社，2000.

［23］国家教育发展与政策研究中心.发达国家教育改革的动向和趋势（第二集）——美国、苏联、日本、法国、英国1986—1988年期间教育改革文件和报告选编［M］.北京：人民教育出版社，1988.

［24］傅道春.教师的成长与发展［M］.北京：教育科学出版社，2001.

［25］全球教育发展的历史轨迹——国际教育大会60年建议书［M］.赵中建，译.北京：教育科学出版社，1999.

［26］佐藤学.课程与教师［M］.钟启泉，译.北京：教育科学出版社，2003.

［28］筑波大学教育学研究会.现代教育学基础［M］.钟启泉，译.上海：上海教育出版社，1986.

［29］习近平.做党和人民满意的老师：同北京师范大学师生代表座谈时的讲话［M］.北京：人民出版社，2014.

［30］习近平.习近平书信选集：第一卷［M］.北京：中央文献出版社，2022.

［31］谢维和.教育活动的社会学分析——一种教育社会学的研究［M］.2版.北京：教育科学出版社，2007.

［32］中共中央文献编译室.十四大以来重要文献选编（下）［M］.北京:人民出版社，1999.

2.期刊类

［1］杨民.日本教师的职业道德及培养［J］.教育科学，1999（3）：59-61.

［2］程晋宽.中、日、美教师形象的比较［J］.外国中小学教育，2003（6）：4-6，15.

［3］邓小全.香港公布跨世纪教育规划——香港教育统筹委员会第五号报告书介绍［J］.课程·教材·教法，1992（9）：61-62.

［4］阮成武.论传统教师地位的文化负累与消解［J］.皖西学院学报，2001（1）：60-64.

［5］程晋宽.中、日、美教师形象的比较［J］.外国中小学教育，2003（6）：4-6，15.

［6］杨旻旻.略论台湾地区的教师专业伦理建设［J］.集美大学学报，2006（4）：30-35.

［7］方永泉.台湾社会的教师道德形象研究［J］.教书育人，2004（9）：21-23.

［8］宋刚.确立新的市场经济交换观［J］.人民论坛，2001（2）：12-13.

［9］鲍利辛柯夫.时代挑战与教育科学的迫切任务［J］.张男星，译.教育研究，2004（9）：44.

［10］陈剑华."'教授时代'的丧钟"和"教授万岁"——对后现代主义教师观的思考［J］.比较教育研究，1999（3）：29-35.

［11］于伟.教育观的现代性危机与新路径初探［J］.教育研究，2005（3）：56.

［12］唐贤兴，张爱阳.现代化进程中的世俗化及人们对它的误解［J］.云南学术探索，1997（2）：39-42.

［13］田正平，章小谦.中国教育者概念从传统到现代的演变——从"教官"到"教师"称谓变化的历史考察［J］.社会科学战线，2007（1）：245-251.

［14］衣俊卿.现代性的维度及其当代命运［J］.中国社会科学，2004（4）：13-24.

［15］于伟.教育观的现代性危机与新路径初探［J］.教育研究，2005（3）：51-57.

［16］刘捷.日本教师的职业形象与启示［J］.高等师范教育研究，2000（1）：75-76.

［17］潘娜娜.改革开放以来中国共产党知识分子政策的演进及其基本经验［J］.中国石油大学学报（社会科学版），2018（6）：8-13.

［18］劳凯声，李孔珍.教育政策研究的民生视角［J］.教育科学研究，2012（12）：11-18.

［19］晓恭.教师是教育改革与发展的第一资源［J］.北京教育（普教版），2017（9）：1.

［20］王俊，骆威.公共责任的多面体——大学基金会的复合性公共责任的困境及其改善［J］.甘肃行政学院学报，2017（4）：61-73，129.

［21］张斌贤.论高等师范院校的转型［J］.教育研究，2007（5）：19-24.

［22］赵德成.绩效工资如何设计才能有效激励教师——基于心理学理论的分析［J］.田中国教育学刊，2010（6）：32-35.

3.网络资源类

［1］习近平首次点评"95后"大学生［EB/OL］.（2017-01-03）［2022-03-04］.http://cpc.people.com.cn/n1/2017/0103/c64094-28993285.html.

［2］习近平在清华大学考察时强调 坚持中国特色世界一流大学建设目标方向 为服务国家富强民族复兴人民幸福贡献力量［EB/OL］.（2021-04-19）［2022-03-04］.http://jhsjk.people.cn/article/32082039.

［3］习近平回信勉励全国高校黄大年式教师团队代表［EB/OL］.（2021-09-09）［2022-03-04］.http://www.gov.cn/xinwen/2021-09/09/content_5636407.htm.

［4］国家教育督导团印发国家教育督导报告2008（摘要）［EB/OL］.（2008-12-16）［2024-03-06］.http://news.cctv.com/science/20070617/100837.shtml.

［5］教育部关于做好义务教育学校教师绩效考核工作的指导意见［EB/OL］.（2008-12-31）［2020-04-20］. http://www. moe. cn/srcsite/A04/s7051/200812/t20081231_180682.html.

后　记

本丛书的整理出版，有着几个方面缘由。首先，是完成安徽师范大学出版社交给我的一项任务，为母校安徽师范大学百年庆典准备一批学术作品。同时，也是在同事和弟子们鼓动下为自己从教40周年和跨入耳顺之年留下一份学术纪念。书中的字里行间印着自己学术探索和成长的行走足迹。

1983年，邓小平提出"教育要面向现代化，面向世界，面向未来"。那年，我在母校也是我现在的工作单位安徽师范大学读大学三年级。那时的人们，充满着对"四化"蓝图的畅想与信心，无论是校园广播里还是在学生宿舍的洗漱间里，到处都飞扬着《在希望的田野上》的欢快旋律。我们这些学教育学的同学，常常躺在宿舍的床铺上争论着教育的学术问题：有的坚持常春元教授在"教育原理"课上讲的教育是上层建筑的观点，有的同意于光远先生在文章中提出的教育具有生产力属性的观点，还有的同学则觉得给我们上公共课的刘楚明老师提出教育既是上层建筑又是生产力的观点更有道理。在那个经济拮据的年代，我们大多数同学都订阅了《教育研究》杂志，条件稍好的同学还订阅了多份杂志，追踪教育学术刊物各种充满学术论争的观点和歧见。这对我们这些刚刚跨入教育学的青年学子来说，是多么好的学术启蒙和引领！

我的教育研究之路特别是对教育现代化的研究，起步和基点都是始自我所从事的教育工作——师范教育及其服务对象——基础教育。回顾起来，我对教育现代化的研究大致上是从"小"到"大"，从"点"和"线"再到"面"和"体"，又是由"实"而"理"跃升的。对我的学术视野扩展和路线延伸起重要引领和提升作用的，是2001年在北京师范大学做访问学者期间，谢维和先生在指导我开展教师教育研究——随着教育现代化的推进如何将小学教师培养带入高等教育，以及随着教育现代化带来的教师专业化如何实现教师形象的提升与统整。同时，他基于教育社会学基本理论和方法形成的基础教育和高等教育的研究思路和论见，也深深启示了我。他告诫我，做教育研究一定要有国家视野、恢宏之气。此后，我的研究开始突围。这个"围"就是自己学术视野的局限。我尝试着将自己的研究问题引入教育现代化的历史进程和国际视野中，纳入更加全局和宏大的学术语境来思考和生发。

对我的学术突围发挥同样引领作用的，是2008年进入安徽师范大学政法学院攻读马克思主义基本原理博士学位，导师蒋玉珉教授，以及陶富源教授、王先俊教授等，他们从经济学、哲学、中共党史和新中国史等多个学科视角给我带来新的学术启示。特别是让我开始用马克思主义社会发展思想和人学思想，开展教育改革发展中利益协调及其制度创新问题的研究，并以此作为底层逻辑开展教育现代化的理论研究和政策研究。在此，我要向我的先生们致以诚挚敬意和感恩！

当然，对我的研究起到直接支撑和推动作用的，是我所在的工作单位特别是回到母校工作以来，在朱家存教授、周兴国教授的带领以及我本人的参与下，教育科学学院在学科和学位点建设进程中，我们的团队主要聚焦教育现代化进程中的教育公平问题、教师队伍建设问题，并将这些问题延伸到学前教育、义务教育、高中教育、职业教育和高等教育各个阶段和领域，形成教育现代化相关的基本理论研究、政策分析研究和技术应用研究。本书的一些成果正是团队成员参与、支持和合作所取得的。在这期间，学校领导要我牵头开展高等教育研究所和教师教育协同创新中心的创建工作，推助我由此开展相关问题的研究。这也使我关于教育现代化研究延伸到教育的更多更新的领域，在此过程中，我是一个参与者，但更多是一个受益者。

在最近20年的学术探索中，我的研究直接或间接地指向教育现代化。虽然很多研究的动因和语境并非直接指向这一宏大主题，但事实上，都是将教育现代化或作为背景，或作为目标，或作为论域展开的。在这一过程中，渐次形成一批以教育现代化的中国进路为中心论题的研究成果。比如，《学有所教：建立现代国民教育体系的新目标》（2008），《中国教师现代化的路径选择》（2011），《中国基本实现教育现代化的路径选择》（2012），《论中国特色教育现代化路向、路基与路径》（2012），《中国式现代化的教育定位与布局》（2023），《中国式教育现代化：道路与进路的辅成》（2023），等。本书收录的其他相关成果则是这一研究主题的不同形式和展开、延伸、深化。从社会发展和时代背景上看，这些关于教育现代化的研究成果，都是在国家推动教育现代化迈出重大新步伐的关键节点开展和取得的。这些研究也得到学术界和上级部门的关注和首肯。2021年，我以"教育现代化"为方向申报的国家重大人才工程项目特聘教授岗位得到批准。2022年，在学校和上级行政部门支持下，由我领衔组建的"安徽省教育治理现代化研究团队"，入选安徽省高校优秀科研创新团队，得以将教育现代化作为主题的学术研究进一步深入和体系化开展。我高兴地看到，一批中青年学者加入其中并迅速成长。这是教育现代化之需，也是教育现代化带来的学术际遇。在此，向支持这一研究的上级领导、我所供职的安徽师范大学的领导和教育科学学院同仁致以诚挚的感谢！

本丛书的出版，要感谢安徽师范大学出版社张奇才社长和戴兆国总编辑的大力支持，特别是编辑吴毛顺、孔令清，他们为本书出版付出了艰辛劳动。作为一名教师，所取得的研究成果总是离不开与学生们的教学相长。在日常教学和研究生指导过程中，学生们提出的问题或是帮助他们解决学术问题的过程，也是激发我不断思考和学术探究的过程。本丛书一部分成果正是我与博士和硕士研究生共同研究所取得的。还有，他们长期以来在各个岗位特别是在教育战线取得的出色成就和所做出的默默奉献，无疑是对为师者最好的勉励和慰藉。在此，也向他们表示感谢。

本丛书的大部分篇幅都曾在各类学术期刊发表并转载，得到编辑和审稿专家的大力支持和宝贵指导，在撰写过程中参考和借鉴了国内外学者的研究文献。这在书中都有标注并列入了参考文献。在此，谨向以上专家和同行表示衷心感谢。

从教40周年和耳顺之年的学术回顾，自然要感谢我的父母和家人。2015年，我在《教师职业的理性与诗意》一书扉页写下"谨以此书献给我的父亲和母亲，是他们教导我在人生的田地间不辍耕耘，播种并收获爱与善良。"现在，我只能以这套丛书告慰他们了。我的夫人张勤知女士数十年如一日，支持我的工作及人生的关键选择，给我提供生活上的照顾和事业上的协助。孩子从上学、工作到建立小家庭，直至取得国际领先的技术成果，靠的是自己的努力和小俩口的相互扶持。这些都使我有更多的闲暇和专注，潜心于学术工作。在此，我也要向我的家人们表示由衷感谢！

　　最后由衷说一句，本丛书关于中国式教育现代化进路的研究，只是对这一宏大学术话题和时代课题的一点点粗浅体会和心得，衷心希望得到大家的帮助和指教。

阮成武

2024 年初夏夜